Erläuterungen und Dokumente

Bertolt Brecht
Leben des Galilei

Von
Peter Langemeyer

Philipp Reclam jun. Stuttgart

Die Seiten- und Zeilenangaben in den Wort- und Sacherklärungen beziehen sich auf die Ausgaben: Bertolt Brecht, *Leben des Galilei. Schauspiel*, Frankfurt a. M.: Suhrkamp, 1965 [u. ö.] (edition suhrkamp, 1) und – in Klammern – Bertolt Brecht, *Stücke 5*, bearbeitet von Bärbel Schrader und Günther Klotz, Berlin/Weimar: Aufbau-Verlag / Frankfurt a. M.: Suhrkamp, 1988 (Band 5 der *Werke. Große kommentierte Berliner und Frankfurter Ausgabe*, herausgegeben von Werner Hecht, Jan Knopf, Werner Mittenzwei, Klaus-Detlef Müller; im vorliegenden Band zitiert als: GBA). Es handelt sich dabei jeweils um die 3., sogenannte Berliner Fassung des Stücks. Auf diese Fassung beziehen sich auch, wenn nicht anders vermerkt, die Szenenangaben. Zu den Druckvorlagen der beiden Ausgaben vgl. Kap. IV des vorliegendes Bandes.

Universal-Bibliothek Nr. 16020

Gesamtherstellung: Reclam, Ditzingen. Printed in Germany 2001

ISBN 3-15-016020-0

www.reclam.de

Inhalt

I. Wort- und Sacherklärungen

Der folgende Stellenkommentar enthält sprach- und sachbezogene Erläuterungen, weist Zitate, Anspielungen und Reminiszenzen nach und vermerkt Abweichungen des Textes von den wissenschaftsgeschichtlichen Quellen. Darüber hinaus werden Parallelstellen im Werk Brechts angegeben und Unterschiede zu den früheren Fassungen des Stücks dargestellt, soweit sie nicht in Kap. IV eingehend erläutert sind.
Die Zeilenzählung bei der Taschenbuchausgabe von *Leben des Galilei* (Frankfurt a. M.: Suhrkamp, 1965 u. ö.; edition suhrkamp, 1) erfolgt unter Auslassung der Leerzeilen. Die Ziffern in Klammern beziehen sich auf die Seiten bzw. Zeilen in Band 5 der *Großen kommentierten Berliner und Frankfurter Ausgabe* (Berlin/Weimar: Aufbau-Verlag / Frankfurt a. M.: Suhrkamp, 1988; zit. als: GBA). Nach dieser Ausgabe werden auch die 1. und 2. Fassung des Schauspiels zitiert. Unterschiede zwischen dem Text dieser Ausgabe und dem der Taschenbuchausgabe in der ›edition suhrkamp‹ werden im Kommentar nur insoweit berücksichtigt, als sie das Lemma betreffen. Ziffern, die ohne nähere Angaben Werktiteln folgen, bezeichnen das Jahr des Erstdrucks.
Die in runden Klammern stehenden Szenentitel sind den Kopfzeilen der GBA entnommen und von Fall zu Fall ergänzt um Angaben zu Ort und Zeit der Handlung.
Brechts Werke und Briefe werden in der Regel nach der GBA (30 Bände, 1988–98; Registerband, 2000) unter Angabe von Band- und Seitenzahl zitiert. Die Kommentare dieser Ausgabe wurden dankbar zu Rate gezogen.
Unter der Sigle BBA (mit nachfolgender Angabe von Mappen- und Blattnummer) werden die im Bertolt-Brecht-Archiv in Berlin aufbewahrten Manuskripte und Materialien zitiert.
Abgekürzt zitierte Literatur findet sich in den Literaturhinweisen vollständig genannt.

Titel (Vorder- und Rückseite)

3,3 (187,2) *Schauspiel:* Urspr. eine Sammelbezeichnung für Texte (meist Sprechstücke), die vor einem Publikum szenisch aufgeführt werden, wurde der Begriff gegen Ende des 18. Jh.s zur Bezeichnung der sowohl von der Komödie als auch von der Tragödie unterschiedenen Mittelgattung des rührenden Lustspiels bzw. des ernsten, untragischen Dramas üblich. An das Letztgenannte schließt Brecht an. Vor *Leben des Galilei* verwendete er den Untertitel bereits für die Stücke *Im Dickicht der Städte* (1927), *Die heilige Johanna der Schlachthöfe* (1931 [hektographiertes Bühnenmanuskript]) und *Die Mutter* (Fassung von 1933).

4,1–3 *Geschrieben 1938/39 / Mitarbeiter: Margarete Steffin / Musik: Hanns Eisler:* Diese Angaben, die z. T. auf einer Notiz basieren, die dem Abdruck des Stückes in H. 14 der *Versuche* (1955) vorangestellt ist, sind irreführend. Die Entstehungsdaten beziehen sich auf die 1., nicht auf die 3. Fassung, die in der ›edition suhrkamp‹ zum Abdruck kommt. In der GBA sind sie getilgt. Die Schauspielerin und Übersetzerin Margarete Steffin (1908–41) war nur an der 1. Fassung beteiligt. Der Komponist Hanns Eisler (1898–1962) schuf die Bühnenmusik für die Erstaufführung der 2. Fassung.

1 (Padua 1609: Studierzimmer)

7,2 (189,2) [Szenentitel] Die Titel, die den Szenen vorangestellt sind und die auf der Bühne als Projektionen realisiert werden können, haben einerseits die Funktion, den Zuschauer (oder Leser) mehr oder weniger eingehend über den Inhalt der folgenden Handlung zu orientieren. Andererseits sollen sie den »Fluß« der dargestellten »Geschehnisse« unterbrechen, die »Fabel« in Teile zerlegen, damit der Zuschauer »mit dem Urteil dazwischenkom-

Hans Tombrock: Zu Brechts Galilei (I und II). Radierung
Links die von Brecht akzeptierte, rechts die von ihm verworfene erste Fassung des Bildes

men« kann, wie Brecht ihren Zweck in seiner Abhandlung *Kleines Organon für das Theater* (1949, GBA 23,92) erläutert. Sie dienen als ein Mittel der ›Verfremdung‹, das die ›Einfühlung‹ des Zuschauers in die dargestellte Handlung verhindern und seine Aufmerksamkeit vom ›Was‹ auf das ›Wie‹ der Darstellung richten soll.

7,3 (189,3) *das neue kopernikanische Weltsystem:* benannt nach Nikolaus Kopernikus (vgl. Anm. zu 11,3), der das heliozentrische Weltbild in der Neuzeit begründete, wonach die Erde sich um die eigene Achse und zusammen mit ihrem Mond und den anderen – fünf, mit dem bloßen Auge wahrnehmbaren – Planeten um die ruhende Sonne dreht. In dieser vereinfachten Version wurde das kopernikanische System zur Grundlage der modernen physikalischen Astronomie. Von dieser Version ist die an die Beobachtung angepaßte Ausarbeitung zu unterscheiden. Sie besagt, daß die Sonne sich irgendwo neben dem – mathematisch errechneten und daher fiktiven – Mittelpunkt der Planetenbewegungen (bzw. des Universums) befindet. Den Heliozentrismus entnahm Kopernikus der antiken Überlieferung: Schon Aristarchos von Samos hatte im 3. Jh. v. Chr. gelehrt, daß die Erde eine doppelte Kreisbewegung um die Sonne vollführt. Doch konnte sich diese Auffassung nicht durchsetzen.

7,4 (189,5) [Szeneneingangsverse] Sie wurden für die 2. Fassung geschrieben. Dort werden sie von »Sängern« gesungen; in der Ausgabe der 3. Fassung von 1956 von einem »Chor«. Brecht dachte bei den Vortragenden an Kinder; entsprechend einfach ist die Diktion der Verse. Wie die Szenentitel dienen sie der Verfremdung.

7,11 (189,13) *Milch:* Das Motiv durchzieht das ganze Stück. Vgl. auch Grimm 1987.

7,11 (189,13) *Wecken:* (landschaftl., bes. süddt. und österr.) längliches Weizenbrötchen oder -brot.

7,28 (189,30) *des Ptolemäischen Systems (... ptolemäischen ...):* benannt nach dem vermutlich aus Ägypten stammenden Astronomen, Geographen und Mathematiker Klaudios Ptolemaios (latinisiert Claudius Ptolemaeus, 2. Jh.). Er entwickelte die Lehre, daß die Erde das unbewegliche Zentrum der Planetenbewegung bzw. des Universums sei, in seinem Werk *Mathēmatikē syntaxis* (›Mathematische Zusammenstellung‹; besser bekannt unter dem latinisierten arabischen ›Namen‹ *Almagest*, ›Die größte Zusammenstellung‹). Ptolemäus verknüpfte sein System mit der Himmelsphysik des Aristoteles, wonach die Planeten (einschließlich Mond und Sonne) in sieben Sphären die kugelförmige Erde umkreisen – vgl. Anm. zu 8,10; außerdem 8,5–21 (189,36–190,11); 62,15–22 (233,27–32). Die Sphären tragen der Reihe nach – ausgehend von der Erde – Mond, Merkur, Venus, Sonne, Mars,

Jupiter und Saturn. Die achte Sphäre trägt die Fixsterne (vgl. Anm. zu 31,25 f.). In der mathematischen Theorie wich Ptolemäus allerdings von Aristoteles ab. Aus physikalischen Gründen müssen nach Aristoteles alle Kreisbewegungen der Himmelssphären um das Weltzentrum (das mit dem Erdzentrum identisch ist) stattfinden. Ptolemäus dagegen nahm ein kompliziertes Bewegungssystem an, das u. a. Epizykel (vgl. Anm. zu 44,24 f.) vorsah. Seine Theorie galt als eine bloße mathematische Konstruktion zur Erleichterung der Berechnung der Gestirnbewegungen, nicht als eine Behauptung über die physikalische Realität des Universums.

8,1 (189,32) *Astrolab:* Astrolabium (griech.-lat., ›Sternfasser‹), ein früher verwendetes, von den Arabern entwickeltes astronomisches Instrument zur Bestimmung der Lage der Gestirne. Was der Text allerdings beschreibt, ist kein Astrolab, sondern ein Sphärenmodell des Universums (vgl. Anm. zu 8,10).

8,10 (189,41) *die kristallnen Sphären:* Sphäre (griech.) ›Kugel, Kugelschale‹. Nach Aristoteles sind die Himmelskörper in durchsichtige Schalen eingelassen, auf denen sie sich kreisförmig um die Erde bewegen.

8,30 f. (190,20) *Aber jetzt fahren wir heraus:* vgl. Anm. zu 9,4 f.

8,31 f. (190,21 f.) *Denn die alte Zeit ist herum, und es ist eine neue Zeit:* vgl. Anm. zu 40,6 f.

8,35–9,1 (190,25 f.) *da es so ist, bleibt es nicht so. Denn alles bewegt sich:* eine Grundüberzeugung Brechts. Die permanente (Selbst-)Veränderung von allem, sei's in der Natur, sei's in der Gesellschaft, ist nach Brecht die Voraussetzung dafür, daß es vom Menschen verändert werden kann. In dem Essay *Fünf Schwierigkeiten beim Schreiben der Wahrheit* (entst. 1934) heißt es: »Alles kommt darauf an, daß ein richtiges Denken gelehrt wird, ein Denken, das alle Dinge und Vorgänge nach ihrer vergänglichen und veränderbaren Seite fragt.« Brecht benennt dann die spezifischen gesellschaftlichen Interessen, die hinter einer solchen Auffassung stehen: »Die Herrschenden haben eine große Abneigung gegen starke Veränderungen. Sie möchten, daß alles so bleibt, am liebsten tausend Jahre. [...] Eine Betrachtungsweise, die das Vergängliche besonders hervorhebt, ist ein gutes Mittel, die Unterdrückten zu ermutigen« (GBA 22.1,87). Zu der auf Heraklits Ausspruch »panta rhei« (griech., ›alles fließt‹) anspielenden Ansicht, daß alles sich bewege, vgl. das *Buch der Wendungen* (GBA 18,73 f.; 102–104; 113) und die 1935 bzw. um 1944 entstandenen Gedichte *Und so schnell wechselte zu meiner Zeit* (GBA 14,300 f.) und *Alles wandelt sich* (GBA 15,117).

9,1 f. (190,27) *Ich denke gerne, daß es mit den Schiffen anfing:* Die nautische Erkundung unbekannter Erdteile wurde schon früh zum (Vor- und) Sinnbild des neuzeitlichen Forschungsdrangs, vgl. das Titelblatt von Francis Bacons Werk *Instauratio magna* (1620–58, ›Große Erneuerung der Wissenschaften‹), das die Durchschiffung der Säulen des Herkules zeigt, wie in der Antike die Felsen auf beiden Seiten der Straße von Gibraltar genannt wurden. Sie markierten die Grenzen der alten Welt.

9,4 f. (190,29 f.) *plötzlich verließen sie die Küsten und liefen aus über alle Meere:* Ende des 15. Jh.s begann eine neue Periode in der Erforschung der Erde. 1492 entdeckte der Genuese Cristoforo Columbo Amerika, 1497/98 fand der Portugiese Vasco da Gama den Seeweg über Afrika nach Vorderindien, und 1521 erreichte sein Landsmann Fernão de Magalhães über Südamerika die Lazarusinseln (heute Philippinen). Dabei wurden die nautischen Konsequenzen aus der bereits in der Antike (u. a. von Aristoteles) vertretenen Ansicht gezogen, daß die Erde eine Kugel ist.

9,8 f. (190,33 f.) *spricht es sich ... ein kleines Wasser:* Brecht übernimmt diese Worte fast wörtlich aus der 8. Szene seines Hörspiels *Der Flug der Lindberghs* (1930, GBA 3,15).

9,19 (191,4) *In Siena:* In der seit 1557 zum Herzogtum Florenz gehörenden Stadt gab Galilei zwischen 1585 und 1589 zeitweise Privatstunden in Mathematik.

9,22 (191,7) *Disput:* kontrovers geführtes Gespräch; Streitgespräch.

9,28 f. (191,12 f.) *Denn wo der Glaube ... sitzt jetzt der Zweifel:* Anspielung auf den methodischen Zweifel von René Descartes (vgl. Anm. zu 119,29–32), der zu einem begründeten Wissen führen soll. Der Zweifel an der Wahrheit von auf bloße Autorität oder Tradition gestützten Meinungen und Theorien wie z. B. denen der aristotelisch-scholastischen Naturwissenschaft war eine entscheidende Voraussetzung für neue Entdeckungen und Erkenntnisse. In seinem *Discours de la méthode* (1637, ›Abhandlung über die Methode‹) stellte Descartes die Forderung auf, nur solche Sätze als wahr anzuerkennen, an deren Evidenz jeder Zweifel ausgeschlossen ist. Brecht beschäftigte sich Anfang der dreißiger Jahre intensiv mit der Philosophie von Descartes, besonders mit dessen Schriften *Meditationes de prima philosophia* (1641, ›Betrachtungen über die Grundlagen der Philosophie‹, vgl. GBA 21,408–411 und 534 f.) und *Principia philosophiae* (1644, ›Die Prinzipien der Philosophie‹, vgl. GBA 533). Zum Motiv des Zweifel(n)s vgl. auch die Gedichte *Der Zweifler* (entst. um 1937, GBA 14,376 f.) und *Lob des Zweifels* (entst. um 1939, GBA 14,459–461). Das Motiv durchzieht das ganze Stück.

9,29 f. (191,13 f.) *ja, das steht in den Büchern, aber laßt uns jetzt selbst sehn:* Auf die Opposition von Lesen und Sehen, die sich mit der Opposition von Buchstabengelehrsamkeit und Erfahrungswissen verbindet, kommt Brecht in seinem Stück wiederholt zurück, vgl. Anm. zu 11,14, zu 19,11 f. und zu 38,17–19.

9,33–10,1 (191,17–20) *Dadurch ist eine ... Beine wie unsere Beine:* Brecht nimmt dieses Motiv auch in seinem Stück *Der kaukasische Kreidekreis* auf (1949, 4. Szene, GBA 8,72).

9,34 (191,18) *Prälaten:* Prälat: höherer Geistlicher in der katholischen Kirche.

10,1 f. (191,20) *Die Himmel ... sind leer:* Brecht spielt mit der Doppeldeutigkeit des Wortes *Himmel* als Firmament, an dem die Gestirne (samt ihrer Sphären) erscheinen, und als Aufenthaltsort Gottes, der Engel und der Seligen. Für den historischen Galilei schloß die Widerlegung der aristotelischen Astronomie den Glauben an Gott als Schöpfer (und Erlöser) der Welt indessen keineswegs aus. Vgl. Anm. zu 123,18–21.

10,4 (191,22) *Spinnrocken:* Holzstäbe, auf die die zu spinnenden Fasern aufgewickelt sind.

10,9 (191,26) *Astronomie:* Stern-, Himmelskunde. Im mittelalterlichen Universitätssystem, das bis ins 18. Jh. hinein in Europa weitgehend gültig war, gehörte das Fach zum Quadrivium (vgl. Anm. zu 16,35–17,1). Die Grenzen zur Astrologie (Sterndeutekunst) waren um 1600 noch fließend (vgl. Anm. zu 82,21).

10,26 f. (192,4 f.) *selbst im Schachspiel die Türme gehen neuerdings weit über alle Felder:* Die Rochade, auf die Galilei sich hier bezieht, wurde im 16. Jh. im europäischen Schachspiel eingeführt. Es handelt sich um einen unter bestimmten Voraussetzungen zulässigen Stellungswechsel zwischen Turm und König auf der Grundlinie. Vgl. Anm. zu 65,14–17, außerdem 71,8–10 (240,28–30) und 109,10 f. (270,32 f.).

10,28–33 (192,6–10) *»O früher Morgen ... Küsten kommt!«:* vgl. dazu Wohlwill: »Darf man mit Bacon sagen, daß es aus den hier angedeuteten erfreulichen Anfängen uns anweht, wie der Hauch des Windes, der von neuen Küsten kommt« (I, S. 125). Vgl. auch das zum Kapitel »Leichtigkeit« des *Messingkaufs* gehörende Gedicht, das mit der Zeile beginnt: »O Lust des Beginnens! O früher Morgen!« (entst. um 1945, GBA 22.2,811)

11,3 (192,15) *Kippernikus:* sprechende Namensbezeichnung für den in Thorn geborenen Juristen, Arzt und Domherrn Nikolaus Kopernikus (1473–1543), dessen (als Privatmann betriebene) astronomische Forschungen das geozentrische Weltbild zum ›Kippen‹ brachten (vgl. Anm. zu 7,3). Kopernikus verbreitete seine Lehre zu Lebzeiten in der anonym und nur handschriftlich veröffentlichten Abhandlung *Commentariolus* (entst. vor 1514, ›Kleiner Kommentar‹). Sein Hauptwerk, *De revolutionibus orbium coelestium libri VI* (1543, ›Über die Umdrehungen der Himmelskreise‹, 6 Bücher), in dem er die Grundgedanken seiner frühen Schrift mathematisch ausarbeitet, erschien erst kurz vor seinem Tod.

11,6 (192,18) *elf:* In der 1. Fassung ist Andrea 13 Jahre alt (11,29).

11,14 (192,26) *Glotzen ist nicht sehen:* Im Gegensatz zu Aristoteles und der scholastischen Naturwissenschaft, die dem Augenschein vertrauten (auf dem auch das ptolemäische System beruht und der Aristoteles zu einem fehlerhaften Fallgesetz führte; vgl. Anm. zu 18,14 f.), beschrieb Galilei die Wirklichkeit mittels mathematischer Gesetze, die in unserer Alltagserfahrung keine Gültigkeit haben. Da »der natürliche Mensch trotz guter Augen« nicht das sieht, wie Galilei in den *Discorsi* schreibt, »was Andere mit ihrer Erfahrung an Wahrem und Irrigem aufgedeckt haben« (1. Tag, S. 74; vgl. Anm. zu 109,19), mußte er z. B. wissenschaftliche Experimente ersinnen, um »sein« Publikum von der Richtigkeit seiner Behauptungen zu überzeugen (vgl. Anm. zu 90,7 f.). – Unter Galileis Zeitgenossen waren es besonders Bacon und Descartes, die sich mit der Unzuverlässigkeit der Sinneswahrnehmung philosophisch auseinandersetzten. Mit seiner Lehre von den Idolen oder Trugbildern versuchte Bacon zu erklären, warum uns die Alltagserfahrung in die Irre führen kann (*Novum Organum, sive Indicia vera de interpretatione naturae* [1620, ›Neues Organon oder Wahre Angabe zur Erklärung der Natur‹] I,38–68). Descartes entwickelte den methodischen Zweifel zu dem Zweck, uns vor den Täuschungen der Sinne und den Vorurteilen der überlieferten Meinungen zu schützen und zu gesicherter Erkenntnis zu gelangen (vgl. Anm. zu 9,28 f.). – Brecht verwendet das obige Motiv häufig und in wechselnden Formulierungen, auch mit Bezug auf die Theaterästhetik, vgl. z. B. seine Empfehlung, bei der Aufführung seines Stücks *Trommeln in der Nacht* (1922) im Zuschauerraum Plakate mit dem Spruch »Glotzt nicht so romantisch« aufzuhängen (GBA 24,14). In den Gesprächen, die im *Messingkauf* über das »Theater des wissenschaftlichen Zeitalters« geführt werden, wird verlangt, daß der »Seher« durch einen »prüfend Schauenden« ersetzt werde, das »Glotzen« mit »verglasten« Augen durch ein aufmerksames, von Wissen geleitetes ›Beobachten‹ (GBA 22.2,756 bzw. 861), das weiß, daß der Augenschein auch täuschen kann. Im Epilog zu dem Stück *Der Aufstieg des Arturo Ui* (entst. 1941) wird der Zuschauer aufgefordert: »Ihr aber lernet, wie man sieht statt stiert« (GBA 7,112). Vgl. Anm. zu 19,11 f. und zu 38,17–19, außerdem 48,17–28 (222,16–26). – Zum Motiv des Sehens in Brechts Stück vgl. Knopf 1980 und 1996.

12,10 f. (193,16 f.) *daß ein Herr … das ausgerechnet hat:* Das kopernikanische System war eine mathematische Theorie über die Bewegung der Planeten, und – besonders in seiner erweiterten Version – ohne physikalischen Erklärungswert. Kopernikus kam dabei zu Ergebnissen, die z. T. erst mit Hilfe des Fernrohrs verifiziert werden konnten, wie z. B. die Vermutung, daß die Venus Phasen haben müsse. Vgl. Anm. zu 7,3 und zu 56,24 f.

12,22 (193,27 f.) *ein großes Zeitalter, in dem zu leben eine Lust ist:* Anspielung auf den Ausruf Ulrich von Huttens »O Saeculum! O literae! Iuvat vivere!« (lat., ›O Jahrhundert, o Wissenschaften! Es ist eine Lust zu leben!‹) in seinem Brief vom 25. Oktober 1518 an den Nürnberger Humanisten Willibald Pirckheimer.

14,19 (195,13) *Campagna:* fruchtbare Landschaft in der Nähe von Rom.

14,26 (195,20) *Skudi: scudo*, Plural *scudi* (ital., ›Schild‹): alte ital. Münze.

15,10 (195,39) *dieses komische Rohr:* das Linsenfernrohr, für das der holländische Brillenmacher Johann Lipper(s)hey aus Middelburg 1608 ein Patent anmeldete. Möglicherweise ist er auch sein Erfinder.

15,13 (196,2) *konkave:* nach innen gewölbte.

15,13 (196,3) *konvexe:* nach außen gewölbte. Galilei beschrieb die Konstruktion in seiner 1610 in Venedig publizierten Schrift *Sidereus Nuncius* (›Nachricht von neuen Sternen‹), S. 82–85.

15,29 (196,18) *Physik:* Galilei lehrte an der Universität Padua Mathematik, die damals auch Astronomie und Physik (unterschieden von der Naturphilosophie) umfaßte (vgl. Anm. zu 16,35–17,1).

15,33 f. (169,22) *Alle Welt nimmt ihren Wein heutzutage mit Wissenschaft:* vermutlich Anspielung auf eine der zahlreichen Redensarten, die metaphorisch Wein (für ›Begeisterung‹, ›Rausch‹) und Wasser (für ›Ernüchterung‹, ›Dosierung‹) kontrastieren.

15,35 (196,24) *tote Sprache:* Sprache, die von keiner Gemeinschaft mehr als Muttersprache gesprochen wird, z. B. das Lateinische oder das Altgriechische.

16,6 (196,30) *Kurator:* hier Staatsbeamter in der Universität, zuständig für die Vermögensverwaltung und die Wahrnehmung der Rechtsgeschäfte.

16,19–21 (197,3 f.) *mathematische Kollegien bringen ... keinen Zustrom:* Die Mathematik war um 1600 wenig angesehen; sie war lediglich eine Hilfswissenschaft und wurde als Teil der Philosophie gelehrt (vgl. Anm. zu 16,35–17,1).

16,22 (197,6) *die Republik:* die Republik Venedig, der Padua seit 1405 zugehörte. Sie existierte vom 7. Jh. bis 1797.

16,34 f. (197,16) *siebengescheit:* sehr gescheit. Der Ausdruck wird teils auf die »sieben freien Künste« (vgl. Anm. zu 16,35–17,1) zurückgeführt, teils auf die »sieben Weisen«

des Altertums, eine Gruppe bedeutender Persönlichkeiten der griech. Geschichte, deren Zusammensetzung in der Überlieferung allerdings schwankt. Zu den immer wiederkehrenden Namen gehören Solon von Athen und Thales von Milet.

16,35–17,1 (197,17) *philosophischen Fakultät:* Bis ins 18. Jh. war an den europäischen Universitäten die im Mittelalter entstandene Ordnung der Studiengänge maßgeblich. Die philosophische Fakultät (Fachbereich) umfaßte die Artistenfakultät, die aus den sog. sieben freien Künsten (lat. *septem artes liberales*) bestand: den drei sprachlichen Künsten (das sog. Trivium [›Dreiweg‹]: Grammatik, Rhetorik, Logik oder Dialektik) und den vier mathematischen Künsten (das sog. Quadrivium [›Vierweg‹]: Arithmetik, Geometrie, Musik, Astronomie). »Frei« wurden diese Künste (im Sinne von ›Lehren‹) genannt, weil sie nur von einem freien Mann (im Gegensatz zum unfreien Sklaven) ausgeübt werden konnten. Für das Studium einer ›höheren‹ Studienrichtung wie der Theologie, der Jurisprudenz oder der Medizin war das Studium an der ›unteren‹ philosophischen Fakultät die obligatorische Voraussetzung.

17,5 f. (197,22) *Hypothesen:* (griech.-lat., wörtlich: das, was ›darunter gelegt‹ wird, was als ›Grundlage‹ von etwas anderem gelten kann) in der Wissenschaftstheorie Sätze, deren Wahrheit nicht feststeht, die aber vorläufig als wahr betrachtet werden. Sie dienen als Hilfsmittel der wissenschaftlichen Erkenntnis.

17,15 (197,31) *Cremonini:* Cesare C. (1550–1631), ital. Philosoph und Mathematiker, seit 1591 Professor an der Universität Padua. Unter seiner Führung war es einer Gruppe von Professoren gelungen, die Einrichtung einer von den Jesuiten kontrollierten Universität in der Republik Venedig zu verhindern. C. war ein kompromißloser Anhänger des Aristoteles. Da er sich weigerte, in seinen Publikationen darauf hinzuweisen, daß gewisse

Auffassungen des griech. Philosophen in Widerspruch zur Lehrmeinung der Kirche standen, kam er später wiederholt in Konflikt mit der Inquisition. Die vom Kurator geschilderten Vorgänge fand Brecht bei Wohlwill I, S. 123–125.

17,16 (197,32) *Inquisition:* (lat., ›Untersuchung‹) seit dem 13. Jh. bestehende gerichtliche Institution der katholischen Kirche zur Verfolgung von Ketzern. Sie stand unter der Kontrolle des Papstes. Ihre Vertreter erhoben die Anklage, führten die Untersuchung und fällten das Urteil; die Verteidigungsmittel des Angeklagten waren stark eingeschränkt. Zu den Aufgaben der Inquisition, deren Beamte meist Ordensgeistliche waren, gehörte auch die Bücherzensur. Vgl. auch Anm. zu 64,3 *Index*.

17,25 (198,1) *Giordano Bruno:* eigtl. Filippo B., geboren in Nola bei Neapel (daher auch oft als »der Nolaner« bezeichnet), ital. Philosoph und Dichter (1548–1600), nahm beim Eintritt in den Dominikanerorden den Namen Giordano an. Einer Verhaftung wegen Ketzerei entzog er sich durch Flucht, die ihn an zahlreiche europäische Universitäten führte. Bei der Rückkehr nach Italien wurde er 1592 in Venedig verhaftet und im darauffolgenden Jahr von der Republik an die römische Inquisition ausgeliefert. Nach sieben Jahren Kerkerhaft wurde er zum Tode verurteilt und in Rom auf dem Scheiterhaufen öffentlich verbrannt. Bruno teilte die kopernikanische Lehre, daß die Erde sich um die Sonne dreht, vertrat aber darüber hinaus die Ansicht, daß das Universum unendlich (vgl. Anm. zu 31,26–28) und von Gott durchwirkt sei (vgl. Anm. zu 33,25). Dabei stützte er sich allerdings nicht auf astronomische Beobachtungen und mathematische Berechnungen, sondern auf philosophische Überlegungen (vgl. 33,30 [210,18]). Zu B. vgl. auch Brechts Ende 1938, Anfang 1939 geschriebene Erzählung *Der Mantel des Ketzers* (GBA 18,374–382).

18,14 (198,23) *Signoria:* (ital., ›Herrschaft‹) hier: die höchste leitende Behörde der Republik Venedig. Vgl. Anm. zu 23,9.

18,14 f. (198,23 f.) *Untersuchungen über die Fallgesetze:* 1609 gelang es Galilei, für das von ihm 1604 zum ersten Mal erwähnte Fallgesetz einen korrekten Beweis zu liefern. Im Gegensatz zu Aristoteles, der die Auffassung vertrat, daß die Fallgeschwindigkeit eines Körpers von dessen Gewicht abhängt, schwere Körper also schneller fallen als leichte (vgl. 1. Fassung 19,29 f.), behauptete Galilei, daß alle Körper – im Vakuum – mit gleicher Beschleunigung fallen; daher müssen sie nach gleicher Zeit gleiche Geschwindigkeit erlangt haben (vgl. *Discorsi*, 1. Tag, S. 56 f.; vgl. Anm. zu 109,19).

18,23 (198,31) *das Wissen, das Sie verkaufen:* vgl. Anm. zu 124,5–7 und zu 126,13 f.

18,25 (198,33) *Herr Colombe:* Ludovico delle C. (1565–1616?), ital. Philosoph, Astronom, Mathematiker und Dichter, der Galilei von Padua her als dogmatischer Aristoteliker bekannt war. Ende des 16. Jh.s wurde er Mitglied der Akademie zu Florenz. Er gehörte später zu denjenigen Gelehrten, mit denen Galilei in Florenz eine wissenschaftliche Auseinandersetzung über schwimmende Körper hatte (vgl. Anm. zu 84,27–29).

18,28 (198,36) *in Paris und Prag:* Brecht greift den historischen Ereignissen voraus. Johannes Kepler, auf den hier u. a. angespielt ist, seit 1601 kaiserlicher Mathematiker in Prag, verteidigte erst 1610/11 die astronomischen Entdekkungen Galileis öffentlich. Später fand Galilei dann auch in den in Paris lehrenden Philosophen Marin Mersenne (1588–1648) und Pierre Gassendi (1592–1655) Anhänger.

19,9 (199,10) *Lederfolianten:* Foliant: eigtl. ein Buch im Folioformat, d. h. in der Größe eines halben Bogens (gewöhnlich mehr als 35 cm), hier übertragen gebraucht für ›großes, unhandliches Buch‹.

19,10 f. (199,11 f.) *nicht wissen ... was der Aristoteles darüber schreibt:* Der griech. Philosoph (384–322 v. Chr.)

Josef Bierbichler als Galilei in der Aufführung durch das Berliner Ensemble 1997
3. Szene
(Foto: Marcus Lieberenz, Berlin)

war an den europäischen Universitäten seit der Mitte des 13. Jh.s die unbestrittene philosophische Lehrautorität, wenngleich einige seiner Auffassungen wie die von der Sterblichkeit der Seele von der Kirche als Ketzerei verurteilt wurden. Seine Naturphilosophie, die er hauptsächlich in den Schriften *Physica* (›Physik‹), *De caelo* (›Über den Himmel‹) und *Meteorologica* (›Meteorologie‹) entwickelte, gehörte zu dem theoretischen Fundament des ptolemäischen Systems (vgl. Anm. zu 7,28, zu 27,28 f. und 48,17–28 [222,16–26]; vgl. auch die 4. Szene). Aristoteles fragte nach den Ursachen der Naturprozesse, ihrem ›Warum‹ und ›Wozu‹, nicht – wie Galilei –, nach ihrem ›Wie‹, d. h. ihren (mathematischen) Gesetzmäßigkeiten, die er durch physikalische Messungen ermittelte. Der schwere Stein fällt Aristoteles zufolge deshalb auf die Erde, weil er nach seinem ›natürlichen Ort‹ strebt, wo sich alles andere Schwere befindet. Dieser Ort ist mit dem Mittelpunkt des Universums identisch.

19,11 f. (199,12 f.) *Die Augen hat man nur zum Lesen:* vgl. Galileis Brief vom 19. August 1610 an Kepler (S. 98 f. des vorliegenden Bandes). Vgl. auch Anm. zu 38,17–19 und 48,17–28 (222,16–26).

19,19–21 (199,20–22) *hören mit Interesse ... Schrei nach besseren Webstühlen:* Galilei brach mit der aristotelischen Wissenschaftstradition, indem er Wissenschaft und Technik, Theorie und Praxis zu einer Einheit verband (vgl. Anm. zu 125,28–35). Möglicherweise handelt es sich bei dieser Textstelle um eine Reminiszenz an eine Bemerkung von Friedrich Engels: »die Wissenschaft verdankt der Produktion unendlich mehr« als »die Produktion der Wissenschaft« (»Aus der Geschichte der Wissenschaft«, in: Karl Marx / F. E., *Werke*, Bd. 20, Berlin 1962, S. 457).

19,23 (199,23f.) *Ihre Entdeckungen:* wie z. B. den Isochronismus der Pendelbewegung und das Fallgesetz (vgl. Anm. zu 18,14 f.). Galilei war darüber hinaus ein vielseitiger Erfinder, der sich auch um den Bau und Vertrieb seiner technischen Konstruktionen kümmerte. Außer den im Text erwähnten Geräten (vgl. Anm. zu 19,32 und zu 30,15f.) entwickelte er z. B. eine hydrostatische Waage zur Bestimmung spezifischer Gewichte (1586) und ein Thermoskop zur Feststellung von Temperaturunterschieden (1606).

19,32 (199,31f.) *Proportionalzirkel:* oder »Militärzirkel«, wie es in der 1. Fassung heißt (18,22f.), ein Instrument, mit dem mathematische Operationen auf das Rechnen mit Streckenlängen und Streckenverhältnissen zurückgeführt werden können. Das Gerät wurde im 19. Jh. vom Rechenschieber abgelöst. Der von Galilei konstruierte Typ bestand aus zwei flachen Schenkeln, die sich um einen festen Drehpunkt bewegen ließen. Galilei kümmerte sich auch um die Herstellung des Instruments und veröffentlichte 1606 eine Anleitung zu seinem Gebrauch. Die Beschreibung, die Brecht im weiteren von den Leistungen des Instruments gibt, stützt sich auf Formulierungen Wohlwills (I, S. 137f.).

20,7 (200,1f.) *Stefano Gritti:* nicht nachweisbar, vermutlich fiktiv.

20,9 (200,3) *Priuli:* Brecht entlehnte den Namen einem der (neun) Prokuratoren der Republik Venedig, Antonio P. (gest. 1623), in dessen Gegenwart Galilei sein Fernrohr vorführte (vgl. 2. Szene). Priuli hatte auch die Aufsicht über die Universität in Padua.

20,21 (200,14) *Arsenal:* (arab.-ital., ›Haus des Handwerks‹) die staatlichen Schiffswerften, Waffenschmieden und Gerätelager der Republik Venedig. Die Betriebe des Arsenals arbeiteten mit der fortgeschrittensten Technologie ihrer Zeit.

20,21 (200,15) *Artilleriezeughäusern:* Gebäuden zum Aufbewahren von Kriegsmaterial, hier von schweren Geschützen.

20,24f. (200,18f.) *Ihr verbindet dem Ochsen, der da drischt, das Maul:* Anspielung auf 5. Mose 25,4: »Du sollst dem

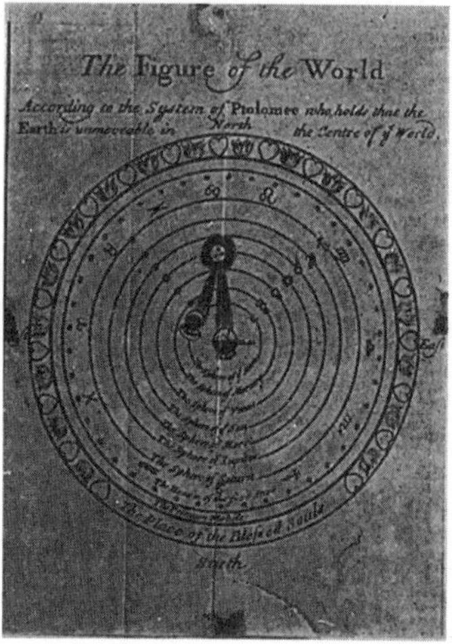

›The Figure of the World‹
Diese Abbildung, eine vereinfachte Darstellung des ptolemäischen Systems, hat Brecht in das Manuskript der ersten Niederschrift seines Stücks *Die Erde bewegt sich* (Ende der 1. Szene) eingeklebt

Ochsen, der da drischt, nicht das Maul verbinden.« Vgl. auch 1. Kor. 9,9 und 1. Tim. 5,18. Brecht zitiert dieses Sprichwort besonders in seinen Stücken häufig.

21,2 (200,31) *Die Obrigkeit hat es verboten:* Brecht greift den historischen Ereignissen voraus. Die kopernikanische Lehre wurde erst 1616 verboten. Vgl. 69,9–13 (239,4–7) und Kap. II,2a.

21,6–8 (200,35 f.) *Selbst die Lehre des großen Kopernikus ist ... eine Hypothese:* Kopernikus' Werk *De revolutionibus orbium coelestium* erschien mit einem anonymen, von dem Lutheraner Andreas Osiander geschriebenen Vorwort, in dem die Auffassung vertreten wird, daß die vorgetragene Lehre nur eine mathematische Hypothese zur einfacheren Beschreibung der Planetenbewegungen sei, jedoch keine Behauptung über den tatsächlichen Bau der Welt.

21,10 (200,39) *Rock:* hier landschaftl. für ›Jacke‹, ›Jackett‹, ›Sakko‹ (als Teil des Anzugs).

21,21 (201,10 f.) *sind wir wie Würmer mit trüben Augen:* biblische Ausdrucksweise, vgl. z. B. Ps. 22,7: »Ich aber bin ein Wurm und kein Mensch«; Ps. 6,8: »Mein Auge ist trübe geworden«.

21,25–27 (201,14–16) *Viele Gesetze ... die vieles erklären:* Die harmonische Schlichtheit – für Kopernikus ein Kriterium für die Richtigkeit seiner Theorie – gilt allerdings nur für die vereinfachte Version des kopernikanischen Systems. Seine mathematische Ausarbeitung ist dagegen kaum weniger kompliziert als das ptolemäische System.

21,29 f. (201,18 f.) *die Hypothese ist sehr schön:* vgl. Anm. zu 110,23 f.

22,2 (201,26) *Campanile:* (ital.) frei neben der Kirche stehender Glockenturm.

22,3 (201,27) *Gracia dei: gratia dei* (lat.) von Gottes Gnaden.

2 (Venedig 1609: Das Große Arsenal)

23,6 (201,36) *grimm:* von *grimmen* (veraltet) ›sich ärgern‹.

23,8 (201,39) *Das große Arsenal (... Große ...):* Tatsächlich fand die Demonstration am 21. August 1609 auf dem Glockenturm der Kirche San Marco vor den Vertretern der Signoria statt. Die 1. Fassung macht noch keine genaueren Angaben zum Schauplatz. Sie nennt den 24. August, an dem Galilei sein Fernrohr dem Dogen als Geschenk überreichte.

23,9 (201,40) *Doge:* (ital., ›Herzog‹) Titel des Staatsoberhaupts in den Republiken Genua und Venedig. Vgl. Anm. zu 18,14.

23,10 (201,40) *Sagredo:* Giovanfrancesco S. (1571–1620), venezianischer Patrizier und Diplomat. Galilei setzte seinem Schüler und Freund in seinen Hauptwerken – dem *Dialogo* (vgl. Anm. zu 37,13) und den *Discorsi* (vgl. Anm. zu 109,19) – ein Denkmal, indem er einen der Gesprächsteilnehmer nach ihm benannte (vgl. Anm. zu 37,13 und zu 109,19).

23,10 (202,1) *Virginia Galilei:* Galileis Lieblingstochter (1600–34) aus der Verbindung mit Marina Gamba. Sie war schon vor Galileis Übersiedlung mit ihrer Großmutter nach Florenz gezogen, während Marina in Padua blieb. 1616 trat V. in das Franziskanerinnenkloster San Matteo in dem Dorf Arcetri bei Florenz ein und nahm den Namen Maria Celeste an.

23,15 (202,6) *Exzellenz:* (lat., ›Vortrefflichkeit, Erhabenheit‹) Titel bzw. Anrede im diplomatischen Verkehr, auch von Ministern und hohen Beamten.

23,15–27 (202,6–17) *Als Lehrer … ergebenen Dieners:* Brecht zitiert hier und im folgenden (24,12–17 [202,31–35]) aus Galileis Brief vom 24. August 1609 an den Dogen von Venedig. Er wird bei Wohlwill teils wörtlich, teils paraphrasierend wiedergegeben. Brecht hält sich eng an Wohlwills Formulierungen (I, S. 230).

23,16 f. (202,7 f.) *Direktor Ihres Großen Arsenals:* Mit der historisch nicht belegten Zuschreibung, die in der 1. Fassung noch fehlt, unterstreicht Brecht die enge Verbindung, die bei Galilei zwischen Naturforschung und Handwerk, Wissenschaft und Technik besteht (vgl. Anm. zu 19,19–21). Galilei besuchte das Arsenal sehr oft. Es ist auch der Schauplatz am Beginn seines physikalischen Hauptwerks, der *Discorsi* (vgl. Anm. zu 109,19).

23,26 f. (202,16 f.) *Frucht siebenzehnjähriger … Forschung:* also der Zeit, die Galilei an der Universität Padua beschäftigt war (vgl. Anm. zu 33,33–35). Die Episode von Galileis dreistem Schwindel dürfte eine autobiographische Spiegelfunktion haben: Brecht erkannte sich in ihr vermutlich selber wieder. 1929 hatte der Theaterkritiker Alfred Kerr entdeckt, daß Brecht in der *Dreigroschenoper* (1931, GBA 2,229–308) die Villon-Verse in der Übersetzung von K. L. Ammer (d. i. Karl Klammer) ohne Namensnennung des Übersetzers verwendete. In einer öffentlichen Erklärung ›entschuldigte‹ Brecht das Versehen mit seiner »grundsätzlichen Laxheit in Fragen geistigen Eigentums« (GBA 21,316).

24,12 (202,31) *beigefallen:* eingefallen, in den Sinn gekommen.

24,30 f. (203,8) *gestern nacht auf den Mond gerichtet:* Brecht greift den historischen Ereignissen voraus. Galilei begann seine teleskopischen Beobachtungen des Mondes erst im Oktober 1609.

24,35 (203,12) *die Befestigung von Santa Rosita (... Befestigungen ...):* vermutlich fiktiv; die Nennung betont den militärischen Nutzen des Fernrohrs.

25,8 (203,20) *Frauenzimmern:* Der Ausdruck *Frauenzimmer* bezeichnete urspr. den Aufenthaltsraum der Frauen, v. a. der weiblichen Dienerschaft. Später wurde er auf diese übertragen, schließlich auf Frauen allgemein. Im 18. Jh. bedeutete das Wort meist eine gebildete oder vornehme Frau, in der zweiten Hälfte des Jh.s dann auch eine bürgerliche. Heute ist es nur noch landschaftlich gebräuchlich, sonst veraltet und meist abwertend.

25,10 (203,22) *Weißt du, aus was die Milchstraße besteht?:* vgl. Anm. zu 31,21–24.

25,19 (203,31) *Ich habe es verbessert:* Galileis Fernrohr ließ die Gegenstände »ungefähr tausendmal größer und mehr als dreißigmal näher erscheinen, als wenn man sie nur mit dem natürlichen Sehvermögen betrachtet« (*Sidereus Nuncius*, S. 83). Es war damit der Konkurrenz stark überlegen und wurde in ganz Europa nachgefragt.

25,23 (203,35) *eine gewisse Lehre:* die des Kopernikus (vgl. Anm. zu 21,6–8).

25,26 (203,37) *Ihre 500 Skudi sind unter Dach:* Galileis Jahresgehalt wurde auf 1000 Skudi erhöht, seine befristete Professur in eine lebenslange Anstellung verwandelt.

3 (Padua 1610: Studierzimmer)

27,2 (204,24) *10. Januar 1610:* vgl. Anm. zu 28,31 f.

27,3 f. (204,25 f.) *Erscheinungen, welche das kopernikanische System beweisen:* Galileis astronomische Entdekkungen, die im folgenden Gespräch geschildert werden, erschütterten zwar das ptolemäische System mitsamt der von den Aristotelikern vertretenenen Himmelsphysik, sie waren aber noch keine endgültigen Beweise für die von Kopernikus aufgestellte These von der doppelten Erdbewegung – was Galilei auch nicht behauptete (vgl. *Sidereus Nuncius*, S. 103). Sämtliche Erscheinungen ließen sich genauso durch das Weltbild Tycho Brahes erklären (vgl. Anm. zu 59,31–33). Brecht stuft die wissenschaftliche Leistung Galileis hier höher ein, als dieser es selbst tat (vgl. dazu dessen Eingeständnis 37,16 f. [213,13–15]).

27,9 (204,31) *kein Himmel war:* vgl. Anm. zu 28,32 f.

27,13–28,22 (204,36–205,33) *Der Sichelrand ... und einmal nicht:* Galilei gibt über seine teleskopischen Beobachtungen und Entdeckungen im *Sidereus Nuncius* Auskunft (S. 85–103). Brecht stützt sich auf die Darstellung bei Wohlwill (I, S. 256–261).

27,28 f. (205,12 f.) *widerspricht aller Astronomie von zwei Jahrtausenden:* besonders derjenigen des Aristoteles, wonach die Mondoberfläche völlig glatt ist. Eine gegenteilige Auffassung hätte der Lehre von der vollkommenen Kugelgestalt der Himmelskörper widersprochen, die zu den Grundvoraussetzungen der aristotelischen Kosmologie zählte (vgl. *De caelo* II).

28,31 f. (206,2) *10. Januar 1610:* Galilei entdeckte am 7. Januar drei »Monde« des Jupiter – wie er die bis dahin un-

Hans Tombrock: Zu Brechts Galilei
Entdeckung des Mondes als Planet (I)
Radierung

bekannten Satelliten des Planeten nannte –, am 13. Januar den vierten (vgl. *Sidereus Nuncius*, S. 109 und 111).

28,32 (206,3) *Journal:* (frz., veraltet) Tagebuch. Brecht bezeichnete sein Tagebuch selbst mit diesem Ausdruck.

28,32 f. (206,3) *Himmel abgeschafft:* Nach Aristoteles und der sich auf ihn berufenden scholastischen Naturwissenschaft bestand zwischen Himmel und Erde ein qualitativer Unterschied: Der Himmel ist aus einem besonderen Stoff, dem »Äther«, der unvergänglich, unveränderlich und vollkommen ist, die Erde (einschließlich des sublunaren, d. h. unter dem Mond befindlichen Bereichs) aber aus einem Stoff – den vier Elementen Erde, Wasser, Luft und Feuer –, der vergänglich, veränderbar und unvollkommen ist. Im Gegensatz dazu vertrat Galilei die Auffassung, daß das Universum eine einheitliche Natur hat, d. h. daß die Gesetze, die für die irdischen Dinge gelten, auch auf die kosmischen Dinge zutreffen und umgekehrt (vgl. 60,31–61,6 [232,14–23] und Anm. zu 78,21 f.). Schon Kopernikus hatte die Differenz zwischen irdischer und himmlischer Welt in Frage gestellt, als er die Erde unter die Planeten einreihte. Vgl. Anm. zu 10,1 f. und zu 123,18–21.

30,15 f. (207,12–14) *Wasserpumpe erfunden … Berieselungsanlage funktioniert:* Galilei hatte eine Apparatur zum Heben von Wasser und zur Bewässerung des Erdreichs konstruiert, die ihm 1594 ein venezianisches Nutzungspatent einbrachte.

30,19–21 (207,17 f.) *Es fehlt uns … Ein Wegweiser für die Navigation:* Galilei entwickelte im Jahre 1612 eine Methode, mittels »gewisser Gestirne« (30,22 [207,19 f.]), d. h. des Jupiter (vgl. Anm. zu 31,35) und seiner Monde, die geographischen Längen auf See zu bestimmen. Dazu war es erforderlich, neue Sternkarten anzulegen, die die Umläufe der entdeckten Satelliten tabellierten. Galileis Methode, an deren Verbesserung er bis an sein Lebensende arbeitete, hat sich aber in der Praxis nicht bewährt. Galilei verglich selbst den Jupiter mit einer Uhr, seine Satelliten mit ihren Zeigern (vgl. Drake 1978, S. 193).

31,6 (207,37 f.) *Filzen:* Filz (umgangsspr.) ›Geizhals‹; süddt. auch ›ungehobelter, grober Mensch‹.

31,13 (208,6) *Klafter:* alte dt. Maßeinheit, hier des Raumes, ca. 3 m^3.

31,21–24 (208,13–15) *Ich werde dir … Sterne, unzählige:* Galilei entdeckte, daß die Milchstraße aus einer Anhäufung von Sternen besteht, wie es auch schon der griech. Philosoph Demokrit vermutet hatte (vgl. *Sidereus Nuncius*, S. 107).

31,25 (208,16) *Orion:* Sternbild der Äquatorzone, benannt nach der Gestalt des griech. Mythos, dem Sohn des Poseidon, einem schönen Jäger.

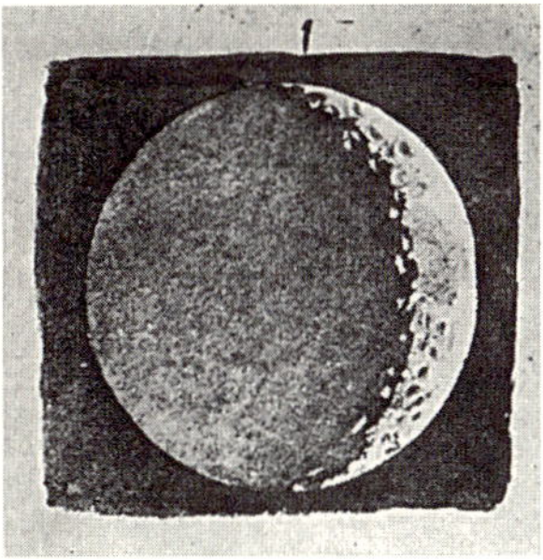

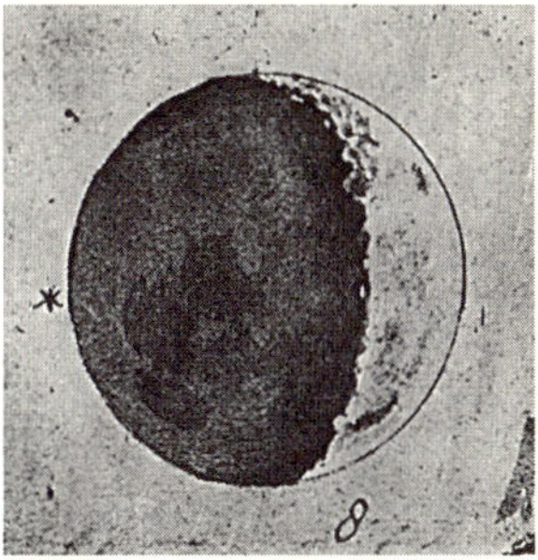

Galileis Handzeichnungen des Mondes (1609)

31,25 f. (208,16) *500 Fixsterne:* vgl. Galilei, *Sidereus Nuncius*, S. 105 (Wohlwill I, S. 263). Die Bezeichnung »Fixstern« erklärt sich aus der aus der Antike stammenden Auffassung, daß dieser Stern am Himmelsgewölbe festgeheftet ist, im Gegensatz zum »Wandelstern« (vgl. Anm. zu 60,29). In Wirklichkeit handelt es sich um einen selbstleuchtenden Himmelskörper, der seine Lage zu anderen Sternen nur unmerklich verändert.

31,26–28 (208,17 f.) *die vielen Welten ... Verbrannte gesprochen hat:* vgl. Brunos Schrift *Del'infinito universo et mondi* (1584, ›Vom Unendlichen, dem All und den Welten‹). Galilei übernahm von Bruno die Auffassung von der Existenz vieler Welten (Sonnensysteme). Er legte sich allerdings nicht darauf fest, ob das Universum unendlich ist (vgl. Anm. zu 111,25 f.).

31,35 (208,26) *Jupiter:* der fünfte Planet unseres Sonnensystems, benannt nach dem röm. Gott des Himmels, des Lichts und der Witterung.

32,17 f. (209,2 f.) *Da hast du ein Gestirn, um das ein anderes sich dreht:* Galileis Entdeckung der Jupitermonde bewies, daß es Himmelskörper gibt, die sich nicht um die Erde als ihren Mittelpunkt drehen. Zugleich bewies sie, daß der sich um die Erde drehende Mond keine Ausnahme im Universum ist (wenn mit Kopernikus angenommen wird, daß die Erde sich um die Sonne dreht), sondern daß auch andere Himmelskörper eine Doppelbewegung vollführen. Damit waren sowohl Aristoteles' Auffassung, daß es nur eine einzige Kreisbewegung (um einen einzigen Mittelpunkt) geben könne, als auch seine Sphärentheorie erschüttert. Mit der ptolemäischen Astronomie und ihrer Annahme epizyklischer Bewegungen war Galileis Entdeckung zwar vereinbar, sie stand aber in Widerspruch zu den bis dahin gemachten Beobachtungen (vgl. Anm. zu 7,28 und zu 44,24 f., außerdem 45,13–16 [219,31–33]).

32,24 (209,8 f.) *eine andere Sonne:* der Jupiter. Vermutlich wurde diese Stelle bei der Textredaktion übersehen. Im Druck der *Versuche* ist es nicht eindeutig, daß der Jupiter ein Planet ist. Galilei bezeichnet ihn unmittelbar vorher als »Sonne«, Sagredo als »Fixstern« (H. 14, S. 26). Diese Unstimmigkeit trug Brecht auf der Probe zur Berliner Erstaufführung die Kritik Ernst Buschs ein, der den Galilei spielte. Brecht veränderte daraufhin den Text – mit Ausnahme dieser und einer späteren Stelle (46,19 [220,31]). Vgl. dazu die Aufzeichnungen Käthe Rülickes von der Probe vom 17. Dezember 1955 (BBA 2071/42). Obwohl wissenschaftlich unkorrekt, hat die Gleichsetzung des Jupiter mit einer Sonne eine gewisse Berechtigung, galt Galilei das Gestirn mit seinen Satelliten (oder auch »Planeten«, vgl. Anm. zu 45,6) doch als ein verkleinertes Modell des kopernikanischen Systems. Vgl. auch Anm. zu 46,19.

32,29 (209,14) *der andere:* Giordano Bruno.

33,1 (209,21) *Stockfisch:* eigtl. Fisch, der auf Holzgestellen im Freien getrocknet wird, hier übertragen und abwertend gebraucht für ›steifer, ungelenker, auch ungesprächiger, langweiliger Mensch‹ oder ›Dummkopf‹.

33,25 (210,5) *In uns oder nirgends:* Seine Philosophie lehre uns – so zitiert Wohlwill Bruno ohne genaue Quellenangabe, »die Gottheit nicht fern von uns suchen, da wir sie nahe haben, ja in uns, mehr als wir selber in uns sind, sowie die Bewohner der andern Welten sie nicht bei uns suchen müssen, da sie sie bei und in sich selbst haben« (I, S. 25). Im vorkopernikanischen Weltbild befand sich Gott an einem Ort jenseits der Fixsternsphäre.

33,33–35 (210,13–15) *Siebzehn Jahre ... das Ptolemäische System gelehrt (... ptolemäische ...):* Galilei lehrte Mathematik, zunächst an der Universität Pisa (1589–92), dann an der Universität Padua (1592–1610). Für Unterrichtszwecke verfaßte er bereits 1590 einen Kommentar zu Ptolemäus. In einem Brief vom 4. August 1597 an Kepler bekannte Galilei, seit Jahren ein Anhänger des Kopernikus zu sein, doch habe er es bisher nicht gewagt, sich öffentlich zu dessen System zu bekennen, aus Angst, von der Schulwissenschaft verlacht zu werden (vgl. Wohlwill I, S. 199).

34,1 (210,15) *die Schrift bestätigt:* vgl. Anm. zu 60,19 f.

34,4 (210,18) *Weil ich nichts beweisen konnte:* vgl. Anm. zu 37,13.

34,7–9 (210,21 f.) *Ich glaube ... an seine Vernunft:* d. h. hier daran, daß die Menschen auch das einzusehen vermögen, was der (sinnlichen) Wahrnehmung, der vorgefaßten Meinung oder der Autorität der Tradition widerspricht, trotzdem aber wahr und im Grundsatz auch empirisch beweisbar ist, wie z. B. die Drehung der Erde um die Sonne. Vgl. dazu die Worte Salviatis aus dem *Dialogo*: »Ich kann nicht genug die Geisteshöhe derer bewundern, die sich ihr angeschlossen und sie für wahr gehalten [die Lehre, daß die Erde sich um die Sonne dreht], die durch die Lebendigkeit ihres Geistes den eigenen Sinnen Gewalt angethan derart, daß sie, was die Vernunft gebot, über den offenbarsten gegenteiligen Sinnenschein zu stellen vermochten« (3. Tag, S. 342). Vgl. auch Anm. zu 67,19–32.

Ernst Busch als Galilei in der Aufführung durch das Berliner Ensemble 1957

3. Szene: »Sagredo: ›Der Sichelrand ist zackig und rauh.‹ Buschs Gesicht drückt zustimmenden Fatalismus aus: So ist es; und das wird Folgen haben!«

34,14 (210,27 f.) *einen roten Kometenschweif:* Brecht gebraucht dieses Bild auch in seinem Stück *Der kaukasische Kreidekreis* (1. Szene, GBA 8,22). Kometen gelten im Volks(aber)glauben (meist) als Unglücksboten, die rote Farbe als ein besonders bedrohliches Zeichen.

34,17 (210,30 f.) *beweise ihn mit sieben Gründen:* Redensart, ›etwas ausführlich, auf jede erdenkliche Art beweisen‹. Zur Siebenzahl, die in vielen Kulturen von alters her als eine vollkommene und heilige Zahl gilt, vgl. Anm. zu 7,28, zu 16,34 f. und zu 93,9.

35,6 f. (211,15 f.) *Das Denken gehört zu den größten Vergnügungen der menschlichen Rasse:* In einem 1942 entstandenen Dialog aus den *Flüchtlingsgesprächen* schränkt Brecht diese Aussage mit Blick auf die geschichtlichen und gesellschaftlichen Verhältnisse ein. In der modernen kapitalistischen Industriegesellschaft sei der »Genuß am Denken« »weitgehend ruiniert«, da der Denkende seinen »Kopf« an die Unternehmer »ausvermieten« müsse und die Gedanken zu »Waren« geworden seien (GBA 18,284 bzw. 283). Vgl. Anm. zu 124,5–7 und zu 126,13 f.

35,26 f. (211,35 f.) *weil wir zu viele Bücher gelesen haben:* vgl. Anm. zu 9,28 f. und zu 19,11 f.

36,13 f. (212,17 f.) *Und solche Leute sollen nicht die Wahrheit begreifen können?:* vgl. zu der vorangegangenen Episode die Parallele im *Tuiroman*, wo es von einem astronomischen Modell, »das die Verlorenheit der Sterne im Weltenraum, das enorme Überwiegen des leeren Raumes darstellte«, heißt: »Am raschesten begriffen die Armen das staunenswerte Verhältnis: sie brauchten sich nur vorzustellen, wie entfernt sie von den Gütern des Lebens waren, dann wußten sie, wie weit die Sterne voneinander entfernt sind« (»Die Tuis von Wak stellen sich das Universum vor«, entst. zwischen 1933 und 1935, GBA 17,115).

36,19 (212,23) *Frühmette:* frühmorgendlicher Gottesdienst.

37,1 (212,38 f.) *die ›Mediceischen Gestirne‹:* wie Galilei die vier Jupitermonde zu Ehren der im 16. Jh. zu (groß)herzoglichem Rang aufgestiegenen florentinischen Bankiersfamilie benannte.

37,10 (213,8) *ich will die Fleischtöpfe:* Anspielung an die biblische Rede von den Fleischtöpfen Ägyptens, nach denen sich die Israeliten sehnten, als sie auf ihrer Wanderung durch die Wüste Hunger litten (vgl. 2. Mose 16,3).

37,13 (213,10 f.) *meine Beweise auszuarbeiten:* Die Argumente für die Hypothese, daß die Erde sich um die Sonne dreht (und um sich selbst), entwickelte Galilei v. a. in seinem 1632 in Florenz publizierten Werk *Dialogo sopra i due massimi sistemi del mondo tolemaico e copernicano* (›Dialog über die beiden hauptsächlichen Weltsysteme, das ptolemäische und das kopernikanische‹). Galilei maß diesen Argumenten Beweiskraft zu (vgl. Anm. zu 27,3 f.).

37,29–31 (213,26–28) *»Sehne ich mich ... erhellen wird.«:* vgl. Anm. zu 39,13–25.

37,31 (213,28) *Großherzog von Florenz:* Cosimo II. de' Medici (1590–1621), seit 1609 Großherzog von Florenz (Toskana).

37,32 (213,28) *neun Jahre alt:* In der 1. Fassung ist Cosimo 15 Jahre alt (36,21). Brecht veränderte die Altersangabe und machte Cosimo nun jünger als Andrea (vgl. Anm. zu 11,6). Das historische Vorbild zählte zu diesem Zeitpunkt bereits 19 Jahre.

38,9 (214,1) *Geh nicht nach Florenz:* In einem Abschiedsbrief vom 13. August 1611 teilte Sagredo Galilei seine Besorgnis über den starken Einfluß der Jesuiten in Florenz mit (vgl. Wohlwill I, S. 343). Sagredo erfuhr erst nachträglich von Galileis Übersiedelung.

38,11 (214,3) *Weil die Mönche dort herrschen:* die Inquisition, deren Beamte urspr. meist Dominikaner und Franziskaner, später auch Jesuiten waren. Während die Inquisition in den ital. Fürstentümern weithin freie Hand hatte, unterstand sie in Venedig der Kontrolle des Staates.

38,13 (214,5) *Lakaien:* (frz.) eigtl. herrschaftliche, fürstliche Diener, hier abwertend für ›Kriecher‹ gebraucht.

38,17–19 (214,9 f.) *seinen Zahlen glauben … ihren Augen glauben:* was indessen keineswegs leichter ist, wie die 4. Szene zeigt: Die Beobachtung der Gestirne durch das (damals noch verhältnismäßig primitive) Fernrohr erforderte viel Geduld und Geschicklichkeit. Den Anhängern der aristotelisch-scholastischen Naturwissenschaft erschwerten zudem theoretische, in ihrem Weltbild begründete Vorurteile, ihren teleskopischen Wahrnehmungen zu vertrauen.

38,27 f. (214,18 f.) *sehenden Auges … ins Verderben geht:* vgl. Hiob 21,20: »Seine [des Gottlosen] Augen mögen sein Verderben sehen«.

39,13–25 (214,39–215,11) *Wenn ich den … erhellen wird:* Brecht hat den Brief aus zwei verschiedenen Texten Galileis montiert, die er bei Wohlwill fand. Der erste Satz entstammt der Widmung an Cosimo II. de' Medici, die Galilei dem *Sidereus Nuncius* voranstellte. Brecht folgt der Paraphrase Wohlwills (I, S. 272). Der zweite Satz ist fast wörtlich aus einem Brief zitiert, den Galilei am 29. Dezember 1605 an Cosimo schrieb. Hier findet sich auch der Vergleich mit der aufgehenden Sonne (I, S. 180).

39,22 (215,8) *als Euer Untertan geboren:* Galilei wurde am 15. Februar 1564 in Pisa geboren, das seit 1406 von Florenz beherrscht wurde. 1574 siedelte die Familie nach Florenz über.

4 (Florenz: Haus des Galilei)

40,6 f. (215,20 f.) *Das Alte sagt … dann geh:* vgl. zu diesem Motiv die Gedichte *Alles Neue ist besser als alles Alte* (entst. um 1929, GBA 14,46 f.) und *Suche nach dem Neuen und Alten* (entst. 1952, GBA 22.2,866). In seiner Auseinandersetzung mit Georg Lukács, dessen Kritik des zeitgenössischen Romans sich am Muster des bürgerlichen Realismus orientiert, schlug Brecht vor, im Verhältnis zur Tradition lieber das Verfahren der »neuen heraufkommenden Klasse«, d. h. des revolutionären Proletariats, zum Vorbild zu wählen: »Es wird nicht angeknüpft an das gute Alte, sondern an das schlechte Neue« (*Die Essays von Georg Lukács*, entst. 1938, GBA 22.1,457).

40,13 (215,27) *Speichellecken:* vgl. die in den dreißiger Jahren entstandenen Texte *Die Kunst des Speichelleckens* aus dem *Tuiroman* (GBA 17,142–145) und *Lied des Speichelleckers* (GBA 14,365 f.).

40,18 (215,33) *Monsignore:* (ital., ›mein Herr‹) Hochwürden; Titel bzw. Anrede von Prälaten (vgl. Anm. zu 9,34).

41,6 (216,10) *Cosmo de Medici:* Mit der Namensform *Cosmo* – statt *Cosimo* – stellt Brecht eine schon bei Galilei belegte Verbindung zu *Kosmos* (griech., eigtl. ›Ordnung‹, ›Schmuck‹, hier ›Welt [als zweckvoll gegliedertes Ganzes]‹) her, die im Text durch die Belehnung der Jupitermonde mit Cosimos Familiennamen (37,1 [212,38 f.]) und den Vergleich mit der Sonne (37,30 [213,27]) vorbereitet ist. Vgl. Wohlwill I, S. 184.

41,6 (216,10) *Hofmarschall:* Beamter bei Hof, der das fürstliche Hauswesen leitet.

43,8 (217,39) *Kopfnüsse:* leichte Schläge mit dem Fingerknöchel an den Kopf.

43,34 (218,25) *Miasmen:* Miasma (griech., ›Besudelung, Verunreinigung‹), Pest-, Gifthauch. Im 17. Jh. wurde noch vermutet, daß die Pest durch giftige Ausdünstungen, z. B. aus dem Erdboden, aus Sümpfen oder Leichen übertragen wird. Erst Ende des 19. Jh.s gelang die Entdeckung des Krankheitserregers.

44,24 f. (219,9 f.) *epizyklische Bahn der Venus:* Nach Ptolemäus bewegt sich die Venus auf einem Kreis – dem Epizykel (griech., ›Nebenkreis‹) –, dessen Mittelpunkt sich auf einem anderen Kreis um die Erde bewegt. – Der Himmelskörper ist nach der altital. Göttin des Gartenbaus benannt, die später mit der griech. Aphrodite, der

Göttin der (geschlechtlichen) Liebe und der Schönheit, gleichgesetzt wurde.

44,34 (219,18 f.) *Jupitertrabanten:* Trabant (tschech.): Himmelskörper, der sich auf einer unveränderlichen Bahn um einen Planeten bewegt.

45,5 (219,24) *applizieren:* (lat.) anbringen, anwenden, gebrauchen, hier gespreizte Redeweise.

45,6 (219,25) *solche Planeten:* Abweichend von dem von Alters her üblichen Sprachgebrauch nannte Galilei im *Sidereus Nuncius* die Trabanten des Jupiter auch »Planeten« (S. 78), entsprechend der urspr. Bedeutung des Wortes im Griechischen (*planetes* ›Wanderer‹). Vgl. Galileis Brief vom 19. August 1610 an Kepler (S. 98 f. des vorliegenden Bandes) sowie die 1. Fassung (41,6).

45,8 (219,26) *Eines formalen Disputs:* der nicht nach der Wahrheit oder Falschheit einer empirisch überprüfbaren Tatsachenbehauptung fragt, sondern nach ihrer logischen Vereinbarkeit mit der als gültig vorausgesetzten aristotelisch-scholastischen Kosmologie. Vgl. Galileis Brief vom 19. August 1610 an Kepler (S. 98 f. des vorliegenden Bandes).

45,22 f. (219,39) *Aristotelis divini universum:* (lat.) das Weltall des göttlichen Aristoteles.

45,25 (220,2) *versteht Latein nicht:* Latein war nicht nur die Sprache der katholischen Liturgie (vgl. 118,4 [277,30]), sondern auch der Gelehrten und des wissenschaftlichen Unterrichts.

46,2 (220,14) *seinen mystisch musizierenden Sphären:* Die von den Pythagoräern vertretene Auffassung, daß die Bewegung der Kristallschalen des Himmelsgewölbes unhörbare, singende Töne hervorrufe, die sog. Sphärenmusik, wird von Aristoteles allerdings zurückgewiesen (vgl. *De caelo* II,9).

46,4 (220,16) *Schiefenwinkel der Sonnenbahn:* Die Erdachse steht nicht senkrecht auf der Ebene der (scheinbaren) Sonnenbahn, sondern ist gegen diese geneigt. Auf diese Weise kommen die Jahreszeiten zustande.

46,5 (220,17) *Satellitentafeln:* Zeittabellen, die die wechselnde Stellung der die Erde – scheinbar – umkreisenden Himmelskörper angeben. Sie waren bereits in der Antike bekannt.

46,6 (220,17 f.) *des Katalogs der südlichen Halbkugel:* der spezifische Angaben über die Sterne und Sternbilder dieses Himmelsbereichs macht, darunter die für einen bestimmten Zeitpunkt gültige Angabe des Sternorts.

46,7 (220,18 f.) *des celestialen Globus:* (lat.) der Himmelskugel.

46,7–9 (220,19 f.) *ein Gebäude von … Harmonie:* Für die alten Griechen war das Weltall eine geordnete und zugleich schöne Einrichtung (wie es bereits das griech. Wort *Kosmos* ausdrückt, vgl. Anm. zu 41,6 *Cosmo de Medici*); vgl. Aristoteles' Bemerkung über die Lehre der Pythagoräer: »der ganze Himmel ist Harmonie und Zahl« (*Metaphysica* I,5, 986a 3) und Anm. zu 110,23 f.

46,19 (220,31) *der höchsten Sphäre:* die Sphäre der Fixsterne (vgl. Anm. zu 7,28 und zu 31,25 f.). Die Stelle ist unklar. Im ptolemäischen Weltbild gehören der Jupiter in die sechste, die Fixsterne in die achte Sphäre. Vermutlich liegt hier ein Versehen bei der Textredaktion vor. In den früheren Bearbeitungsstufen wurde der Jupiter irrtümlicherweise zu den Fixsternen gezählt. In der 1. Fassung behauptet z. B. der Mathematiker, daß der Jupiter »an die Sphäre der Fixsterne geheftet ist, wie jedermann weiß, der je ein Handbuch der Astronomie aufgeschlagen hat« (40,39–41,2). Solche Unstimmigkeiten finden sich noch in der Ausgabe der *Versuche* (vgl. Anm. zu 32,24).

46,22 (220,33) *Gründe, Herr Galilei, Gründe:* vgl. Anm. zu 45,8.

46,31 f. (221,2 f.) *Sie denken, wir malten die Mediceischen Sterne auf die Linse:* Viele Zeitgenossen Galileis mißtrauten der Zuverlässigkeit des neuen Instruments, vgl. Wohlwill I, S. 283 und Kap. II.2a. Vgl. auch Anm. zu 38,17–19.

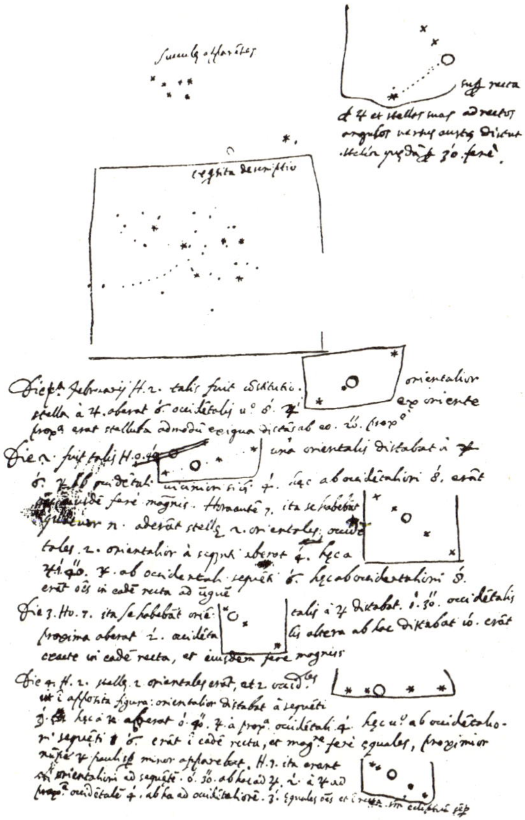

Aus Galileis Handschrift zum *Sidereus Nuncius*

In der amerikanischen Aufführung wurde eine Handskizze der Jupiter-Konstellation in der 4. und 6. Szene (3. Fassung) auf die Tafel des Hintergrunds projiziert

47,1 f. (221,7 f.) *mag man es … Ihren Zögling nennen:* Anspielung auf den zweifelhaften Anteil Galileis an der Erfindung des Fernrohrs. Der Mathematiker und Jesuit Orazio Grassi, ein Gegner Galileis, hatte die spitze Bemerkung gemacht, man könne das Fernrohr »zwar nicht sein Kind, doch seinen Zögling« nennen (zitiert bei Wohlwill II, S. 30).

47,16 f. (221,22 f.) *Großen Wagen:* auch Großer Bär; Sternbild des nördlichen Himmels.

47,18 (221,24) *Stier:* zum Tierkreis gehörendes Sternbild des nördlichen Himmels.

47,31 (221,36) *Eiertanz:* eigtl. ein Geschicklichkeitstanz mit oder zwischen Eiern, hier im übertragenen Sinne für ›vorsichtiges Verhalten in einer heiklen Lage‹ verwendet. Die erste deutsche Erwähnung eines Eiertanzes findet sich in Johann Wolfgang Goethes Roman *Wilhelm Meisters Lehrjahre* (1795/96; II,8).

48,17–28 (222,16–26) *ich ersuche Sie … man zitiert Aristoteles:* vgl. Galilei, *Dialogo*, 2. Tag (S. 112 f.; 117 f.). Vgl. Anm. zu 19,11 f.

48,23 (222,22) *aller Fakultäten:* Das aus dem Mittelalter stammende Universitätssystem umfaßte vier Fakultäten: die philosophische, theologische, juristische und medizinische Fakultät (vgl. Anm. zu 16,35–17,1).

48,28 (222,26 f.) *Der Mann hatte kein Fernrohr:* Im *Dialogo* bemerkt Salviati, Aristoteles wäre zu neuen Ansichten über die Natur gekommen, wenn er ein Fernrohr gehabt hätte (vgl. 2. Tag, S. 115).

48,32 f. (222,31 f.) *Hohen Kirchenväter:* Die katholische Kirche rechnet dazu alle christlichen Schriftsteller, die die vier Bedingungen der Rechtgläubigkeit, der Heiligkeit des Lebens, der Anerkennung durch die Kirche und der Zugehörigkeit zum patristischen Zeitalter, d. h. zu den ersten sieben christlichen Jahrhunderten, erfüllen.

48,35 (222,34) *Basta:* (ital., umgangsspr.) Es genügt, es ist genug, es reicht.

49,1 f. (222,35) *Die Wahrheit ist das Kind der Zeit, nicht der Autorität:* Brecht entnahm diesen Ausspruch Bacons *Novum Organum* (I,84). In der von ihm benutzten Übersetzung lautet der Satz: »Die Wahrheit heisst mit Recht die Tochter der Zeit und nicht der Autoren« (Franz Baco, *Neues Organon*, übers., erl. und mit einer Lebensbeschreibung des Verfassers vers. von J. H. Kirchmann, Berlin 1870, S. 135). In Brechts Handexemplar ist »Autoren« gestrichen und durch »Autorität« ersetzt, wie es dem lat. Original entspricht. Die Sentenz (lat. »veritas temporis filia est«) geht auf den röm. Schriftsteller Aulus Gellius (um 130 – nach 170) zurück.

50,4 f. (223,31 f.) *unsern Seeleuten, die ... unsere Küsten verließen:* vgl. Anm. zu 9,4 f.

50,27 f. (224,14 f.) *Christopher Clavius:* eigtl. Christoph Clau (1538–1612), dt. Mathematiker, Astronom und Jesuit am Collegium Romanum (vgl. Anm. zu 50,28 f.). Bereits in einem Brief vom 17. Dezember 1610 hatte Clavius Galilei die Entdeckung der vier Jupitermonde bestätigt (vgl. Wohlwill I, S. 331 f.). Im April 1611 beauftragte Kardinal Bellarmino (vgl. Anm. zu 64,8) – und nicht, wie bei Brecht, der florentinische Hof – Clavius und andere Mathematiker des Collegium Romanum offiziell mit der Überprüfung von Galileis Entdeckungen (vgl. Wohlwill I, S. 373–375), deren Richtigkeit kurze Zeit darauf bestätigt wurde. Zu Galileis Schlußfolgerungen enthielt man sich aber jeder Stellungnahme.

50,28 f. (224,15) *Päpstlichen Collegium in Rom:* das Collegium Romanum, die 1551 auf Anregung von Ignatius von Loyola, dem Gründer des Jesuitenordens, ins Leben gerufene Lehr- und Forschungsanstalt, die den Papst in allen wissenschaftlichen Fragen beriet.

5 (Florenz: Die Pest)
a (Studierzimmer)

51,9 f. (224,26 f.) *Das Stift ... Arcetri:* vgl. Anm. zu 23,10 *Virginia Galilei.*

51,30 (225,7) *Kalesche:* leicht gebaute Kutsche mit zusammenklappbarem Verdeck.

b (Vor Galileis Haus)

53,25 f. (226,26 f.) *den Englischen Gruß:* katholisches Gebet, das Ave Maria (lat., ›Gegrüßest seist du, Maria‹), nach den Worten, mit denen der Engel Gabriel Maria ankündigt, daß sie Jesus gebären werde (vgl. Lk. 1,28).

54,18 (227,9) *Anger:* (landschaftl.) freier Grasplatz im Dorf; Weide, Wiese.

56,11 (228,28 f.) *Ursulinerinnen:* Name eines Schwesternordens, der sich der Fürsorge und Erziehung der weiblichen Jugend widmet. Er ging aus einer 1535 von der hl. Angela Merici (1474–1540) gegründeten religiösen Vereinigung junger Mädchen hervor. Namenspatronin ist die heilige Ursula, eine Märtyrerin (4. Jh.?).

56,24 f. (229,2–4) *Er ist wie der Mond ... als Sichel gesehen:* Die Venus ist von der Erde aus in zunehmender und abnehmender Gestalt zu sehen, sie leuchtet also nicht selbst und hat, wie der Mond, ›Phasen‹. Galilei entdeckte sie im Dezember 1610 und bestätigte damit durch Beobachtung eine Vermutung, zu der bereits Kopernikus geführt worden war, die aber vor der Erfindung des Teleskops empirisch nicht zu verifizieren war.

57,2 (229,16) *gehe ich nach Rom:* Galilei reiste im Frühjahr 1611 nach Rom, wo ihm das Collegium Romanum seine astronomischen Entdeckungen bestätigte (vgl. Anm. zu 50,27 f.). Zu einer weiteren Reise kam es Ende 1615, nachdem das Gerücht aufgetaucht war, er solle wegen Ketzerei verklagt werden.

57,19 f. (229,31 f.) *Karte mit der Umlaufszeit des Merkur:*

Nach der Venus beobachtete Galilei auch den Merkur, den sonnennächsten Planeten, der nach Mercurius, dem röm. Gott des Handels und Gewerbes, benannt ist. Die Phasen dieses Planeten konnten allerdings erst später mit einem verbesserten Teleskop nachgewiesen werden.

6 (Rom 1616: Collegium Romanum)

58,2 (230,2) *1616:* Galileis astronomische Entdeckungen wurden bereits 1611 vom Collegium Romanum bestätigt (vgl. Anm. zu 50,27 f.).

58,3 (230,3) *Vatikans:* Kurzbezeichnung für den auf dem Mons Vaticanus in Rom gelegenen Papstpalast und die oberste Behörde der katholischen Kirche.

58,5 (230,6) *Daß Lehrer selbst ans Lernen gehn:* Als Forderung formuliert Brecht diesen Gedanken in den literarischen und theoretischen Texten seit der zweiten Hälfte der zwanziger Jahre häufig, z. B. in dem zum *Messingkauf* gehörenden Kapitel »Leichtigkeit«, wo es heißt: »Ihr wißt, die Meisterschaft besteht darin, daß man gelernt hat, zu lernen« (GBA 22.2,810 f.). Vgl. auch das 1937 entstandene Gedicht *Die gute Genossin M. S.* (gemeint ist Margarete Steffin; GBA 14,357). In dem um 1951 entstandenen Text *Kritik* schreibt Brecht: »Wer nicht bereit ist zu lernen, sollte nicht lehren; wer lehrt, soll das Lernen lehren« (GBA 23,139).

58,6 (230,7) *Gottesknecht:* biblischer Ausdruck, der für einen frommen, gottesfürchtigen Menschen gebraucht wird (vgl. 1. Mose 26,24; Hiob 1,8 und 42,7; Röm. 1,1; 1. Petr. 1,1). Im Buch Jesaja steht das Wort einer verbreiteten, aber nicht unumstrittenen Deutung nach für den Messias (Jes. 42,1–4; 49,1–6; 50,4–9; 52,13–53,12). Im Neuen Testament wird die Bezeichnung auf Jesus übertragen.

58,21 (230,22) *Schusser:* (süddt.) Knicker, Murmel.

58,21 f. (230,23) *Sancta simplicitas:* (lat.) Heilige Einfalt!

58,22–28 (230,24–30) *Mir schwindelt … Wir rutschen ab:*

Mit dem gegen das heliozentrische Weltbild vorgebrachten Einwand, daß die Körper der Erdoberfläche ins Weltall geschleudert werden müßten, wenn die Erde sich um sich selbst drehe, setzte sich Galilei im *Dialogo* auseinander (2. Tag).

58,24 f. (230,25) *einhalte:* festhalte.

59,22 f. (231,10–12) *Im Jahre 1572 … neuer Stern auf:* der von dem dänischen Astronomen und Mathematiker Tycho Brahe (1546–1601) entdeckte Stern im Sternbild der Kassiopeia (benannt nach der Gestalt des griech. Mythos). Brecht paraphrasiert (59,22–28) Wohlwills Darstellung, die sich teilweise auf einen Bericht Brahes stützt (I, S. 212). Die Bezeichnung »neuer Stern« (lat. *Nova stella*) ist historisch bedingt. Es handelt sich nicht, wie früher geglaubt, um einen neu entstandenen Stern, sondern um einen bereits vorhandenen Himmelskörper, der sich durch eine sehr starke und plötzliche Helligkeitszunahme auszeichnet. Brahe, der wohl bedeutendste beobachtende Astronom vor der Erfindung des Fernrohrs, erschütterte mit dieser Entdeckung die zu seiner Zeit noch weithin unangefochten geltende aristotelische Lehre von der Unveränderlichkeit, Unvergänglichkeit und Vollkommenheit des Himmels.

59,31–33 (231,19 f.) *Fünf Jahre später … Bahn eines Kometen:* Brahes Berechnungen der Bahn des 1577 erschienenen Kometen widerlegten die aristotelische Lehre, daß die Kometen Meteore unterhalb der Mondbahn seien (vgl. Aristoteles, *Meteorologica* I,7). Brahe wies nach, daß der beobachtete Komet seine Bahn durch die Sphäre der Venus nahm, was nach überlieferter Auffassung zu einem Zusammenstoß mit den festen Kugelschalen hätte führen müssen. Aristoteles' Ansicht von den Sphären als den Trägern der Himmelskörper galt damit als widerlegt. Trotz seiner Kritik am aristotelischen bzw. ptolemäischen System verwarf Brahe aber das von Kopernikus vorgeschlagene Weltbild und entwickelte eine Synthese, wonach sich Sonne, Mond und Fixsternsphäre um die ruhende Erde drehen, die fünf übrigen Planeten aber die Sonne umkreisen. Dieses System erlaubte es später auch, die Phasen der Venus zu erklären, ohne mit der kirchlichen Lehrmeinung in Konflikt zu geraten. – In der Beschreibung der Bahn des Kometen (59,33–60,2 [231,21–24]) folgt Brecht weitgehend den Formulierungen Wohlwills (I, S. 31).

60,9 (231,32) *Principiis obsta:* (lat.) ›Wehre den Anfängen!‹ Der Ausspruch geht auf Ovids Lehrgedicht *Remedia amoris* (2 n. Chr., ›Heilmittel gegen die Liebe‹, Kap. 4), zurück.

60,12 f. (231,35 f.) *nach den Tafeln des Kopernikus berechnen (... dieses Kopernikus ...):* Auf der Grundlage des kopernikanischen Systems wurden in der zweiten Hälfte des 16. Jh.s neue astronomische Tafeln berechnet, die präzisere Angaben über die Stellungen der Himmelskörper erlaubten als die älteren, die sich auf das ptolemäische System stützten. Diese Tafeln wurden von Clavius bei der gregorianischen Kalenderreform von 1582 verwendet.

60,13 (231,36) *der ein Ketzer ist:* vgl. Anm. zu 69,9–13.

60,19 f. (232,3 f.) *»Sonne, stehe still zu Gibeon und Mond im Tale Ajalon! (... steh ...)«:* vgl. Jos. 10,12. Auf Gottes Befehl standen Sonne und Mond solange still, bis sich die Israeliten an ihren Feinden, den Amoritern, gerächt hatten. Für die Kirche war diese (wörtlich verstandene) Textstelle das stärkste – biblische – Argument gegen die kopernikanische Lehre (vgl. Wohlwill I, Kap. 14 und Olschki, S. 266). Zur kirchlichen Auslegung dieser Passage vgl. Bellarminos Brief vom 12. April 1615 an Paolo Antonio Foscarini (S. 100 ff. des vorliegenden Bandes). Im folgenden wird wiederholt auf diese Textstelle Bezug genommen (88,10 [254,19]; 95,16 [260,22]; 106,29 [268,33]).

60,29 (232,12) *Wandelstern:* Planet, im Gegensatz zum Fixstern. Brecht zitiert den ganzen Satz von Wohlwill I, S. 1.

61,7 f. (232,24 f.) *der Mensch selber ist ein Tier, es gibt nur*

Sphärenbild
Holzschnitt. Aus Konrad von Megenbergs *Buch der Natur*, Augsburg 1482

Tiere: anachronistische Anspielung auf die von Jean-Baptiste de Lamarck (1744–1829) und Charles Robert Darwin (1809–82) begründete Abstammungslehre, mit der der biblische Schöpfungsbericht (wörtlich genommen) nicht vereinbar ist.

61,14 (232,31) *es ist mir hinaufgefallen:* Galilei macht sich über die Anhänger der aristotelisch-scholastischen Naturwissenschaft lustig, die sich durch unbestreitbare Tatsachen nicht belehren lassen, darunter die Beweiskraft seiner teleskopischen Beobachtungen bestreiten.

61,16 (232,33) *Kardinal:* höchster Würdenträger in der katholischen Kirche nach dem Papst. Er wird vom Papst ernannt, der seinerseits durch die Vollversammlung der Kardinäle gewählt wird, die den ›Senat‹ der Kurie bildet.

61,25 (233,2 f.) *Der Mensch ist die Krone der Schöpfung:* Die Auffassung geht auf 1. Mose 1,27 f. zurück: Der Mensch ist Ebenbild Gottes und zum Herrscher über alle Geschöpfe eingesetzt. Vgl. auch Ps. 8,6 f.

61,31 (233,8) *diesen Sklaven ihrer Rechentafeln:* den Anhängern des Kopernikus (vgl. Anm. zu 12,10 f. und zu 21,6–8).

62,3 (233,15) *wie hieß er doch?:* Giordano Bruno.

62,4 (233,16) *Eminenz:* (lat., ›Hoheit‹) Titel bzw. Anrede der Kardinäle, erst von Urban VIII. 1630 eingeführt.

62,21 (233,32) *Ebenbild Gottes:* vgl. 1. Mose 1,27: »Und Gott schuf den Menschen zu seinem Bilde, zum Bilde Gottes schuf er ihn.«

63,8 f. (234,13 f.) *Jetzt können die Theologen sehen, wie sie die Himmelskreise wieder einrenken:* Die Äußerung ist historisch bezeugt, doch veränderte Brecht den Adressaten. Bei Clavius heißt es: »da dies sich so verhält, mögen die Astronomen sehen, wie die Himmelskreise einzurichten sind, damit diese Erscheinungen gerettet werden können« (Wohlwill I, S. 356). Für Brecht sind Galileis Entdeckungen v. a. eine Herausforderung an die Kirche, nicht an die (von der Theologie emanzipierte) Wissenschaft.

7 (Rom 1616: Haus des Kardinals)

64,3 (234,30) *Index:* (lat., ›Anzeiger‹, ›Register‹) im katholischen Kirchenrecht Kurzbezeichnung für den *Index librorum prohibitorum* (lat.), das amtliche Verzeichnis der von der Kirche verbotenen Bücher. Der »Index« wurde 1559 von Papst Paul IV. im Zuge der Gegenreformation zur Bekämpfung ketzerischer Schriften erlassen. Ab 1571 war für ihn eine eigenständige kirchliche Behörde zuständig, die Indexkongregation (vgl. Anm. zu 70,1). Sie bestand aus den für die Überprüfung von Publikationen zuständigen Vertretern der Inquisition.

64,3 (234,30) *5. März 1616:* der Tag, an dem das Dekret (vgl. Anm. zu 74,20) über das Verbot der kopernikanischen Lehre publiziert wurde. Tatsächlich spielt die Begebenheit, die in dieser Szene dargestellt wird, aber am 26. Februar (vgl. Anm. zu 69,13 f.). In der 1. und 2. Fassung (55,26 bzw. 141,27) ist die Szene auf den 19. Februar datiert: An diesem Tag wurde die Sachverständigenkommission um eine Stellungnahme gebeten, auf der das Dekret beruhte (vgl. S. 103 des vorliegenden Bandes).

64,8 (234,37) *Bellarmin:* Roberto Bellarmino (1542–1621), ital. Theologe und Jesuit, lehrte zunächst an der Universität Löwen, dann am Collegium Romanum, dessen Rektor er 1592 wurde. 1599 erhielt er den Kardinalsrang. B. verfaßte zahlreiche gegenreformatorische Schriften, die großen Einfluß hatten. Er war auch an der Verurteilung Brunos beteiligt. 1930 wurde er heiliggesprochen.

64,9 (234,38) *Vestibül:* Vorhalle, Eingangshalle.

64,18 (235,7) *Thais:* Thaïs, griech. Hetäre, die zum Gefolge Alexanders des Großen gehörte.

65,4 (235,22) *Adonis:* im griech. Mythos Geliebter der Aphrodite, übertragen für ›schöner Jüngling‹.

65,10 (235,27) *Via del Trionfo:* (ital., ›Straße des Triumphes‹) wahrscheinlich fiktiv und mit Bezug auf das Ansehen, dessen Galilei sich erfreut, gewählt. Als »Triumph«

wurde im antiken Rom der feierliche Einzug eines siegreichen Feldherrn bezeichnet.

65,14–17 (235,31–34) *das alte Schach ... so und so:* In der zweiten Hälfte des 16. Jh.s veränderten sich die Schachregeln in Europa. Das Spiel wurde dynamisiert. Außer dem Turm (vgl. Anm. zu 10,26 f.) waren von den Neuerungen auch die Läufer und die Dame betroffen. Im alten arabischen Schach durfte die Dame nur diagonal ins nächste Feld ziehen, der Läufer nur diagonal ins übernächste Feld. Im neuen Schach dagegen vereinigt die Dame die Gangart des Läufers mit der des Turmes, der Bereich der Läufer wird bis ans Ende der Diagonalen erweitert. Vgl. 71,8–10 (240,29 f.).

65,31 (236,7) *Lorenzo di Medicis (... de ...):* Lorenzo de' Medici, florentinischer Staatsmann, Mäzen und Dichter (1449–92), der den Beinamen »il Magnifico« (ital., ›der Prächtige‹) erhielt. Unter seiner Regentschaft wurde Florenz zur bedeutendsten politischen und kulturellen Macht Italiens. Außer Liebeslyrik im Stil Petrarcas verfaßte er volkstümliche Balladen und geistliche Dichtungen.

65,32–35 (236,9–12) *»Ich der ich ... Jugend Übermut!«:* Die Verse entstammen dem Hirtengedicht *Corinto* (›Korinth‹) von Lorenzo de' Medici. Die dt. Version geht wahrscheinlich auf eine engl. Übersetzung zurück, die Brecht für die 2. Fassung verwendete.

66,2 (236,14) *nach den Pestjahren:* vgl. die 5. Szene. Erst Anfang der dreißiger Jahre kam es zu der großen Pestepidemie in Ober- und Mittelitalien. Vgl. 106,9 (268,14).

66,8 (236,19) *Barberini:* Maffeo B. (1568–1644), geboren in Florenz, trat nach dem Studium der Rechte in päpstliche Dienste, wurde 1606 zum Kardinal ernannt, 1623 zum Papst gewählt und nahm den Namen Urban VIII. an. B. machte sich auch als Dichter einen Namen. 1620 widmete er Galilei ein Huldigungsgedicht. Vgl. Anm. zu 80,3 und zu 106,1 f.

66,10 (236,21) *Masken eines Lamms und einer Taube:* In der christlichen Tiersymbolik ist die Taube das Sinnbild für den Heiligen Geist, das Lamm für den Gottessohn. Darüber hinaus symbolisiert die Taube die Tugenden der Demut, der Eintracht und der Keuschheit, das Lamm die Tugend der Geduld. In der 1. Fassung des Stücks trägt Bellarmino eine Fuchsmaske, Barberini eine Eselsmaske (57,9 f.). Sowohl der Fuchs als auch der Esel symbolisieren in der christlichen Tradition den Teufel, außerdem der Fuchs das Laster der Ungerechtigkeit, der Esel das Laster der großsprecherischen Dummheit. Brecht hat also die Symbole des Teufels und des Lasters durch die Symbole göttlicher Gestalten und der Tugend ersetzt.

66,12 f. (236,23 f.) *»Die Sonne geht … an ihren Ort zurück.«:* vgl. Pred. 1,5: »Die Sonne geht auf und geht unter und läuft an ihren Ort, daß sie dort wieder aufgehe.« Das folgende Rededuell mit – mehr oder weniger abgewandelten – Bibelzitaten (bis 67,8 [237,14]) erinnert an den verbalen Schlagabtausch, den sich Jesus und Satan in der Versuchungsgeschichte liefern (Mt. 4,1–11). Bereits in der *Dreigroschenoper* läßt Brecht seine Figuren eine Kontroverse mit Bibelzitaten austragen (I,1; vgl. Grimm 1986). In dem Stück *Der kaukasische Kreidekreis* gestaltet er dann eine weitere Variante der Stichomythie (Zeilenrede): Der Soldat Simon und der Richter Azdak werfen sich gegenseitig Sprichwörter an den Kopf (5. Szene, GBA 8,86 f.).

66,16–18 (236,27–29) *stand ich … bewegte sich fort:* Bellarmino bezog sich auf diesen Vergleich im Anschluß an die oben zitierte Bibelstelle in einem Brief vom 12. April 1615 an Paolo Antonio Foscarini, bezweifelte jedoch seine Überzeugungskraft (vgl. Wohlwill I, S. 563 [Bellarmino] und S. 566 [Galileis Antwort]; vgl. S. 100 ff. des vorliegenden Bandes). Brecht bezieht sich auch im folgenden auf diesen Brief (66,21–24 [236,31–33]).

66,23 f. (236,33 f.) *seine Jupitermonde … unsere Astronomen:* vgl. Anm. zu 32,17 f. und zu 63,8 f.

66,27–30 (236,37–237,1) *Wenn Sternkarten ... die Karten benutzen:* vgl. Anm. zu 30,19–21 und zu 60,12 f.

66,32 f. (237,3 f.) *»Wer aber das Korn ... das Volk fluchen.«:* vgl. Spr. 11,26. Bei Luther steht »Leute« statt »Volk«.

66,34 (237,5) *»Der Weise verbirget sein Wissen.«:* vgl. Spr. 12,23: »Ein verständiger Mann trägt seine Klugheit nicht zur Schau.« Vgl. auch Spr. 10,19; 14,3; 17,27.

67,1 f. (237,7 f.) *»Wo da Ochsen ... Stärke des Ochsen.«:* vgl. Spr. 14,4: »Wo keine Rinder sind, da ist die Krippe leer; aber die Kraft des Ochsen bringt reichen Ertrag.«

67,3 f. (237,9 f.) *»Der seine Vernunft ... eine Stadt nimmt.«:* vgl. Spr. 16,32: »Ein Geduldiger ist besser als ein Starker und wer sich selbst beherrscht, besser als einer, der Städte gewinnt.« Vgl. auch Spr. 25,28.

67,5 f. (237,11 f.) *»Des Geist aber ... verdorren die Gebeine.«:* vgl. Spr. 17,22: »[...] ein betrübtes Gemüt läßt das Gebein verdorren.«

67,6 (237,12) *»Schreitet die Wahrheit nicht laut?«:* in der Textgrundlage und in der GBA 5 korrekt: »Schreiet ...«. Vgl. Spr. 8,1: »Ruft nicht die Weisheit, und läßt nicht die Klugheit sich hören?«

67,7 f. (237,13 f.) *»Kann man den ... Fuß verbrennt nicht?«:* vgl. Spr. 6,28: »[...] könnte jemand auf Kohlen gehen, ohne daß seine Füße verbrannt würden?«

67,9–11 (237,15–17) *Zwei Knäblein ... von einer Wölfin:* Barberini bezieht sich auf die röm. Sage von den beiden Zwillingsbrüdern Remus und Romulus, die nach ihrer Geburt ausgesetzt und von einer Wölfin gesäugt werden. Später gründen sie Rom, wobei sie in Streit geraten und Remus von Romulus getötet wird. Romulus wird König und gibt der Stadt den Namen.

67,19–32 (237,25–38) *Sind Sie sicher ... an die Vernunft:* Brecht übernimmt Barberinis Argument sinngemäß von Wohlwill. Galilei schwieg in der historischen Begegnung. Die Worte, die Brecht ihm leiht, folgen Wohlwills Rekonstruktion der Position Galileis (I, S. 619–621). Vgl. auch Anm. zu 34,7–9.

67,21 f. (237,27 f.) *in Kreisen oder Ellipsen:* Kopernikus glaubte noch, daß sich die Planeten in Kreisen um die Sonne bewegen (vgl. Anm. zu 7,3). Erst Kepler kam zu der Erkenntnis, daß diese Bewegungen sich in elliptischen Bahnen vollziehen, vgl. sein Buch *Astronomia nova* (1609, ›Neue Astronomie‹). Galilei hielt dagegen an der Lehre von den Kreisbewegungen der Gestirne fest.

67,25–27 (237,30–32) *Er zeichnet … Bahn mit unregelmäßiger Geschwindigkeit:* wahrscheinlich eine Reminiszenz an eine Situation, die Brecht mit Albert Einstein erlebte und die er im *Journal* vom 17. März 1942 beschreibt: »Unser System von Gründen ist begrenzt durch eine Art von Reproduzierbarkeit, die Einstein einmal so ausdrückte: Er machte mit seinem Finger einige sehr unregelmäßige und rhythmisch unstabile Bewegungen und sagte: Wenn die Gestirne sich z. B. so bewegten, gäbe es keine Astronomie. (Obwohl sie zweifellos ihre guten Gründe hätten.)« (GBA 27,69). Vgl. auch *Aufbau einer Rolle* (GBA 25,37).

67,28–30 (237,34–36) *hätte Gott die Welt … unsere Gehirne so konstruiert:* Galilei war der Überzeugung, daß die menschliche Vernunft prinzipiell in der Lage ist, die von Gott geschaffene Natur zu erkennen, sofern sie sich dabei der Mathematik bedient (vgl. *Dialogo*, 1. Tag, S. 108 f.). Diese Auffassung bildete auch die Grundlage der Philosophie Descartes'. Vgl. auch Anm. zu 90,3–5.

68,7 f. (238,9 f.) *Kirchenväter:* vgl. Anm. zu 48,32 f.

68,25 f. (238,26 f.) *Ich bin ein gläubiger Sohn der Kirche:* Galilei verstand sich zeitlebens als treuer Katholik und war davon überzeugt, daß sich die kopernikanische Lehre mit der Bibel vereinbaren lasse (vgl. Anm. zu 68,35–69,2). In dem 1939 entstandenen Text *Darstellung der Kirche* schreibt Brecht: »Es entspricht der historischen Wahrheit, wenn der *Galilei* des Stückes sich niemals direkt gegen die Kirche wendet. Es gibt keinen Satz Galileis in dieser Richtung« (GBA 24,238). Vgl. auch den 1947 geschriebenen Text *Darstellung des Galilei in der 13. Szene* (GBA 24,245 f.).

68,35–69,2 (238,35–37) *kann der Mensch ... auch die Bibel:* vgl. den Brief vom 21. Dezember 1613 an Benedetto Castelli, in dem Galilei Jos. 10,12 in Widerspruch zur kirchlichen Auffassung so auslegte, daß die Stelle mit der kopernikanischen Lehre vereinbar war (Wohlwill I, S. 507–513).

69,3–5 (238,38 f.) *wie die Bibel aufzufassen ... Kirche zu befinden:* Die Kirche beanspruchte das Deutungsmonopol für die Bibel. Vgl. dazu Bellarminos Brief vom 12. April 1615 an Paolo Antonio Foscarini (S. 100 ff. des vorliegenden Bandes).

69,8 f. (239,3) *das Heilige Offizium:* Sanctum Officium (lat., ›Heiliges Amt, Heilige Behörde‹), die 1542 auf Anregung von Ignatius von Loyola von Papst Paul III. eingerichtete oberste Inquisitionsbehörde mit Sitz in Rom.

69,9–13 (239,4–7) *daß die Lehre ... ketzerisch im Glauben ist:* Brecht zitiert aus dem Gutachten der Sachverständigenkommission, das zu dem am 5. März 1616 veröffentlichten Dekret (vgl. Anm. zu 74,20) führte. Er verändert allerdings den Wortlaut und ergänzt den Hinweis auf Kopernikus. Als ketzerisch stuften die Gutachter nur die Behauptung über die Sonne ein. Zum Wortlaut des Gutachtens bzw. des Dekrets vgl. Wohlwill I, S. 623 und S. 626 f. sowie S. 103–106 des vorliegenden Bandes.

69,13 f. (239,15 f.) *Ich habe den Auftrag, Sie zu ermahnen, diese Meinung aufzugeben:* Die Ermahnung, deren Inhalt aus den bei Wohlwill abgedruckten Dokumenten hervorgeht (II, S. 171 f.; vgl. auch I, S. 625), erfolgte am 26. Februar 1616 im Palast des Kardinals Bellarmino. Vgl. Anm. zu 70,8 f.

69,26 f. (239,20 f.) *»Sprach ich ... ist es Mai.«:* Die Verse entstammen dem Schluß des bereits zuvor rezitierten Hirtengedichts von Lorenzo de' Medici (vgl. Anm. zu 65,32–35).

70,1 (239,30) *Heilige Kongregation:* hier: das Heilige Offizium. »Kongregationen« (lat., ›Vereinigungen, Versammlungen‹) werden im katholischen Kirchenrecht die für die gesamte katholische Kirche zuständigen höchsten Behörden genannt.

70,8 f. (239,37 f.) *Es steht Ihnen frei ... diese Lehre zu behandeln:* Brecht bezieht sich auf Bellarminos Brief vom 12. April 1615 an Paolo Antonio Foscarini, in dem der Kardinal diesem und Galilei den Ratschlag gibt, sich lediglich hypothetisch auszudrücken, eine Aussage über den wahren Verlauf der Bewegungen der Himmelskörper aber zu unterlassen (vgl. S. 100 des vorliegenden Bandes). In diesem Sinne konnte auch die Ermahnung vom 26. Februar 1616 verstanden werden. In den Akten des Vatikans findet sich indessen ein zusätzliches Protokoll, in dem es heißt, daß Galilei jede Diskussion des heliozentrischen Systems verboten wurde. Dieses Protokoll, dessen Echtheit allerdings umstritten ist, bildete später eine wichtige Grundlage für Galileis Verurteilung. Brecht kannte den Sachverhalt aus dem Buch Wohlwills (II, S. 171 f.), verzichtete aber ausdrücklich auf seine Berücksichtigung, da es ihm, wie er in dem 1939 entstandenen Text *Darstellung der Kirche* erklärt, »auf diese juristische Seite des Prozesses nicht ankam« (GBA 24,239). Vgl. S. 113 des vorliegenden Bandes.

70,9–11 (239,38 f.) *Die Wissenschaft ist die legitime und höchst geliebte Tochter der Kirche:* Der Gedanke geht auf die Patristik zurück. Seine wirkungsmächtige Formulierung – die Philosophie als »Magd der Theologie« (lat. *ancilla theologiae*) – erhielt er durch Petrus Damiani (1007–72). Die Dienstbarkeit der Philosophie wurde in der Scholastik durchaus positiv verstanden, galt es doch als eine Ehre, einer so vornehmen Herrin wie der Theologie dienen zu dürfen. In diesem Sinne zitiert auch Bacon die Worte im *Novum Organum* (I,89).

70,14 f. (240,3 f.) *Vertrauen wird dadurch erschöpft, daß es in Anspruch genommen wird:* vgl. den zwischen 1934 und 1940 entstandenen Text *Über die Erschöpfung des Vertrauens* aus dem *Buch der Wendungen* (GBA 18,136) sowie das um 1943 entstandene Gedicht *Deine Taten werden nicht gutgeheißen* (GBA 15,101).

70,22 (240,10) *Kommissar des Heiligen Offiziums:* Beauftragter der Inquisition. Er leitete die Untersuchungen und erhob die Anklage.

70,30 f. (240,17 f.) *Wenn es keinen Gott gäbe, müßte man ihn erfinden:* Der Ausspruch wird gewöhnlich auf Voltaires *Épître à l'auteur du livre des Trois Imposteurs* (1769, ›Epistel an den Verfasser des Buchs von den drei Betrügern‹) zurückgeführt, findet sich in ähnlicher Form aber bereits in einer Predigt des Erzbischofs von Canterbury John Tillotston (1630–94; 93. Predigt).

72,17 f. (241,30) *etwa zwanzigtausend Erddurchmesser:* Wohlwill, Brechts Quelle, spricht – irrtümlicherweise – von »20 000 Erdhalbmessern« (I,6). Zu der Ansicht, der Abstand zwischen der Erde und dem Fixsternhimmel sei unermeßlich groß, kam Kopernikus durch seine Lehre von der Drehung der Erde um die Sonne. Wenn diese Lehre richtig ist, dann müssen sich die Fixsterne im Laufe des Jahres in verschiedener Perspektive zeigen. Trotz genauester Messungen waren aber Verzerrungen nicht festzustellen. Deshalb mußte man annehmen, daß die Entfernung zu den Fixsternen so groß ist, daß es unerheblich ist, von welcher Position der Erdbahn aus man zu ihnen blickt.

8 (Rom 1616: Im Palast des florentinischen Gesandten)

74,17 (243,6) *daß zwei mal zwei hin und wieder vier ist:* vgl. die Ende 1937 entstandene *Rede über die Widerstandskraft der Vernunft*, wo es mit Bezug auf den Faschismus heißt: »Der Stumpfsinn kann, mit geeigneten Mitteln, in großem Umfang organisiert werden. Der Mensch vermag unter Umständen ebensogut zu lernen, daß zwei mal zwei fünf, als daß es vier ist« (GBA 22.1,333).

74,20 (243,8f.) *Dekret:* richterlicher Beschluß, gesetzgebende Verordnung.

76,2 (244,13) *Welttheater:* Die Metapher, die schon in der Antike bekannt war (lat. *theatrum mundi*), wurde im 16. Jh. und 17. Jh. zum Gemeinplatz. Die Welt(geschichte) wird als Schauspiel aufgefaßt, mit Gott als oberstem Spielleiter und Zuschauer, der jedem Menschen seine feste Rolle zuteilt. Aufgegriffen wurde die Metapher auch von der zeitgenössischen Dramatik, z. B. von Pedro Calderón de la Barca in seinem allegorisch religiösen Schauspiel *El gran teatro del mundo* (uraufgef. 1635, ›Das große Welttheater‹), das das Theater der Welt als Welt des Theaters zeigt. Brecht benutzt das Motiv des Welttheaters in seinem Stück *Der gute Mensch von Sezuan* (entst. zwischen 1939 und 1941, GBA 6,175–279; vgl. Karnick).

76,9 (244,20) *Einverständnis:* eine Haltung, die Brecht besonders in seinen Ende der zwanziger, Anfang der dreißiger Jahre geschriebenen Lehrstücken thematisiert und dabei zunehmend auch problematisiert (vgl. GBA 3, passim).

76,29 (244,38) *Soutane:* langes, bis zu den Knöcheln reichendes Obergewand der katholischen Geistlichen.

76,31 (245,1) *Lade:* (veraltend) hölzerner, eckiger, breiter Behälter mit Deckel, Truhe, Kasten, Schrein.

76,34 f. (245,3–5) *die Kriege ... in Spanien und Deutschland führt:* Brecht spielt vermutlich auf den Sachverhalt an, daß die Päpste die in Madrid und Wien regierenden Habsburger mit Subsidienzahlungen in ihren Kriegen gegen die Protestanten unterstützten. Spanien führte seit etwa der Mitte des 16. Jh.s Krieg in den zum Hause Habsburg gehörenden Niederlanden, deren nördliche Provinzen sich der Reformation angeschlossen hatten und die um die politische Unabhängigkeit von Madrid kämpften. Erst 1648 kam es zum Friedensschluß. Was Deutschland betrifft, so greift Brecht den historischen Ereignissen voraus: Die Päpste leisteten der katholischen Partei im Dreißigjährigen Krieg (1618–48) finanzielle Hilfe. Vgl. Anm. zu 106,4–13.

76,34 f. (245,4) *der Stellvertreter des milden Jesus:* Nach katholischer Glaubenslehre ist der Papst der Stellvertreter Christi (lat. *Vicarius Christi*) auf Erden (vgl. Mt. 16,18 f.).

77,2 (245,6) *Stuhl Petri:* eigtl. der Thron des Papstes, hier die päpstliche Regierung. Der Apostel Petrus gilt als der noch von Jesus selbst eingesetzte erste Oberhirte der katholischen Kirche (vgl. Mt. 16,18 f.). *Petri* ist Genitiv Singular zu lat. *Petrus.*

77,7 (245,11) *Auster Margaritifera:* Gattungsname einer im Süßwasser lebenden Perlmuschel.

77,12 (245,15 f.) *Tugenden sind nicht an Elend geknüpft:* zu Brechts Verhaltenslehre und Tugendkritik vgl. besonders das *Buch der Wendungen* und die *Flüchtlingsgespräche* (GBA 18,45–194 bzw. 195–327). Vgl. auch Anm. zu 114,1.

77,17 (245,20) *meine neuen Wasserpumpen:* vgl. Anm. zu 30,15 f.

77,19 (245,22) *»Seid fruchtbar und mehret euch«:* vgl. 1. Mose 1,22.

77,25 (245,28) *Cellini-Uhr:* Uhr aus der Werkstatt des florentinischen Goldschmieds, Bildhauers und Schriftstellers Benvenuto Cellini (1500–71).

77,29 f. (245,32) *im Schweiße ihres Antlitzes:* vgl. 1. Mose 3,19.

77,33 (245,35 f.) *etc. (et cetera):* (lat., ›und die übrigen [Sachen]‹) und so weiter.

78,2 (246,1) *Priap:* Priapos (griech.), antiker Fruchtbarkeitsgott. Seine Holzstatuen – mit übergroßem Phallus –, die die Römer in Obstgärten und Weinbergen aufstellten, dienten sowohl als Glücksbringer wie auch als Vogelscheuchen und zur Abwehr von Dieben.

78,7 (246,5) *Horaz:* Quintus Horatius Flaccus (65–8 v. Chr.), röm. Dichter. Seine in Versen geschriebenen *Satiren* erschienen um 35 (1. Buch) bzw. 30 v. Chr. (2. Buch). Brecht schätzte den Dichter sehr, vgl. die Gedichte *Briefe über Gelesenes* (entst. 1944, GBA 15,113 f.) und *Beim Lesen des Horaz* (entst. 1953, GBA 12,315) sowie die Eintragung im *Journal* vom 15. Juli 1952 (GBA 27,332).

78,7 f. (246,6) *er verleiht einiges Gleichgewicht:* vgl. 116,27 f. (276,23 f.) und die dazugehörige Anm.

78,10 (246,8) *den Esquilinischen Gärten:* den Gärten auf dem Esquilin, einem der sieben Hügel Roms. Sie gehörten zu dem Palast des Maecenas, Horaz' Freund und Gönner.

78,12–15 (246,10–13) *»Ein Feigenklotz … Gott entschied …«:* Brecht zitiert den Anfangsvers der 8. Satire des 1. Buches der *Satiren* von Horaz. Die ersten beiden Zeilen entnimmt er der von Heinrich Conrad überarbeiteten Übersetzung Christoph Martin Wielands (Horaz, *Satiren und Episteln*, hrsg. von H. Conrad, Bd. 1: *Satiren*, München/Leipzig 1911, S. 178). Zu den folgenden stilistischen Veränderungen vgl. Ries.

78,17–19 (246,15–17) *mein Schönheitssinn … ohne Phasen ist:* vgl. Anm. zu 110,23 f.

78,21 f. (246,18–20) *die größte Maschinerie … der Himmelskörper:* Brecht bezieht sich wahrscheinlich auf die ihm aus den *Principia philosophiae* (vgl. IV,203) des Descartes bekannte Deutungsvariante der schon im Alterum verwendeten Metapher von der Welt als Maschine (lat. *machina mundi*). Sie schließt die auch von Galilei geteilte Überzeugung ein, daß das Universum – irdische und himmlische Welt – nach einheitlichen Gesetzen mechanisch erklärt werden kann (vgl. Anm. zu 28,32 f.).

78,22–24 (246,20–22) *Die Winkelsumme … abgeändert werden:* vgl. dazu aus der *Rede über die Widerstandskraft der Vernunft*: »Der englische Philosoph Hobbes sagt schon im XVII. Jahrhundert: ›Wenn der Satz, daß die

Winkel eines Dreiecks zusammen gleich zwei rechten sind, den Interessen der Geschäftsleute widersprechen würde, so würden die Geschäftsleute sofort alle Lehrbücher der Geometrie verbrennen lassen.‹« (GBA 22.1,333)

78,24 (246,21) *Kurie:* (lat.) hier: der päpstliche Hof und seine Behörden.

79,4 f. (246,35 f.) *die göttliche Geduld … göttlicher Zorn:* Der Zorn des alttestamentlichen Gottes über das Böse ist in der Bibel vielfach belegt; zwar wird Gott auch Geduld mit dem Sünder zugesprochen (vgl. 4. Mose 14,18; Ps. 103,8 f.), doch sind es v. a. die Gläubigen, die zu dieser Tugend besonders im Neuen Testament aufgefordert werden (vgl. Röm. 9,22; Eph. 4,2).

79,8 f. (246,39–247,1) *Hier stehen die … Ebbe und Flut bewegt:* Wenige Wochen vor Erlaß des Dekrets über das Verbot der kopernikanischen Lehre veröffentlichte Galilei die Abhandlung *Discorso del flusso e reflusso del mare* (›Unterredung über Ebbe und Flut‹), in der er Ebbe und Flut – irrtümlich – aus der doppelten Bewegung der Erde erklärt. Galilei nimmt dann das Thema erneut im *Dialogo* auf (4. Tag).

79,13 (247,5) *Apfel vom Baum der Erkenntnis:* Anspielung auf den biblischen Mythos vom Sündenfall (1. Mose 2,17 und 3). Vgl. auch das Titelblatt der Erstausgabe der *Discorsi* (vgl. Anm. zu 109,19), das einen Mann zeigt, der von einem Baum eine Frucht pflückt.

79,16–18 (247,7–10) *ich ließe mich … ist: Licht:* Die Stelle findet sich sinngemäß sowohl bei Wohlwill (I, S. 400) als auch – mit abweichender Quellenangabe – bei Olschki (S. 391).

79,17 (247,8) *Klafter:* alte dt. Maßeinheit, hier der Länge, entspricht meist 6 Fuß (ca. 1,70–2 m).

79,21 f. (247,13 f.) *in den Ofen hineinschreien:* Redensart, die auf den Brauch der Ofenbeichte zurückgeht und u. a. im Volksmärchen belegt ist: In den Ofen spricht man, was man nicht verraten oder öffentlich sagen darf.

GALILEO

Charles Laughton als Galilei
in der Aufführung am Maxine Elliott's Theatre, New York, 1947
7. Szene (2. Fassung)

9 (Florenz 1623: Haus des Galilei)

80,3 (247,21) *Thronbesteigung eines neuen Papstes:* Die Wahl Kardinal Barberinis zum Papst erfolgte am 6. August 1623. Brecht weicht in dieser Szene jedoch mehrfach von der Chronologie der historischen Ereignisse ab (vgl. S. 117 f. des vorliegenden Bandes).

80,27–29 (248,6–8) *Schwimmende Körper ... eiserne Nadel; Aristoteles:* Das Experiment wird später durchgeführt (84,33–85,29).

80,28 (248,7) *Schaff:* (süddt., österr.) großes offenes Holzgefäß, Bottich, Zuber.

81,1 (248,10) *Filippo Mucius:* In der 2. Fassung ist diese vermutlich fiktive Figur mitsamt der sich anschließenden Episode gestrichen.

81,22–24 (248,30–33) *Sie haben das ... ins Dach:* vgl. Anm. zu 61,14.

82,21 (249,24) *Horoskop:* (griech.-lat., ›Stundenseher‹) die auf Ort und Zeit errechnete Stellung der Gestirne (Konstellation) bei der Geburt eines Menschen, aus der auf dessen Charakter und Schicksal geschlossen wird. Horoskope wurden um 1600 auch noch von angesehenen Astronomen gestellt, sei's aus Überzeugung wie bei Brahe, sei's lediglich um das Einkommen aufzubessern wie bei Kepler und Galilei, die der Astrologie gegenüber durchaus skeptisch eingestellt waren.

82,26 (249,29) *Steinbock:* zum Tierkreis gehörendes Sternbild des südlichen Himmels.

82,27 (249,30) *Aszendenten:* Aszendent: (lat.) ›Aufgangsgestirn‹; in der Astrologie dasjenige Tierkreiszeichen, das zum Zeitpunkt, für den das Horoskop gestellt wird, am Osthorizont aufsteigt.

82,31 (249,34) *Löwe:* zum Tierkreis gehörendes Sternbild des nördlichen Himmels, in dessen Zeichen Ludovico geboren ist.

83,10 f. (250,9) *›De maculis in sole.‹:* (lat.) ›Über die Sonnenflecken‹. Sonnenflecken sind Erscheinungen der Sonnenaktivität. Sie befinden sich auf der Oberfläche der Sonne. Da sie eine niedrigere Temperatur als ihre Umgebung haben, heben sie sich von dieser dunkel ab.

83,14 f. (250,12 f.) *»Der größten lebenden Autorität ... Galilei.«:* Brecht betont mit der vermutlich fiktiven Widmung Galileis wissenschaftlichen Rang als Physiker. Er übernimmt die Textstelle aus der 2. Fassung (152,31 f.).

83,17 (250,15) *Traktat:* Abhandlung über ein religiöses, moralisches oder wissenschaftliches Problem.

Traktat des Fabrizius aus Holland: 1611 veröffentlichte der dt., in Ostfriesland geborene Astronom Johann Fabricius (1587–1616) in Wittenberg die Schrift *De macu-*

lis in Sole observatis, et apparente earum cum Sole conversione, Narratio (›Mitteilung über die Flecken, die auf der Sonne zu beobachten sind und zugleich mit dem Umlauf der Sonne sichtbar werden‹), in der er die zusammen mit seinem Vater, dem protestantischen Theologen und Astronomen David Fabricius (1564–1617), gemachten Entdekkungen mitteilte. Diese Schrift war der erste gedruckte Bericht über die Sonnenflecken. F. kam damit den Veröffentlichungen von Christoph Scheiner und Galilei zuvor (vgl. Anm. zu 84,12), die gleichzeitig und unabhängig voneinander das Phänomen beobachteten. Es war allerdings nicht F., sondern Scheiner gewesen, der die Auffassung vertrat, daß die Sonnenflecken durch »Sternenschwärme« (83,18 f. [250,16]) verursacht würden. F. zufolge hafteten die Sonnenflecken am Sonnenkörper selbst (vgl. Anm. zu 84,12 und zu 88,16 f.). – Erst in der 3. Fassung des Stücks verlegt Brecht, abweichend von der historischen Überlieferung, Fabricius' Wirkungsstätte nach Holland, vgl. auch 119,5 (278,26) und Anm. zu 120,4.

83,22 f. (250,20 f.) *In Paris und Prag glaubt man, es sind Dünste von der Sonne:* Brecht spielt vermutlich auf Descartes und Kepler an. Descartes (vgl. Anm. zu 119,29–32) beschäftigte sich allerdings erst viele Jahre später nach seiner Übersiedlung in die Niederlande mit den Sonnenflecken. In den *Principia philosophiae* deutete er das Phänomen als »eine andere Art Schaum« (III,94). Kepler verglich die Sonnenflecken zwar mit »Wolken« und »Nebel«, war sich aber der Grenzen dieser Analogie wohlbewußt (vgl. den Brief vom 18. Juli 1613 an Odo Malcotius). Galilei selbst hatte bereits in seinem ersten Brief über die Sonnenflecken diese mit »Wolken«, »Ausdünstungen« oder vom Sonnenkörper erzeugten »Rauch« verglichen. Auch er wies dabei auf die Vorläufigkeit dieses Vergleichs hin.

84,4–9 (250,35–39) *unter das Schindeldach ... wie ein Wölkchen:* Diese Methode hatte Kepler 1607 zur Sonnenbeobachtung entwickelt. Brecht beschreibt das Vorgehen und sein Resultat in enger Anlehnung an die Darstellung bei Wohlwill (I, S. 441).

84,12 (251,2) *Waschkörbe voll von Briefen:* 1612 erhielt Galilei von dem Augsburger Ratsherrn und Verleger Marcus Welser drei mit dem Pseudonym »Apelles« unterzeichnete Briefe zugesandt, die von dem an der Universität Ingolstadt lehrenden Astronomen und Jesuitenpater Christoph Scheiner stammten (vgl. die Erwähnung in der 1. Fassung 72,1). Dieser deutete die Sonnenflecken als kleine, die Sonne in geringem Abstand umkreisende Himmelskörper. So konnte er an der aristotelisch-scholastischen Schulmeinung von der Reinheit und Ungetrübtheit der Sonne festhalten. Galilei widerlegte diese Deutung in seinen 1613 in Buchform publizierten Antwortbriefen (*Istoria e dimostrazioni intorno alle macchie solari e loro accidenti*, ›Geschichte und Beweise über die Sonnenflecken und ihre Erscheinungen‹) und wies nach, daß die Sonnenflecken auf der Oberfläche des Gestirns zu lokalisieren sind. Er räumte allerdings ein, daß es ihm seine Beobachtungen nicht gestatteten, eine Aussage über die Natur der Sonnenflecken zu machen.

84,27–29 (251,17–19) *Was das Schwimmen … als das Wasser:* Andrea referiert die Position Galileis. Brecht bezieht sich hier und im folgenden auf eine wissenschaftliche Diskussion über schwimmende Körper, in die Galilei im Sommer 1611 in Florenz mit Anhängern der aristotelisch-scholastischen Naturwissenschaft verwickelt wurde. Diese waren der Ansicht, daß es von der Form eines Körpers abhängig sei, ob er auf dem Wasser schwimmt oder ob er sinkt. Galilei vertrat nun die Auffassung, Eis schwimme deshalb auf dem Wasser, weil es verdünntes Wasser, also leichter als dieses sei (vgl. 85,14 f. [251,38 f.]). Seine Gegner meinten jedoch, Eis sei verdichtetes Wasser, also schwerer als dieses, und könne nur in der Form einer flachen Scheibe schwimmen. Galilei widerlegte das Argument, indem er in einem Experiment demonstrierte, daß selbst Eisstücke im Wasser schwimmen. Er publizierte seine Position 1612 in der Abhandlung *Discorso intorno alle cose che stanno in su l'acqua o che in quella si muovono* (›Unterredung über die Körper, die auf dem Wasser schwimmen oder in demselben sich bewegen‹). Vgl. Wohlwill I, S. 403–405.

84,31 (251,21) *»Discus latus platique ...«:* (lat.) »Eine breite und flache Scheibe ...«. Vgl. die folgende Anm.

84,33–35 (251,23–25) *»Eine breite und ... Nadel untersinkt.«:* Der Bezugstext ist hier und im folgenden Aristoteles, *De caelo* IV,6. Allerdings heißt es dort: »breite Eisen- und Bleistücke« (313a 16). Brecht bezieht sich auf das Argument von Galileis Gegnern, die Aristoteles' Aussage generalisierten (vgl. Wohlwill I, S. 407 f.). Galilei bewies, daß ein Körper im Wasser nur dann untersinkt, wenn sein spezifisches Gewicht größer ist als das des Wassers, und daß er nur dann schwimmt, wenn es geringer ist.

85,10 (251,35) *Fulganzio:* Brecht entlehnte den Namen wahrscheinlich Fulgencio Micanzio (1570–1654), einem venezianischen Mönch und Theologen, mit dem Galilei eng befreundet war.

85,20 (252,4) *Was zu beweisen war:* Mit dieser Formel (lat. »quod erat demonstrandum«) enden die Beweisführungen in Euklids mathematischem Grundlagenwerk *Elementa* (um 300 v. Chr.; ›Elemente‹).

85,31–34 (252,15–18) *Eine Hauptursache ... dem unendlichen Irrtum:* Brecht zieht hier zwei verschiedene Textstellen aus Bacons Vorrede zur *Großen Erneuerung der Wissenschaften* zusammen: »Aber eingebildeter Reichthum ist eine Hauptursache der Armuth« und »Auch möge man [...] meine ›Erneuerung der Wissenschaften‹ nicht für etwas Unendliches und Uebermenschliches halten; vielmehr ist sie in Wahrheit nur das Ende und die rechte Grenze des unendlichen Irrthums« (*Novum Organum*, S. 36 f. und S. 48).

87,3 (253,17) *Sonnenfleckenorgien der Holländer:* vgl. Anm. zu 83,17 *Traktat des Fabrizius aus Holland.*

87,8–10 (253,22–24) *Christopher Clavius ... von vorn anfangen:* Clavius war bereits Anfang 1612 gestorben, also noch bevor es zur Debatte über die Sonnenflecken kam.

87,12 (253,26) *aus der Heiligen Stadt:* aus Rom, dem Papstsitz.

87,15 f. (253,28 f.) *der Heilige Vater im Sterben liegt:* Papst Gregor XV. (Alessandro Ludovisi, geb. 1554), dessen Amtszeit nur von 1621 bis 1623 währte.

88,10–13 (254,19–22) *Die Schrift sagt ... bewegt sich doch:* In der 1. Fassung bilden diese Verse den Abschluß der dortigen 8. Szene (»Florenz 1623: Haus des Galilei«). Sie entstanden 1938 nach Beendigung der 1. Ausarbeitung dieser Fassung. Zum Bibel-Zitat vgl. Anm. zu 60,19 f.

88,13 (254,22) *Und sie bewegt sich doch:* Einer volkstümlichen Anekdote zufolge soll Galilei diesen Ausspruch (ital. »Eppur si muove!«) nach seinem öffentlichen Widerruf vor dem Inquisitionstribunal gemacht haben. Obwohl er historisch nicht belegt und der Situation nach unwahrscheinlich ist, trifft er wohl Galileis innere Einstellung (vgl. Wohlwill II, S. 182 sowie Brechts 1947 entstandene *Anmerkungen. Ungeschminktes Bild einer neuen Zeit* [GBA 24,241]).

88,16 f. (254,25 f.) *Wir könnten herausfinden, daß die Sonne sich ebenfalls dreht:* Schon vor Galilei hatte Johann Fabricius aus den Sonnenflecken die Annahme abgeleitet, daß die Sonne sich um ihre eigene Achse dreht. Die Brisanz dieser Behauptung wird erst später deutlich (92,10 f. [257,32 f.]): Die Bewegung der Sonnenflecken war für Galilei ein Argument für die Bewegung der Erde (vgl. *Dialogo*, 3. Tag, S. 361–372).

89,17–19 (255,21–23) *Sie haben ... einmischen würden:* Ludovico scheint der Ansicht zu sein, Galilei habe sich 1616 bereit erklärt, auf die Diskussion der kopernikanischen Lehre überhaupt zu verzichten. Vgl. Anm. zu 70,8 f.

89,20 f. (255,24 f.) *einen rückschrittlichen Papst:* Paul V. (Camillo Borghese, geb. 1552). In sein Pontifikat (1605–21) fiel der Konflikt mit Venedig über das Verhältnis von Staat und Kirche, der zur Ausweisung der Jesuiten aus der Republik führte (vgl. 17,15–18 [197,31–33]), und das Dekret über das Verbot der kopernikanischen Lehre (vgl. 69,9–13 [239,4–7]).

89,22 (255,26) *Seine Heiligkeit:* dt. Übersetzung des Titels bzw. der Anrede des Papstes (lat. *Sanctissimus*).

89,24 (255,28) *ein Netz von Quadraten:* von »Meridianen und Parallelkreisen«, wie die Methode in der 1. Fassung (76,29 f.) im Anschluß an Wohlwill (I, S. 460) beschrieben wird.

89,26 (255,29 f.) *werden wir … beantworten können:* vgl. Anm. zu 84,12.

90,3–5 (256,1–3) *Gott machte die … die Physik erlauben:* vgl. den Brief vom 21. Dezember 1613 an Benedetto Castelli, in dem Galilei darlegt, daß die Naturwissenschaft – das Buch der Natur – mit der Religion – der Heiligen Schrift – vereinbar ist, weil beide aus Gottes Wort hervorgegangen und deshalb in gleicher Weise wahr sind (vgl. Wohlwill I, S. 507–513). Die zeitgenössische Philosophie fühlte sich herausgefordert, die Naturforschung gegen die Einwände der kirchlichen Orthodoxie zu rechtfertigen, wobei sie sich ihrerseits theologischer Argumente bediente. Bacon stützte die Auffassung, daß naturwissenschaftliche Erkenntnis und religiöser Glauben sich ergänzen, durch eine entsprechende Auslegung des Mythos vom Sündenfall ab: Durch den Glauben an Gott könne der Mensch seine Unschuld, durch die Wissenschaft aber seine Herrschaft über die Natur wiedergewinnen, die er einstmals im Paradiese besessen habe (vgl. Vorrede zur *Großen Erneuerung der Wissenschaften, Novum Organum*, S. 47 und I,89; II,52). Descartes begründete die Möglichkeit der – mathematischen – Naturwissenschaft damit, daß Gott nicht wollen könne, daß der

Mensch sich täuscht, wenn er etwas klar und deutlich erkennt (vgl. *Meditationes* IV; *Principia philosophiae* III,43).

90,7 f. (256,5) *»Experimente«:* Experiment (lat., ›Versuch‹, ›Erfahrungsbeweis‹), eine durch menschliches Handeln planmäßig herbeigeführte Erfahrung (vgl. *Novum Organum* I,82). Galilei gilt als der Begründer der experimentellen Naturwissenschaft. Durch das Experiment soll ermittelt werden, ob eine zuvor aufgestellte theoretische Behauptung oder eine mathematische Hypothese zutrifft oder nicht.

90,8 (256,6) *»Observationen«:* hier (natur)wissenschaftliche Beobachtungen, z. B. mit dem Teleskop.

90,13 f. (256,11) *Mariae Empfängnis (Mariä Empfängnis):* katholischer Feiertag, 8. Dezember (vgl. Lk. 1,26-38). *Mariae* ist Genitiv Singular zu lat. *Maria*.

90,18 (256,15) *den Heiligen Joseph (... heiligen ...):* Er ist Schutzpatron u. a. der Familien, Verbannten und Sterbenden und wird von den Gläubigen in verzweifelten Situationen angerufen. Sein Fest ist der 19. März, den Gregor XV. 1621 zum kirchlichen Feiertag erklärte.

90,20 (256,17) *verhalten:* hier: zurückhalten.

90,35–91,1 (256,31 f.) *Ihre Traktate über ... des Jupiter:* vgl. Galileis *Sidereus Nuncius* und seine Briefe über die Sonnenflecken.

91,4 (256,34) *Doktrinen:* Lehren, Lehrsätze mit Allgemeingültigkeitsanspruch.

91,34 f. (257,22 f.) *Ich könnte in der Sprache des Volkes schreiben:* nämlich auf Italienisch. Galilei hatte bereits seine Schriften über die schwimmenden Körper (vgl. Anm. zu 84,27–29) und über die Sonnenflecken (vgl. Anm. zu 84,12) in seiner Muttersprache veröffentlicht. Auch den *Dialogo*, um den es hier geht, publizierte er auf Italienisch, wobei er die kopernikanische Lehre didaktisch und gemeinverständlich präsentierte. In einem Brief vom 16. Juni 1612 an Paolo Gualdo begründete Galilei die Wahl der Muttersprache damit, daß das Latein viele begabte junge Menschen abschrecke, ein Studium zu beginnen (vgl. Wohlwill I, S. 465 f.).

92,6 f. (257,29) *daß nichts sich bewegt, was nicht bewegt wird:* Anspielung auf den Grundsatz der aristotelischen Physik: Jede Bewegung erfordert einen Beweger (vgl. Aristoteles, *Physica* VII,1, 241b 24). Brecht korrigiert aber seine metaphysischen Implikationen. Während Aristoteles aus dem Grundsatz schließt, daß es einen ›ersten unbewegten Beweger‹ geben müsse, der dann in der Scholastik mit dem Gott des Christentums identifiziert wurde, dient der Grundsatz bei Brecht dazu, die ›Ursache‹ Gott zugunsten der ›Ursache‹ Mensch außer Kraft zu setzen.

92,9 f. (257,31 f.) *daß die Sonne kein goldenes Adelsschild ist:* d. h. ein Herrschaftsattribut, wie im traditionellen Vergleich des Herrschers mit der Sonne (vgl. Anm. zu 39,13–25).

92,10 f. (257,32 f.) *die Erde bewegt … Sonne sie bewegt:* Galilei vertrat die schon von Kepler verfochtene Ansicht, daß die Sonne die Ursache der Planetenbewegung und damit auch der Bewegung der Erde ist. Im Unterschied zu Kepler nahm er allerdings an, daß nicht nur die jährlichen, sondern auch die täglichen Umdrehungen der Planeten von der Sonne verursacht würden.

92,32 (258,14 f.) *Fabrizius' Sternschatten:* vgl. Anm. zu 83,17 *Traktat des Fabrizius aus Holland.*

92,35 (258,16) *Rotation:* hier: Drehung eines Körpers um eine feste Achse, wobei jeder Punkt eine Kreisbahn beschreibt.

93,1 f. (258,18 f.) *Meine Absicht ist … herauszufinden, ob:* Käthe Rülicke, die als Regieassistentin an der Berliner Inszenierung beteiligt war, teilt in ihren *Bemerkungen zur Schlußszene* (1957) mit, Brecht habe bei diesem Satz die Proben »regelmäßig« unterbrochen und »seine Schüler« darauf hingewiesen, »daß dies für einen Marxisten der wichtigste Satz im Stück« sei (S. 109).

93,3 (258,20) *laßt alle Hoffnung fahren:* geflügeltes Wort, nach Dante Alighieris epischem Gedicht *La Divina Commedia* (entst. um 1304/1307–21, ›Die Göttliche Komödie‹): »Laßt, die ihr eingeht, jede Hoffnung fahren« (*Inferno* [›Hölle‹], 3. Gesang, V. 9). Bei Dante steht diese Wendung auf dem Höllentor geschrieben.

93,9 (258,25) *Siebenmeilenstiefeln:* Märchenmotiv; Stiefel, mit denen man sehr schnell gehen kann. Das Wort ist eine Übersetzung des frz. Ausdrucks *bottes de sept lieues* aus Charles Perraults Märchen *Le petit poucet* (1770, ›Der Däumling‹).

10 (Italien Fastnacht 1632: Marktplatz)

94,3 (259,16) *Pamphletisten:* Verfasser von Pamphleten (Streit-, Schmähschriften).

94,6 (259,19) *Gilden:* genossenschaftliche Vereinigungen besonders von Kaufleuten und Handwerkern zur Förderung gemeinsamer gewerblicher Interessen.

94,12 (259,24 f.) *Utensilien:* (lat.) (notwendige) Geräte, Hilfsmittel.

94,17 (259,31) *erschröckliche:* Nebenform zu ›erschreckliche‹, heute veraltet, daher meist parodistisch gebraucht.

94,18 (259,32) *Hofphysikers:* Galilei erhielt 1610 den Titel eines »ersten Mathematikers und Philosophen« des Großherzogs von Florenz. Brecht akzentuiert, daß Galilei – beim Volk – als Physiker gilt (vgl. Anm. zu 15,29 und zu 83,14 f.).

94,21 (259,35) *Als der Allmächtige sprach sein großes Werde:* vgl. die 1. Fassung des biblischen Schöpfungsberichts (1. Mose 1–2,4a).

95,4 (260,9) *Stadtschöffen:* Ratsherren.

95,9 f. (260,15) *Große Ordnung, ordo ordinum:* (lat.) die Ordnung der Ordnungen, d. h. die höchste Ordnung. Nach der christlichen Philosophie des Mittelalters ist das Seiende nicht nur von Gott geschaffen (95,17 [260,23]),

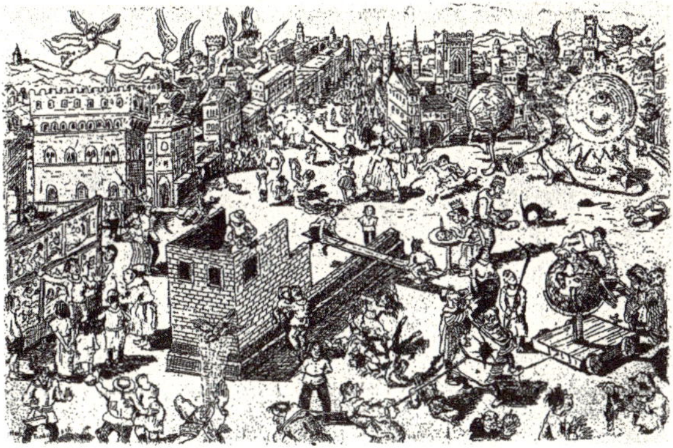

Hans Tombrock: Zu Brechts Galilei
Die große Moritat. Radierung
Eingeheftet in das Manuskript *Die Erde bewegt sich*, zwischen der 8. Szene (»Haus des Galilei«) und der 9. Szene (»Gasse einer Stadt«)

sondern auch von ihm geordnet: nach Maß, Zahl und Gewicht (vgl. Weish. 11,21).

95,10 (260,16) *regula aeternis:* (lat.) die ewige Regel.

95,16 (260,22) *Bleib stehn:* vgl. Anm. zu 60,19 f.

95,17 f. (260,23 f.) *Es soll jetzt ... andersrum sich drehn:* Das Motiv der verkehrten Welt, das hier aufgenommen wird, hat seine Ursprünge in der Antike. In der Renaissance kam es verstärkt zur Geltung.

95,17 (260,23) *creatio dei:* (lat.) die Schöpfung Gottes. Vgl. die beiden Fassungen des biblischen Schöpfungsberichts 1. Mose 1 und 2.

96,13 (261,11) *Brotkipf:* (süddt.) kleines längliches Weißbrot.

97,19 (262,9) *Gehorsam war des Menschen Kreuz von je:* Der Satz ist doppelsinnig, je nachdem, ob das erste Wort als Adjektiv oder als Substantiv gelesen wird, »Kreuz« also den Teil des Rückens im Bereich des Kreuzbeins bezeichnet oder sich auf die neutestamentliche Wendung »sein Kreuz auf sich nehmen« (Mt. 10,38; 16,24 u. ö.), d. h. ›seine Last, seine Leiden geduldig tragen‹, bezieht, und zwar besonders unter Verhältnissen gesellschaftlicher Unterdrückung. Vgl. auch die Aufforderung zur Subordination in der sog. christlichen Haustafel (vgl. Eph. 5,22–6,9 u. ö.).

98,7 (262,28) *Blache:* (süddt., österr.) Plane aus grober Leinwand.

98,7 f. (262,29 f.) *schleudern eine Puppe in die Luft, die einen Kardinal darstellt:* Der szenische Einfall stammte von Charles Laughton, dem Darsteller des Galilei in der Erstaufführung der 2. Fassung. Vgl. *Aufbau einer Rolle* (GBA 25,50).

98,16 f. (262,37) *der Bibelzertrümmerer:* vgl. Anm. zu 68,25 f.

11 (Florenz 1633: Im Palast der Medici)

99,2 f. (263,2 f.) *1633: Die Inquisition … nach Rom:* zu Anlaß und Hintergrund dieses Befehls vgl. Kap. II.2b.

99,17 f. (263,20 f.) *korsischen Räubern:* Die Banditen von der Mittelmeerinsel Korsika waren in der Renaissance berüchtigt.

99,19 (263,22) *Gaffone:* nicht nachweisbar, vermutlich fiktiv.

99,26 f. (263,29 f.) *Meine Augen … wieder schlecht:* Nach einem langen Augenleiden erblindete Galilei 1637 auf dem rechten Auge, wenig später auch auf dem linken (vgl. 115,10 [275,21]).

99,28 (263,31) *Was steht in deinem Buch?:* im *Dialogo*, in dem Galilei die aristotelisch-scholastische Unterscheidung zwischen irdischen und himmlischen Stoffen kritisiert und die Argumente für und wider die doppelte Erdbewegung diskutiert. Obwohl Galilei nicht explizit Partei ergreift, ist seine Absicht, die Überlegenheit des kopernikanischen Systems herauszustellen, eindeutig zu erkennen. Das Buch wurde der Inquisition zum Anlaß, Galilei den Prozeß zu machen.

100,5 (263,37) *Schmelzanlage:* historisch nicht belegt.

100,15 f. (264,8 f.) *Die Bibel ... meine Lieblingslektüre:* Auf die Umfrage einer Zeitschrift, welches Buch ihm in seinem Leben den »stärksten Eindruck« gemacht habe, antwortete Brecht im September 1928: »Sie werden lachen: die Bibel« (GBA 21,248). Brecht besaß eine gediegene Bibelkenntnis, deren Spuren in seiner Dichtung vielfältig sind. Schon als Gymnasiast schrieb er einen Einakter mit dem Titel *Die Bibel* (entst. 1913, GBA 1,7–15). 1920 notierte er in sein Tagebuch, »gewisse Bibelworte« seien »nicht totzukriegen. Sie gehen durch und durch. Man sitzt unter Schauern, die einem, unter der Haut, den Rükken lang herunterstreichen, wie bei der Liebe« (4. September, GBA 26,153). Auch nach seiner Hinwendung zum Marxismus setzte sich Brecht immer wieder mit der Bibel auseinander.

100,16 (264,9) *Homer:* griech. Dichter (8. Jh. v. Chr.). Ihm werden die beiden großen Epen *Ilias* und *Odyssee* zugeschrieben.

100,19 (264,11 f.) *Manufaktur:* hier: vorindustrieller Großbetrieb auf der Grundlage des Handwerks. Die Manufaktur bildete eine geschichtliche Zwischenstufe, die vom mittelalterlichen Handwerksbetrieb zur Fabrik führte (etwa 1500 bis Ende des 18. Jh.s). Manufakturen gab es z. B. im Arsenal (vgl. Anm. zu 20,21 *Arsenal*).

100,23 (264,15) *Kultivator:* auch Grubber (engl., ›Gräber‹, ›Wühler‹), mit starken Zinken versehenes landwirtschaftliches Gerät zur Auflockerung des Bodens.

100,28 (264,20) *Bologna:* Die oberital. Stadt gehörte seit 1512 zum Kirchenstaat. Worauf hier angespielt wird, war nicht zu ermitteln.

100,32 (264,24) *Geldmärkte:* Börsen, auf denen z. B. mit

Wechseln, Staatspapieren oder Aktien gehandelt wird. In Amsterdam und London bildeten Aktien die Grundlage des Börsenverkehrs.

100,32 (264,24) *Gewerbeschulen:* anachronistisch; die Anfänge der schulischen Berufsausbildung wurden erst im 18. Jh. gelegt.

100,33 (264,25) *Zeitungen:* Die ersten, mehr oder weniger regelmäßig erscheinenden Zeitungen wurden Anfang des 17. Jh.s in Deutschland und den Niederlanden auf den Markt gebracht.

101,12 (264,39) *Schwarzröcke:* umgangsspr., auch scherzhaft für die Geistlichen der katholischen Kirche. Vgl. zum Zusammenhang Anm. zu 38,11.

101,20 (265,8) *Der Großherzog ist mein Schüler:* Cosimo II. de' Medici, den Galilei zeitweilig unterrichtet hatte. Er starb bereits 1621. Sein Nachfolger wurde sein Sohn Ferdinando II. de' Medici (1610–70), der 1627 die Regierungsgeschäfte übernahm. Brecht verschmilzt die beiden Personen in einer Figur.

101,33 f. (265,20) *ein Buch geschrieben über die Mechanik des Universums:* den *Dialogo.*

102,3 (265,25 f.) *Gib einem Bär Honig … das Vieh Hunger hat:* vermutlich eine Abwandlung des Sprichworts »Einem hungrigen Bären muß man nicht die Hand reichen« (vgl. *Deutsches Sprichwörter-Lexikon*, hrsg. von Karl Friedrich Wilhelm Wander, Bd. 1, Leipzig 1867, Sp. 231).

102,27 (266,7) *Einladung Sagredos nach Padua:* Brecht weicht hier von der historischen Überlieferung ab. Galileis Freund war bereits 1620 gestorben. Historischer Hintergrund ist vermutlich das Ende 1631 von der Republik Venedig an Galilei ergangene Angebot, seine alte Professorenstelle an der Universität Padua wieder einzunehmen.

103,14 f. (266,28 f.) *meine Dialoge über die beiden größten Weltsysteme:* Galilei überreichte am 22. Februar 1632 Ferdinando II. das erste Exemplar des ihm gewidmeten *Dialogo.*

103,27–30 (267,1–4) *Glasschneider Volpi ... bringen kann:* In der 2. Fassung wird der Eisengießer erwähnt (167,9). Galilei hat also in der 3. Fassung selbst Vorkehrungen zur Flucht getroffen. Das erleichtert es ihm, Vannis Angebot auszuschlagen.

103,35–104,4 (267,9–12) *Ihnen mitzuteilen, daß ... erwartet Sie:* Am 1. Oktober 1632 wurde Galilei vom Inquisitor von Florenz der Befehl des Heiligen Offiziums mitgeteilt, daß er sich noch im selben Monat in Rom der Inquisition zu stellen habe. Die toskanische Regierung wurde übergangen.

12 (Rom 1633: Gemach des Vatikans)

105,5 (267,20) *Audienz:* feierlicher Empfang bei einer hochgestellten Persönlichkeit.

105,26–29 (268,2–4) *»Du bist mein ... mein sein sollen.«:* Der Zweifel richtet sich gegen einige der zehn Gebote des Alten Testaments, vgl. 2. Mose 20,2 und 20,17.

105,29–31 (268,4–6) *Eurer Heiligkeit Liebe ... Sammlungen verdanken:* Maffeo Barberini war ein großer Förderer der Kunst und der Wissenschaft. Schon vor seiner Wahl zum Papst legte er den Grundstock zu einer bedeutenden Bibliothek und Kunstsammlung. 1627 machte er seinen Neffen Francesco Barberini, der selbst über eine reiche Büchersammlung verfügte und den er zum Kardinal ernannt hatte, zum Vorstand der Vatikanischen Bibliothek.

106,1 (268,7) *Barbaren:* bei den alten Griechen urspr. eine lautmalende Bezeichnung für die ›Fremden‹ oder ›Ausländer‹, d. h. die, die unverständlich sprechen; dann übertragen für ›wüste, rohe Menschen‹ gebraucht. Besonders Rom wurde im Altertum öfters von fremden Volksstämmen erobert und geplündert, z. B. von den Vandalen.

106,1 f. (268,7 f.) *»Was die Barbaren ... rauben ihm die Barberinis.«:* Anlaß für den von dem päpstlichen Leibarzt

Giulio Mancini geprägten Spottvers auf Maffeo Barberini und seine zu hohen Würden und großem Einfluß gelangten Familienmitglieder (lat. »Quod non fecerunt barbari fecerunt Barberini«) war die vom Papst verfügte Entfernung der Bronzebalken von der Vorhalle des Pantheon, die man teils für die Ausführung des von dem Architekten und Bildhauer Giovanni Lorenzo Bernini entworfenen Baldachins über dem Grab des Apostels bzw. dem darüber errichteten Hochaltar in St. Peter benötigte, teils für den Bau von Kanonen für das Kastell San Angelo (Engelsburg). Diese Schändung des einzigen noch nicht zerstörten antiken Denkmals führte zu starken Protesten unter der Bevölkerung. Brecht übernimmt die Rede des Inquisitors nahezu wörtlich der 1. Fassung, ergänzt sie aber um den Passus 105,29–106,2 (268,4–8).

106,4–13 (268,10–18) *Eurer Heiligkeit spanische Politik … Kaiser zu schwächen:* Brecht spielt auf den zeitgeschichtlichen politischen Kontext an, in dem der Inquisitionsprozeß gegen Galilei stattfand, wobei er teilweise auf Formulierungen Olschkis zurückgreift (S. 395 f.). Das katholische Lager war gespalten. Die Habsburger, die sowohl in Madrid als auch in Wien regierten, und Frankreich kämpften um die Hegemonie in Europa. Die spanische Krone wünschte wiederholt ein stärkeres Engagement des Papstes für die katholische Partei in den seit 1618 auf deutschem Boden ausgetragenen Religions- und Staatenkriegen, was Urban VIII. aber mit Rücksicht auf das Haus Bourbon und seinen Minister Kardinal Richelieu ablehnte. Die Haltung des Papstes war besonders deshalb umstritten, weil Frankreich seit 1631 mit den protestantischen Schweden verbündet war, deren König Gustav II. Adolf 1630 mit seinem Heer in Deutschland eingefallen war. Vom spanischen Gesandten wurde der Papst im März 1632 offen beschuldigt, gemeinsame Sache mit Ketzern zu machen.

Zum »Zerwürfnis« zwischen dem Papst und Ferdinand II. von Habsburg (1578–1637, seit 1619 Kaiser des Heiligen Römischen Reichs) führte der Streit um die Erbfolge im oberital. Herzogtum Mantua, dessen Regent ohne direkten Nachkommen gestorben war. Sowohl Frankreich als auch Spanien, das bereits einen großen Teil Italiens beherrschte, erhoben Ansprüche auf das Erbe. Der Kaiser unterstützte die Spanier, indem er einen Verwalter einsetzte. Darauf kam es zum Krieg zwischen Frankreich auf der einen, Spanien und dem Reich auf der anderen Seite (1628–31), in dem der Papst für die Franzosen Partei ergriff. Das kirchliche Oberhaupt stellte während dieses Krieges alle Subsidienzahlungen an die katholische Partei in Deutschland ein.

106,22 (268,26 f.) *dieses Florentiners:* vgl. Anm. zu 39,22.

106,26 (268,30) *schwach im Fleisch:* Reminiszenz an Mt. 26,41: »Der Geist ist willig; aber das Fleisch ist schwach.«

106,29 (268,33) *die Sonne stillstand zu Gibeon:* vgl. Anm. zu 60,19 f.

106,29 f. (268,34) *ihren schmutzigen Zweifel an den Kollekten üben:* Kollekte: hier Sammlung freiwilliger Spenden (meist in Verbindung mit dem Gottesdienst). Für die Kirche waren die Kollekten eine wichtige Einnahmequelle.

106,33 f. (268,37 f.) *schon als junger ... die Maschinen geschrieben:* 1593 verfaßte Galilei in Padua die Abhandlung *Le Mecaniche* (›Die Mechanik‹), die er 1599 verbesserte. Ihr Thema ist die Statik einfacher Maschinen. Sie diente wahrscheinlich zu Unterrichtszwecken und wurde erst 1634 in einer frz. Übersetzung publiziert.

106,34–107,3 (268,38–269,2) *Mit den Maschinen ... Unten geben:* anachronistisch; die optimistische Auffassung, daß im Gefolge des technischen Fortschritts sämtliche Herrschaftsverhältnisse beseitigt würden, setzte sich besonders in der Sozialdemokratie gegen Ende des 19. Jh.s durch. Vgl. auch Anm. zu 123,18–21.

107,4 (269,4) *toter Hund:* wahrscheinlich eine Reminiszenz an eine Äußerung von Karl Marx über den Umgang der zeitgenössischen Philosophie mit Hegel (Nachwort zur zweiten Auflage des *Kapital*, in: Karl Marx / Friedrich Engels, *Werke*, Bd. 23, Berlin 1962, S. 27).

107,5–8 (269,4–7) *Wenn das Weberschifflein … keine Knechte:* vgl. Aristoteles, *Politica* (I,4, 1253b 39–1254a 1). Brecht zitiert mit geringfügigen Abweichungen aus der Übersetzung von Eugen Rolfes (*Politik*, Leipzig 1922, S. 7).

107,6 (269,5) *Zitherschlegel (Zitherschlägel):* hier: das Stäbchen, mit dem die griech. Kithara, die Vorläuferin der heutigen Zither, gespielt wird.

107,10 (269,10) *Idiom:* Mundart, hier: Italienisch, die Sprache des Volkes, im Gegensatz zum Latein (vgl. Anm. zu 45,25).

107,15 (269,14) *die oberitalienischen Seestädte:* Genua und Venedig.

107,16 (269,15) *Sternkarten des Herrn Galilei:* vgl. Anm. zu 30,19–21.

107,24 (269,22) *Man kann nichts anderes:* vgl. Anm. zu 60,12 f. und 66,27–30 (236,37–237,1).

107,32 (269,30) *Versailles:* hier: der frz. Hof, der allerdings erst unter Ludwig XIV. Ende des 17. Jh.s nach Versailles in der Nähe von Paris verlegt wurde. In Paris setzte sich François de Noailles für Galilei ein. De Noailles, der als Gesandter die frz. Regierung beim Vatikan vertrat, war ein Schüler und Freund Galileis (vgl. Anm. zu 122,2 f.).

107,32 (269,30) *der Wiener Hof:* der Sitz des dt. Kaisers Ferdinand II., dem Galilei urspr. die *Discorsi* (vgl. Anm. zu 109,19) widmen wollte.

108,8–10 (270,1–4) *Ich habe ihm … der Glaube hat:* Der Papst setzte sich persönlich für die Veröffentlichung des *Dialogo* ein. Zu seinen Bedingungen vgl. die folgende Anm.

108,15 (270,8) *Schlußbemerkung:* das von Urban VIII. favorisierte Argument, daß Gott in seiner Allmacht die Bewegung von Ebbe und Flut auch auf eine andere Weise als durch die doppelte Erdbewegung verursachen könne, wie Galilei – irrtümlich – behauptete, legte dieser einem gewissen Simplicio in den Mund, einem der drei Teilnehmer an dem wissenschaftlichen Streitgespräch, aus dem der *Dialogo* besteht. Simplicio repräsentiert die aristotelische Schulgelehrsamkeit. Galilei entlehnte seinen Namen dem neuplatonischen griech. Philosophen Simplikios (6. Jh. n. Chr.), der zahlreiche Kommentare zum Werk des Aristoteles verfaßte, u. a. auch zu *De caelo*. Galilei spielte zugleich aber auch auf die Bedeutung des Wortes *simplicius* (lat., ›einfältig, dumm‹) an. Der Papst sah sich in der Gestalt des Simplicio verhöhnt und lächerlich gemacht und setzte sich im weiteren persönlich für Galileis Verfolgung ein. Brecht kannte diese Vorgänge aus Wohlwills Werk (II, S. 168 f.; vgl. auch Olschki, S. 396), sparte sie aber in seinem Stück ausdrücklich aus (*Darstellung der Kirche*, GBA 24,239).

108,23 (270,16) *Ornat:* feierliche kirchliche Amtstracht.

108,24 f. (270,17 f.) *die Instrumente zeigt:* die Folterwerkzeuge, mit denen Galilei auf Anweisung des Papstes beim letzten Verhör am 21. Juni 1633 gedroht wurde.

13 (Rom 1633: Im Palast des florentinischen Gesandten)

109,6 (270,28) *herfür:* veraltet für ›hervor‹. Erst im 18. Jh. wurden von den Grammatikern für die Schriftsprache die heute üblichen Grenzen zwischen ›vor‹ und ›für‹ gezogen.

109,10 f. (270,33) *das neue Schach:* vgl. Anm. zu 10,26 f. und zu 65,14–17, außerdem 71,8–10 (240,29 f.).

109,13 (270,36) *Der Papst hat ihn nicht empfangen:* Der Satz ist aus der 1. Fassung übernommen. Er bezieht sich auf eine in der 2. und 3. Fassung gestrichene Szene: Galilei wartet – vergeblich – auf eine Audienz beim Papst (88,1–89,25), den er bitten will, »vor einer Entscheidung seine Gründe und Beweise vorbringen zu dürfen« (85,16 f.).

109,17 (270,40) *wir brauchen dich:* vgl. 70,19 (240,8).

109,19 (271,1) *Discorsi (›Discorsi‹): Discorsi e dimostrazioni matematiche, interno à duo nouve scienze attenenti alla mecanica & i movimenti locali* (›Unterredungen und mathematische Demonstrationen über zwei neue Wissenszweige, die Mechanik und die Fallgesetze betreffend‹), Leiden 1638. Wie der *Dialogo* haben auch die *Discorsi* die Form eines wissenschaftlichen Streitgesprächs. Galilei knüpft in seinem physikalischen Hauptwerk an die Themen seiner frühen Jahre an. Im Mittelpunkt stehen die Lehren von der Fall- und Wurfbewegung und von der Festigkeit der Körper. Das kopernikanische System ist kein Diskussionsgegenstand mehr.

109,28 (271,10) *sein Buch:* der *Dialogo.*

109,29 f. (271,11) *in Florenz konnte er es nicht veröffentlichen:* Der *Dialogo* hatte zwar die kirchliche Druckerlaubnis für Florenz, doch wurde der Verkauf des Buches bereits wenige Monate nach der Publikation auf Anordnung der Zensurbehörde verboten.

110,2 f. (271,13 f.) *seinen kleinen Stein:* vgl. 35,2 (211,11); 61,11 (232,28); 81,23 (248,31) und Anm. zu 61,14.

110,9–11 (271,19–21) *»Wer die Wahrheit nicht weiß ... der ist ein Verbrecher.«:* vgl. 81,30–32 (248,39–249,2).

110,16 (271,26) *Er ist 23 Tage im Kerker gesessen:* Galilei wurde zunächst vom 12. bis 30. April und dann wieder vom 21. bis 24. Juni 1633 unter vergleichsweise milden Haftbedingungen im Palast der Inquisition gefangengehalten. Er verfügte über mehrere Zimmer und durfte auch seinen Diener bei sich haben.

110,17 (271,27) *das große Verhör:* Das letzte von vier öffentlichen Verhören vor dem Inquisitionstribunal fand am 21. Juni 1633 statt. Galilei wurde unter Androhung der Tortur aufgefordert, die kopernikanische Lehre aufzugeben. Einen Tag später wurde das Urteil erlassen.

110,20–23 (271,29–32) *er zeigte mir ... nichts ändern kann:* vgl. 78,2–17 (245,39–246,15).

110,23 f. (271,32–34) *Er sprach von ... Wahrheit zu suchen:* vgl. Brechts zwischen 1934 und 1940 entstandenen Text *Schön wie die Wahrheit* aus dem *Buch der Wendungen* (GBA 18,130). In seiner Abhandlung *Kleines Organon für das Theater* (1949) kommt Brecht auf die Thematik erneut zurück und bemerkt, daß »heute sogar eine Ästhetik der exakten Wissenschaften geschrieben werden« könne. Schon Galilei habe »von der Eleganz bestimmter Formeln und dem Witz der Experimente« gesprochen, Albert Einstein »dem Schönheitssinn eine entdeckerische Funktion« zugeschrieben und der Atomphysiker J. Robert Oppenheimer die »Schönheit‹« der »wissenschaftlichen Haltung« gepriesen, die »›der Stellung des Menschen auf Erden wohl angemessen scheint‹« (GBA 23,66). Zu der Äußerung, die der Kleine Mönch von Galilei referiert, vgl. die Stelle im *Dialogo* (2. Tag, S. 139), wo Sagredo die platonische Lehre von der Identität des Wahren und Schönen zitiert. Vgl. auch Anm. zu 46,7–9, außerdem 21,29 f. (201,18 f.) und 78,17–19 (246,15–17).

110,25 (271,34) *Motto:* Sinnspruch, der einem Text als Zitat vorangestellt ist.

110,25 f. (271,34 f.) *hieme et aestate, et prope et procul, usque dum vivam et ultra:* (lat.) im Winter und Sommer, nahe und fern, so lange ich lebe und darüber hinaus.

111,12 (272,16) *Sankt Markus:* Kirche in Rom (ital. San Marco), in der Nähe des Dominikanerklosters Santa Maria sopra Minerva gelegen, in dem Galilei abschwören mußte.

111,23–25 (272,26–28) *Und die Sonne ... nicht unbeweglich:* Brecht zitiert aus dem Text, der der Inquisitionsbehörde zur Begutachtung vorgelegt worden war (vgl. Wohlwill I, S. 615). Der Wortlaut folgt der Formulierung in Galileis Abschwörung (vgl. Anm. zu 112,32–113,5). Vgl. S. 111 f. des vorliegenden Bandes.

111,25 f. (272,29) *Und er ist es, der es uns gezeigt hat:* Das historische Vorbild behauptete lediglich, daß die Sonne das Zentrum der Planetenbahnen sei. Ob auch das Universum ein Zentrum hat, hängt damit zusammen, ob es endlich oder unendlich ist, eine Frage, die Galilei offen ließ. Dagegen ist für Kopernikus die Sonne sowohl das (annähernde) Zentrum des Planetensystems als auch des Universums, das endlich ist (vgl. Anm. zu 7,3).

111,27 f. (272,30 f.) *kann man nicht ... gesehen wurde:* Abwandlung der sprichwörtlichen Redensart »Was geschehen ist, kann man nicht ungeschehen machen«, die auf die Komödie *Aulularia* (aufgef. 186 v. Chr. [?], ›Der Goldtopf‹) des röm. Dichters Plautus zurückgeht.

112,16 (273,12) *Ich Kleingläubiger:* Reminiszenz an Mt. 6,30 u. ö.

112,18–20 (273,14–16) *Als ob es ... ich bin ein Wasser:* Anspielung auf das Motiv von der verkehrten Welt. Vgl. Anm. zu 95,17 f.

112,32–113,5 (273,27–35) *»Ich, Galileo Galilei ... entgegen ist.«:* Aus der umfangreichen Abschwörungsformel (vgl. S. 111 f. des vorliegenden Bandes), die Galilei nach der Urteilsverkündung am 22. Juni vor dem Inquisitionstribunal verlesen mußte, hat Brecht lediglich zwei Sätze ausgewählt. Der erste Satz bezieht sich auf den Text, der der Inquisitionsbehörde zur Begutachtung vorlag und der – etwas verkürzt – in Galileis Abschwörung wiederkehrt (vgl. 111,23–25 [272,26–28]). Brecht ergänzte ihn um die Auskunft »Lehrer der Mathematik und der Physik in Florenz«. Der zweite Satz ist fast wörtlich aus der Abschwörung nach der Übersetzung Wohlwills zitiert (II, S. 181).

113,24 (274,15) *Weinschlauch! Schneckenfresser!:* biblische bzw. an die Bibel angelehnte Ausdrucksweisen, vgl. Ps. 119,83: »Ich bin wie ein Weinschlauch im Rauch«; Mt. 11,19: »wie ist der Mensch ein Fresser und Weinsäufer«. Als »Weinschlauch« (Behälter zum Aufbewahren von Wein) beschimpfte man besonders im 16. Jh. häufig einen Säufer oder Trinker, heute veraltet.

114,1 (274,27) *Unglücklich das Land, das Helden nötig hat:* In der 1. Fassung des Stücks beschließt Brecht die Szene mit diesem Ausspruch (93,33). Vgl. dazu die Worte der Courage in der 2. Szene des Stücks *Mutter Courage und ihre Kinder* (geschr. 1939): »In einem guten Land brauchts keine Tugenden, alle können ganz gewöhnlich sein, mittelgescheit und meinetwegen Feiglinge« (GBA 6,23). Vgl. auch das *Buch der Wendungen* (GBA 18,55; 141 f.; 150) sowie das Ende 1940 geschriebene Kapitel »Ziffel erklärt seinen Unwillen gegen alle Tugenden« aus den *Flüchtlingsgesprächen* (GBA 18,302 f.).

114,3–19 (274,31–275,7) *Ist es nicht klar ... ist offenbar irrig:* Brecht zitiert den am Beginn der *Discorsi* stehenden Text mit kleineren Veränderungen nach der Übersetzung von Arthur von Oettingen (1. Tag, S. 5 f.). U. a. streicht er im vorletzten Satz (114,14 [275,2]) die Einschränkung »durch Wunder oder« (vor »durch Veränderungen«). Den Glauben an Wunder wollte Brecht dem Naturwissenschaftler offensichtlich nicht zugestehen. Die erwähnten Beispiele sollen demonstrieren, daß die Stabilität eines Körpers nicht proportional zu seiner Größe wächst. Sie dürften hier auch im übertragenen Sinne mit Bezug auf Galilei zu verstehen sein.

114,4 (274,31) *Ellen:* altes Längenmaß, von der Länge des Unterarms abgeleitet (60–80 cm).

14 (Arcetri, nach 1633: Landhaus)

115,3 f. (275,12 f.) *bis zu seinem Tod ein Gefangener der Inquisition:* Papst Urban VIII. wandelte die Gefängnisstrafe im Kerker der Inquisition, zu der Galilei verurteilt worden war, in Verbannung um. Ende 1633 wurde Galilei die Übersiedlung in sein Landhaus »Il Gioiello« (ital., ›Das Juwel‹) in Arcetri bei Florenz erlaubt, wo er bis zu seinem Tod am 8. Januar 1642 unter Hausarrest lebte.

115,10–12 (275,21 f.) *experimentiert sorgfältig ... auf einer gekrümmten Holzschiene:* Das Experiment mit der Schiene – sei sie, wie hier, gekrümmt oder sei sie gerade – erlaubte es Galilei, die Fallbewegung eines Körpers zu verlangsamen, die damit leichter zu messen war. Versuche dieser Art hatte Galilei bereits in Padua durchgeführt. In den *Discorsi* beschreibt er solche Experimente eingehend.

116,13 f. (276,11 f.) *Monsignore Carpula:* nicht nachweisbar, vermutlich fiktiv.

116,15 (276,13) *sein Buch:* die *Discorsi.*

116,27 f. (276,23 f.) *Ich fühle mich ... etwas Horaz:* vgl. 78,7 f. (246,6). Nach der Poetik des Horaz besteht der Zweck der Dichtung sowohl darin, zu erfreuen als auch zu nützen; vgl. *De arte poetica* (1. Jh. v. Chr., ›Von der Dichtkunst‹), V. 333.

117,2 (276,33) *Kardinal Spolettis:* nicht nachweisbar, vermutlich fiktiv.

117,8 f. (276,39) *Sintemalen:* da, weil, zumal. Die Konjunktion ist heute veraltet und wirkt deshalb parodistisch.

117,10 f. (277,2) *Wohltätigkeit versaget niemals:* vgl. 1. Kor. 13,8: »Die Liebe höret nimmer auf« und 2. Kor. 1,15: »auf daß ihr abermals eine Wohltätigkeit empfinget.« Vgl. auch Hebr. 13,16: »Wohlzutun [...] vergesset nicht«. Brechts Formulierung ist doppeldeutig, je nachdem, ob ›versagen‹ als ›scheitern‹ und der Satz als Behauptung oder als ›verweigern‹ und der Satz als Aufforderung aufgefaßt wird. Vgl. Grimm 1986.

117,19 f. (277,11 f.) *»Wenn ich schwach bin, da bin ich stark.«:* vgl. 2. Kor. 12,10: »denn wenn ich schwach bin, so bin ich stark.«

117,24–26 (277,16–18) *»Auf daß ihr ... Epheser III,19:* Im Neuen Testament lautet der Satz: »auf daß ihr begreifen möget [...] auch erkennen die Liebe Christi, die doch alle Erkenntnis übertrifft« (Eph. 3,18 f.). Brecht bezeichnete diese Stelle auf der Probe zur Berliner Aufführung, wie Rülicke mitteilt, als »Schwachsinn«, Paulus' Brief an die Epheser als »Schundroman« (S. 121 [Probe vom 20. März

1956]). Hans Otto Münsterer – der Jugendfreund – erinnerte sich, daß der junge Brecht in Paulus, dem »Lieblingsapostel des Luthertums«, »den größten Fälscher« der christlichen Lehre sah (H. O. M., *Bert Brecht. Erinnerungen aus den Jahren 1917–22*, Zürich 1963, S. 133).

117,28 (277,20) *den Epheser-Briefen:* Das Neue Testament kennt nur einen Brief des Apostels Paulus an die Epheser.

117,29–31 (277,21–23) *unnachahmbaren Imitatio ... »Er ... ist frei von vielem Gefrage.«:* Die Contradictio in adjecto »unnachahmbare Imitatio« ist in zweifacher Hinsicht zu verstehen. Galilei bezieht sich offenbar nicht nur auf das 1470 erschienene Werk *De imitatione Christi* (›Das Buch von der Nachfolge Christi‹) des christlichen Mystikers Thomas von Kempen (1379/80–1471), das eines der meistverbreiteten Bücher des Christentums ist, sondern auch – mit ironischer Spitze – auf die Handlung, zu der es im Sinne des Apostels Paulus auffordert und die es zugleich für unvollziehbar erklärt: die »imitatio Christi«, d. h. das Nachleben der Demut und Selbstverleugnung Christi bis in den Opfertod (vgl. Mt. 10,38; 16,24; Röm. 6,4; Eph. 5,1 f. u. ö.). Zu dem Zitat vgl. Thomas von Kempen, *Das Buch von der Nachfolge Christi*, nach der Übers. von J. M. Sailer, hrsg. von Walter Kröber, Stuttgart 1997 [zuerst 1950], S. 12: »Zu wem das ewige Wort spricht, der wird vielerlei Meinungen los« (I,3 [2]). – In den früheren Fassungen fehlt diese Textstelle.

117,33 f. (277,25 f.) *über die Himmelskörper ein Buch in der Sprache des Marktes verfaßt:* den *Dialogo*, vgl. Anm. zu 91,34 f.

118,2 (277,28) *Jargon:* hier umgangsspr. und abwertend gebraucht für ›saloppe, ungepflegte Ausdrucksweise‹.

119,4 (278,25) *Hydraulik:* hier: die Theorie und Wissenschaft von den Strömungen der Flüssigkeiten. Galileis hydraulische Untersuchungen wurden in den zwanziger Jahren des 17. Jh.s von seinem Schüler Benedetto Castelli fortgeführt.

119,5 (278,26) *Fabrizius:* Johann Fabricius war bereits 1616 gestorben (vgl. Anm. zu 83,17 *Traktat des Fabrizius aus Holland*).

119,16 f. (278,37 f.) *wissenschaftliche Studien … gestattet werden konnten:* Galilei hatte durch die Fürsprache des Großherzogs von Florenz von der Inquisition die Erlaubnis bekommen, seine *Discorsi* zu vollenden. Da Galilei hier die kopernikanische Lehre nicht behandelte, konnte die Inquisition auch keine Einwände haben. Es war ihm allerdings untersagt worden, das Werk zu veröffentlichen. Das Publikationsverbot erstreckte sich auch auf den Neudruck bereits erschienener Schriften Galileis.

119,29–32 (279,10–13) *Descartes … Traktat über die Natur des Lichts:* René D. (1596–1650), frz. Philosoph, Mathematiker und Naturforscher. Der Inquisitionsprozeß gegen Galilei hielt D. davon ab, seine auf dem heliozentrischen Weltsystem gegründete Abhandlung *Le Monde de M. Descartes, ou le Traité de la lumière* (entst. 1632/33, ›Die Welt des Herrn Descartes oder die Abhandlung über das Licht‹) zu publizieren. Sie erschien postum 1664. Aus dem gleichen Grund änderte Pierre Gassendi (vgl. Anm. zu 18,28) seine Auffassung über die von ihm zunächst für wahr gehaltene kopernikanische Lehre, die er künftig nur noch als eine das geozentrische Weltbild nicht widerlegende Hypothese ansah. In diesem Sinne wird die kopernikanische Lehre auch von Descartes in den *Principia philosophiae* interpretiert, wobei er aber zugleich ihre Fruchtbarkeit für die Naturforschung verteidigt (III,44). – In den früheren Fassungen fehlt diese Textstelle; sie korrespondiert motivisch 79,16–18 (247,7–10).

120,4 (279,19) *Holland:* gehörte zu denjenigen niederländischen Provinzen, die sich 1581 von Spanien und dem Hause Habsburg losgesagt und die protestantische Republik der Vereinigten Niederlande gegründet hatten; auch gebräuchliche, aber unzutreffende Bezeichnung für die Niederlande.

120,4 f. (279,19 f.) *Man gestattet nicht dem Ochsen, was Jupiter sich nicht gestattet:* Abwandlung des lat. Sprichworts »Quod licet Iovi, non licet bovi« (›Was Jupiter erlaubt ist, ist dem Ochsen nicht erlaubt‹). Das Sprichwort bezieht sich auf die Sage von der Entführung der phönikischen Königstochter Europa durch Zeus (dem der röm. Jupiter entspricht), der sich in einen Stier verwandelt hat.

120,9 (279,24) *lacht:* Die Regieanweisung, die Brecht erst in der 3. Fassung einfügte, geht auf Charles Laughton zurück. Vgl. *Aufbau einer Rolle* (GBA 25,59–61) und Rülicke (S. 127; Probe vom 28. Dezember 1955).

121,12 (280,21) *Man läßt Sie Wasser pflügen:* d. h. eine kräftezehrende, überflüssige, unnütze Tätigkeit ausführen (gepflügtes Wasser trägt keine Frucht).

121,18 f. (280,27 f.) *pochend auf sein Pfund Fleisch:* Anspielung auf William Shakespeares Komödie *The Merchant of Venice* (1600, ›Der Kaufmann von Venedig‹), in der der reiche Kaufmann Antonio dem Juden Shylock ein Pfund Fleisch seines Körpers verpfändet, um einem Freund aus der Not zu helfen. Shylock besteht später auf dieser Vereinbarung.

121,26 (280,34) *Unze:* auf die Antike zurückgehende Maß-, Gewichts- und Münzeinheit. Sie bildet den zwölften Teil einer größeren Einheit.

121,32 (280,39) *»Wenn dich dein Auge ärgert, reiß es aus.«:* vgl. Mt. 5,29: »Wenn dir aber dein rechtes Auge Ärgernis schafft, so reiß es aus und wirf's von dir.« Vgl. auch Mt. 18,9.

122,2 f. (281,5 f.) *Solltest du erwägen, sie nach Holland mitzunehmen:* Galilei gelang es am 16. Oktober 1636, das Manuskript der *Discorsi* an de Noailles (vgl. Anm. zu 107,32 *Versailles*) zu übergeben, der es ins Ausland schmuggelte. 1638 wurde das Werk in den Niederlanden veröffentlicht. Schon 1633, wenige Wochen nach seiner Verurteilung und Abschwörung, hatte Galilei dafür gesorgt, daß der für Katholiken verbotene *Dialogo* außer

Landes gebracht wurde. Er erschien 1635 in lat. Sprache in Leiden.

122,11–14 (281,14–17) *»Mein Vorsatz ist … wissenswert sind.«:* Brecht bezieht sich sinngemäß auf den Anfang des 3. Tages der *Discorsi*, wo es in der von ihm benutzten Übersetzung heißt: »Ueber einen sehr alten Gegenstand bringen wir eine ganz neue Wissenschaft. Nichts ist älter in der Natur als die *Bewegung*, und über dieselbe giebt es weder wenig noch geringe Schriften der Philosophen. Dennoch habe ich deren Eigenthümlichkeiten in grosser Menge und darunter sehr wissenswerthe, bisher aber nicht erkannte und noch nicht bewiesene, in Erfahrung gebracht« (S. 140).

122,24 (281,27) *Sie versteckten die Wahrheit. Vor dem Feind:* Das Motiv benutzt Brecht im Exil häufig, z. B. in dem Schauspiel *Die Mutter* (Fassung von 1933, 12. Szene, GBA 3,316) und in dem Essay *Fünf Schwierigkeiten beim Schreiben der Wahrheit* (GBA 22.1,74–89).

122,30 f. (281,33 f.) *Ihre Hände sind befleckt:* biblische Ausdrucksweise, vgl. Jes. 59,3: »Denn eure Hände sind mit Blut befleckt«.

122,34 (281,36) *Neue Wissenschaft, neue Ethik:* vermutlich eine Reminiszenz an Bacon, der im *Novum Organum* den Anspruch formulierte, daß seine Neubegründung der Naturwissenschaft auch für Ethik und Politik Konsequenzen habe, wobei er besonders an die Anwendbarkeit der induktiven Methode dachte. In diesem Sinne heißt es: »ich leite den Verstand so, dass er sich der Natur der Dinge auf alle entsprechende Weise anpassen kann« (I,127, S. 176). Brecht verlagert den Akzent: In dem Gespräch zwischen Galilei und Andrea geht es nicht um eine neue Methode zur Erforschung der Ethik, sondern um den Zusammenhang zwischen Wissenschaft und sittlichem Handeln. Vgl. Anm. zu 125,28–35.

123,18–21 (282,15–17) *dem Studium … Himmel abgetragen werden kann:* Als gläubigem Katholiken lag es Galilei fern, den »Himmel« in Frage zu stellen, d. h. die Existenz Gottes zu bestreiten. Die Worte, die Andrea seinem Lehrer zuweist, stehen in Widerspruch sowohl zum Selbstverständnis der dramatischen (vgl. Anm. zu 68,25 f.) als auch der historischen Gestalt und sind anachronistisch. Erst im Zuge der Industriellen Revolution entstand im 19. Jh. die Vorstellung, daß der technische Fortschritt die Religion überflüssig machen werde. Die Argumentationsfigur benutzt Brecht bereits in seinem Hörspiel *Der Flug der Lindberghs* (8. Szene, GBA 3,16 f.); vgl. auch Anm. zu 106,34–107,3. – In den früheren Fassungen fehlt diese Textstelle.

123,25 (282,21) *Gloriole:* Heiligenschein.

124,5–7 (282,36–38) *Bruder in der Wissenschaft ... du bist ein Käufer:* vgl. dazu das Stück *Im Dickicht* (uraufgef. 1923), in dem der Holzhändler Shlink versucht, George Garga für ein Pfund Fische seine Meinung abzukaufen (1. Szene, GBA 1,347). In dem 1954 fertiggestellten Stück *Turandot oder Der Kongreß der Weißwäscher* fällt der Satz: »Man verkauft Meinungen wie Fische, und so ist das Denken in Verruf gekommen« (9. Szene, GBA 9,188). Vgl. auch Anm. zu 126,13 f.

124,10 f. (283,1–3) *Die Große Babylonische ... öffnet die Schenkel:* die »große Hure« Babylon (eigtl. die im Orient verehrte Fruchtbarkeits- und Kriegsgöttin Astarte bzw. Ischtar), die »trunken von dem Blut der Heiligen und vom Blut der Zeugen Jesu« ist, wie es in der Offenbarung des Johannes heißt (Kap. 17,1 und 17,6). Sie ist im Neuen Testament Sinnbild der gottesfeindlichen Weltmacht – Babylon war die Hauptstadt des babylonischen Reiches am Euphrat im unteren Mesopotamien – und Deckname für Rom.

124,30 f. (283,20 f.) *Sie handelt mit Wissen, gewonnen durch Zweifel:* vgl. Anm. zu 9,28 f. und zu 125,17 f.

124,34 (283,24 f.) *perlmutternen Dunst:* Die Perlmutter der Muschelschale bzw. der Perle ist bei Lichtauffall stark irisierend, so daß das Material, aus dem sie besteht, nur undeutlich wahrgenommen werden kann; hier übertragend gebraucht für ›undurchsichtig‹, ›verschwommen‹.

125,1 (283,26) *Machinationen:* Machenschaften, Ränke, Winkelzüge.

125,6 (283,31) *selbstischen:* (veraltet) nur auf den eigenen Vorteil bedachten.

125,17 f. (284,2 f.) *Der Kampf um … durch Zweifel:* nämlich an der von der aristotelisch-scholastischen Naturwissenschaft vertretenen Auffassung, daß die physikalischen Gesetze zwar für die Erde, nicht aber für die Himmelskörper gelten, da diese aus einem unterschiedlichen Stoff seien (vgl. Anm. zu 28,32 f.).

125,26–28 (284,10–12) *Ich halte dafür … Existenz zu erleichtern:* Die praktische Ausrichtung der Wissenschaften lehrte bereits Bacon. In seinem *Novum Organum* heißt es: »Das wahre und rechte Ziel der Wissenschaften ist aber, das menschliche Leben mit neuen Erfindungen und Mitteln zu bereichern« (I,81, S. 131).

125,28–35 (284,13–19) *Wenn Wissenschaftler … Menschheit weg sein:* Brechts Galilei korrigiert damit seine früheren Ansichten (49,11 f. [223,5 f.]; 101,34 f. [265,21 f.]; 126,17–19 [284,35–38]) und nähert sich der Position des Kleinen Mönchs an (74,27–29 [243,15–17]). Er wendet sich gegen die auf Aristoteles zurückgehende Auffassung, wonach die (theoretische) Wissenschaft den Zweck in sich selbst hat, also nicht Mittel zu etwas anderem ist (vgl. *Metaphysica* I,2, 982b 25–28), und verbindet die Frage nach der praktischen Ausrichtung der Forschung (vgl. Anm. zu 19,19–21 und zu 125,26–28) mit der ethisch-politischen Beurteilung ihrer Folgen. Dem historischen Vorbild war dieser Wissenschaftsbegriff allerdings fremd, Brecht schreibt ihn der Figur aus der Sicht des 20. Jh.s zu. Vgl. dazu seine Kritik an der vorgeblichen Autonomie bzw. ›Autarkie‹ der zeitgenössischen Wissenschaft in der (vielleicht) 1956 entstandenen Notiz *Galilei:* »Die Bourgeoisie isoliert im Bewußtsein des Wissenschaftlers die Wissenschaft, stellt sie als autarke Insel hin, um sie praktisch mit *ihrer* Politik, *ihrer* Wirtschaft, *ihrer* Ideologie verflechten zu können. Das Ziel des Forschers ist ›reine‹ Forschung, das Produkt ist weniger rein. Die Formel $E = mc^2$ ist ewig gedacht, an nichts gebunden. So können andere die Bindung vornehmen: die Stadt Hiroshima ist plötzlich sehr kurzlebig geworden. Die Wissenschaftler nehmen für sich in Anspruch die Unverantwortlichkeit der Maschinen.« (GBA 24,252)

126,1–4 (284,20–23) *daß euer Jubelschrei ... beantwortet werden könnte:* Mit dieser Äußerung, die Brecht in der 2. Fassung ergänzt, wird zwar auf die Atombombe angespielt; sie geht aber auf Überlegungen zurück, die belegen, daß Brechts Einstellung zum technischen Fortschritt (in der kapitalistischen Gesellschaft) schon vor der Entdeckung der Kernspaltung durch Otto Hahn und Fritz Straßmann Ende 1938 in Berlin ambivalent war. So lautet der Eingangssatz eines Entwurfs zu einer »Rede über die Dauerhaftigkeit der Vernunft«: »Wo jede große Erfindung von der Menschheit mit einem Angstschrei erfahren wird« (entst. 1937, GBA 22.1,336). Diese Formulierungen sind dann teilweise in den 1939 in Stockholm gehaltenen Vortrag *Über experimentelles Theater* eingegangen. Soll die Naturwissenschaft nicht zur Destruktivkraft werden, dann muß sie nach Brecht durch die Erkenntnis und Analyse der Gesellschaftsordnung ergänzt werden, die die naturwissenschaftlichen Erfindungen und Entdekkungen technisch ausnützt (vgl. GBA 22.1,549 f.). Die »sozialistische Wirtschaft«, wie sie u. a. in der Sowjetunion verwirklicht wurde, schien Brecht die Gewähr zu leisten, daß die »neuen Erfindungen« »mit Freude und Hoffnung empfangen werden [können], anstatt mit Entsetzen und Furcht« (*Der Friede ist das A und O. Rede anläßlich der Verleihung des Internationalen Stalin-Friedenspreises am 25. Mai 1955 in Moskau*, GBA 23,347).

126,9 f. (284,28) *den hippokratischen Eid:* den jeder Humanmediziner zu schwören hat und der ihn verpflichtet, stets zum Wohl des Kranken zu handeln. Die Eidesformel wird dem griech. Arzt Hippokrates von Kos (um 460 – um 370 v. Chr.) zugeschrieben. In den früheren Fassungen fehlt diese Textstelle.

126,10 f. (284,29 f.) *das Gelöbnis, ihr ... Menschheit anzuwenden:* Bereits Bacon war sich der sozialen Verantwortung des Wissenschaftlers bewußt. In seiner Gesellschaftsutopie *Nova Atlantis* (1627, ›Neu-Atlantis‹) haben die Wissenschaftler sich eidlich dazu verpflichtet, Erfindungen und Naturerkenntnisse, die ethisch problematisch sind, unter sich geheimzuhalten.

126,13 f. (284,32) *die für alles gemietet werden können:* In seinem Entwurf zu einer »Rede über die Dauerhaftigkeit der Vernunft« schreibt Brecht: die »Gelehrten [...] mieten ihre Gehirne an die Unternehmer aus wie die Arbeiter ihre Hände« (GBA 22.1,336). Brecht behandelt die Thematik von der Käuflichkeit der Intellektuellen auch im *Tuiroman*, an dem er zur Zeit der Entstehung der 1. Fassung arbeitet (GBA 17,9–161), und in den *Flüchtlingsgesprächen* (GBA 18,283 f.). In dem im Jahre 1953 ausgearbeiteten Stück *Turandot oder Der Kongreß der Weißwäscher* schickt Brecht die Intellektuellen sogar auf den Strich (Szene 4a, GBA 9,147 f.): Wie die Huren ihr Geschlecht feilbieten, so vermieten die Tuis – das Wort ist aus den Anfangsbuchstaben der umgestellten Wortsilben von »intellektuell« (»tellekt-uell-in«) gebildet – ihren Intellekt. Brecht benutzt dieses Motiv auch in den 1942 entstandenen *Hollywoodelegien* (GBA 12,115 f.). – In den früheren Fassungen fehlt diese Textstelle.

127,1 f. (285,14 f.) *Gib acht auf ... die Wahrheit unter dem Rock:* Der Satz ist sinngemäß der 1. Fassung entnommen, wo er auf die politischen Verhältnisse im nationalsozialistischen Deutschland anspielt. Zum Kontext vgl. Kap. IV.1.

15 (1637: Grenzstadt)

128,5 (286,6) *Das Wissen flüchtet über die Grenz (... flüchtete ...):* Brecht benutzt dieses Motiv auch in seinem im Mai 1938 entstandenen Gedicht *Legende von der Entstehung des Buches Taoteking auf dem Weg des Laotse in die Emigration* (GBA 12,32–34).

128,10 f. (286,11 f.) *Daß es nicht, ein Feuerfall ... noch uns all:* Die in biblischer Sprache formulierte Warnung vor der totalen Vernichtung der Menschheit (vgl. 1. Mose 19,24; Offb. 8,7 und 20,9) hat einen konkreten zeitgeschichtlichen Anlaß: den Abwurf der Atombombe durch die USA im August 1945 über Hiroshima und Nagasaki. Vgl. Kap. III.

131,5 (288,24) *Auktionierung:* Versteigerung (an den Meistbietenden).

II. Zum Stoff und seiner Geschichte

1. Daten zu Leben und Werk Galileo Galileis

1564 Galileo Galilei wird am 15. Februar in Pisa geboren. Sein Vater ist der Tuchhändler, Komponist und Musiktheoretiker Vincenzio Michelangelo Galilei (1520–91), seine Mutter Giulia Amman(n)ati (1538–1620)

1574 Umzug der Familie nach Florenz, wo Galilei bis 1578 die Schule besucht

1579 Galilei geht auf die Klosterschule von Santa Maria di Vallombrosa (unweit von Florenz)

1581 Beginn des Studiums der Medizin an der Universität Pisa. Galilei nimmt Privatunterricht in Mathematik

1583 Entdeckung des Isochronismus der Pendelbewegungen (der Legende nach im Dom zu Pisa)

1585 Nach Abbruch des Studiums kehrt Galilei ins Elternhaus nach Florenz zurück

1586 Er konstruiert eine hydrostatische Waage und schreibt eine Abhandlung über den Schwerpunkt fester Körper

1587 Galilei reist zum ersten Mal nach Rom und trifft mit Christopher Clavius zusammen

1589 Berufung zum Lehrer der Mathematik an der Universität Pisa

1590 Galilei macht Experimente mit fallenden Körpern (der Legende nach am Schiefen Turm von Pisa), schreibt eine Abhandlung über die Bewegung (Fragment geblieben) und verfaßt einen Kommentar zum *Almagest* des Ptolemäus

1592 Berufung zum Professor der Mathematik an der Universität Padua

1593 Für seine Studenten schreibt Galilei eine Abhandlung über die Statik einfacher Maschinen (die er 1599 verbessert). Außerdem entsteht eine Abhandlung über militärische Befestigungen

1597 Galilei konstruiert einen Proportionalzirkel und verfaßt eine Anleitung zu seinem Gebrauch. Er schreibt eine Abhandlung über das ptolemäische System. Der Briefwechsel mit Johannes Kepler beginnt

1600 Geburt der Tochter Virginia (1601 der Tochter Livia, 1606 des Sohnes Vincenzio)

1604 Galilei erprobt eine Maschine zum Heben von Wasser. Er erwähnt zum ersten Mal das korrekte Fallgesetz (unter falscher Ableitung)

1605 Publikation einer Abhandlung über die im Jahre 1604 beobachtete Nova

1606 Konstruktion eines Thermoskops zur Feststellung von Temperaturunterschieden

1609 Galilei gelingt der korrekte Beweis des Fallgesetzes. Er konstruiert ein für astronomische Beobachtungen verwendbares Fernrohr

1610 Publikation des *Sidereus Nuncius* (›Nachricht von neuen Sternen‹). Galilei bewirbt sich am Fürstenhof zu Florenz, der ihn am 10. Juli zum Ersten Mathematiker und Philosophen des Großherzogs ernennt. Sein Honorar bezieht er von der Universität Pisa, an der er aber keine Lehrverpflichtungen hat. Entdekkung der Phasen der Venus

1611 Zweite Reise nach Rom. Das Collegium Romanum unter Leitung von Christopher Clavius bestätigt Galileis astronomische Entdeckungen. Aufnahme in die römische Accademia dei Lincei (Akademie der Luchse). In Florenz nimmt Galilei an einer Diskussion über schwimmende Körper teil, bei der er die Bekanntschaft mit Kardinal Barberini, dem späteren Papst Urban VIII., macht

1612 Publikation einer Schrift über schwimmende Körper

1613 Publikation der Briefe über die Sonnenflecken. Galilei bekennt sich unzweideutig zum kopernikanischen Weltsystem

1614 Dezember: Der Dominikaner Tommaso Caccini hält in Florenz eine öffentliche Predigt gegen Galilei

1615 Der Dominikaner Niccolò Lorini denunziert Galilei bei der römischen Inquisition. Er stützt sich dabei vor allem auf Galileis Brief an Benedetto Castelli von 1613 über das Verhältnis von Religion und Wissenschaft

1616 Dekret über das Verbot der kopernikanischen Lehre

1618 Galilei ist häufig krank. Er macht eine Wallfahrt nach Loreto

1619 Galilei beteiligt sich an einer Diskussion über die im Jahre 1618 erschienenen drei Kometen. Er greift den schärfsten Konkurrenten des kopernikanischen Systems an, das von den Jesuiten favorisierte Weltbild des Tycho Brahe

1623 Publikation der Kampfschrift *Il saggiatore* (›Die Goldwaage‹ oder ›Der Goldwäger‹), in der sich Galilei gegen Autoritätsgläubigkeit bei der Erforschung der Natur wendet. Das Buch ist dem neuen Papst Urban VIII. gewidmet

1624 Er reist erneut nach Rom und wird vom Papst ehrenvoll empfangen. Es gelingt ihm aber nicht, diesen zur Aufhebung des Dekrets zu bewegen

1625 Galilei beschäftigt sich mit dem Problem der Gezeiten und beginnt die Arbeit am *Dialogo*

1628 Er erkrankt lebensgefährlich (März). Im Dezember erhält er einen Sitz im Rat der Zweihundert und damit Florentiner Bürgerrecht

1630 Abschluß des *Dialogo*. Der Papst gewährt Galilei eine Pension auf eine Domherrenpfründe der Kathedrale von Pisa. Im Mai reist Galilei nach Rom, um die Druckerlaubnis für den *Dialogo* zu erwirken

1631 Dezember: Die Republik Venedig bietet Galilei seine alte Professorenstelle an der Universität Padua an. Er lehnt das Angebot ab

1632 Februar: Der *Dialogo* erscheint mit kirchlicher

Druckerlaubnis in Florenz. Galilei erkrankt schwer an den Augen. August: Der Verkauf des *Dialogo* wird unterbunden. Oktober: Galilei wird nach Rom beordert

1633 Im Februar trifft Galilei in Rom ein. Nach vier Verhören vor der Inquisition ergeht am 22. Juni das Urteil. Es umfaßt das Verbot des *Dialogo*, Abschwörung und lebenslange Kerkerhaft

1634 Der Tod seiner Tochter Virginia stößt ihn in eine lebensgefährliche Krise

1635 Galilei führt geheime Verhandlungen wegen Übernahme eines Lehrstuhls an der Universität Amsterdam. In Leiden erscheint eine lateinische Übersetzung des *Dialogo*

1636 Er bietet den Generalstaaten von Holland seine Methode zur Bestimmung der Längengrade auf See an

1637 Galilei entdeckt die Libration (Pendelbewegung) des Mondes. Er erblindet auf dem rechten Auge völlig, kurze Zeit später auch auf dem linken Auge

1638 Die *Discorsi* werden in Leiden publiziert. Zum Schutz Galileis enthalten sie den Hinweis, daß die Veröffentlichung ohne Wissen des Autors erfolge

1638/39 Galilei diktiert Zusätze zu den *Discorsi*

1641 Er diktiert Zusätze zum *Dialogo*

1642 Am 8. Januar stirbt Galilei in seinem Landhaus in Arcetri

1835 Der *Dialogo* wird vom Index gestrichen

1979 Papst Johannes Paul II. kündigt die Neuüberprüfung des Falls Galilei an

1992 Vollständige Rehabilitierung Galileis durch die Kirche

2. Galileis Konflikt mit der Kirche

Die folgende Auswahl enthält historische Dokumente, aus denen Brecht entweder zitiert oder auf die er anspielt. Sie wird ergänzt um Texte, die für das Verständnis der im Stück dargestellten Vorgänge besonders aufschlußreich sind.

a) Das Verbot der kopernikanischen Lehre. Galileis Ermahnung

Galileis astronomische Beobachtungen und Entdeckungen stießen unter den Anhängern der aristotelisch-scholastischen Naturwissenschaft auf starke Skepsis, denn sie ließen sich nicht mit dem überlieferten metaphysischen Weltbild vereinbaren. In einem Brief vom 19. August 1610 an Johannes Kepler schreibt GALILEI:

»In Pisa, Florenz, Bologna, Venedig, Padua haben sehr Viele die Planeten erschaut, aber Alle schweigen darüber und sind schwankend; denn der größte Theil erkennt weder den Jupiter noch den Mars, kaum den Mond als Planeten an. Zu Venedig sprach Einer gegen mich, sich rühmend, für sicher zu wissen, daß meine Jupiter-Trabanten, welche er mehrmals beobachtet hatte, keine Planeten seien, und zwar deßhalb, weil man sie immer mit Jupiter erblickt, dem sie entweder alle oder doch stets Einige theils nachfolgen, theils vorangehen. Was ist zu thun? [...] Ich denke, mein Keppler, wir lachen über die ausgezeichnete Dummheit des Pöbels. Was sagst Du zu den ersten Philosophen der hiesigen Facultät, denen ich tausendmal aus freien Stücken meine Arbeiten zu zeigen anbot, und die mit der trägen Hartnäckigkeit einer vollgegessenen Schlange niemals weder Planeten, noch Mond, noch Fernrohr sehen wollten? [...] Diese Gattung Leute glaubt, die Philosophie sei irgend ein Buch, etwa die Aeneide[1] und die Odyssee: und man müsse die

1 *Aeneis* (lat., ›Das Epos von Aeneas‹), verfaßt von Vergil (Publius Vergilius Maro, 70–19 v. Chr.).

Wahrheit nicht im Weltraume, nicht in der Natur suchen, sondern (ich gebrauche ihre eigenen Worte) *in der Vergleichung der Texte*! Wie würdest Du laut aufgelacht haben, wenn Du gehört hättest, was für Dinge der erste Philosoph der Facultät in Pisa[2] in Gegenwart des Großherzogs mir gegenüber vorbrachte, da er sich anstrengte, bald mit logischen Argumenten, bald mit magischen Beschwörungen die neuen Planeten vom Himmel hinwegzudisputiren und herabzureißen …«

Karl von Gebler: Galileo Galilei und Die Römische Curie. Nach den authentischen Quellen. Bd. 1. Stuttgart: Cotta, 1876. S. 33 f. [Im folgenden zit. als: Gebler I.]
[Auszüge aus diesem Brief auch bei Wohlwill I, S. 280, S. 325 f. und S. 335.]

Den Anlaß zur Überprüfung der kopernikanischen Lehre durch die Kirche gab Galileis Brief vom 21. Dezember 1613 an seinen Schüler und Freund, den Mathematiker, Naturwissenschaftler und Benediktiner Benedetto Castelli. Außer einem Bekenntnis zur Lehre von der doppelten Erdbewegung enthält das Schreiben einige grundsätzliche Bemerkungen zum Verhältnis von Naturwissenschaft und Heiliger Schrift. Daß der Brief in Abschriften an die Öffentlichkeit drang, war ganz in Galileis Sinne.
Unerwartete Unterstützung erhielt Galilei durch eine Veröffentlichung des Theologen und Karmeliters Paolo Antonio Foscarini (um 1580–1616). Dieser schickte seine Schrift an Kardinal Bellarmino mit der Bitte um eine Stellungnahme. Nach dem Urteil Emil Wohlwills war BELLARMINOS briefliche Antwort vom 12. April 1615 »die erste gewissermaßen amtliche Kundgebung über die Stellung der kirchlichen Behörden in der großen Streitfrage« (I, S. 563).

2 Giulio Libri (1550–1610), lehrte Philosophie an den Universitäten Pisa und Padua.

»1. Ich stelle fest, daß meiner Meinung nach Sie und Herr Galilei klug handeln würden, wenn Sie sich darauf beschränkten, hypothetisch [ex suppositione] und nicht absolut zu sprechen. Ich habe immer geglaubt, daß es so auch Coppernicus gehalten hat. Es ist trefflich und völlig unbedenklich zu sagen: Unter der Voraussetzung, daß sich die Erde bewegt und die Sonne feststeht, lassen sich alle Erscheinungen besser erklären als mit Exzentern und Epizyklen.[3] Das genügt für den Mathematiker. Etwas anderes ist es, wenn man behaupten wollte, daß tatsächlich die Sonne im Mittelpunkt der Welt ruht, daß sie sich nur um sich selbst dreht, ohne von Osten nach Westen zu wandern, daß die Erde im dritten Himmel [nach Merkur und Venus] steht und daß sie mit äußerster Geschwindigkeit die Sonne umkreist. Das ist sehr bedenklich. Denn nicht nur ärgert eine solche Behauptung alle scholastischen Philosophen und Theologen, sondern es schadet auch dem heiligen Glauben, da es Stellen der heiligen Schrift falsch erscheinen läßt. Sie haben zwar viele Möglichkeiten der Schriftauslegung gut dargelegt, aber Sie sind nicht auf die besonderen Fälle eingegangen. Und ohne Zweifel wären Sie auf erhebliche Schwierigkeiten gestoßen, wenn Sie alle von Ihnen selbst angeführten Schriftstellen hätten erklären wollen.
2. Ich stelle fest, was Ihnen ja bekannt ist, daß das Konzil [von Trient] verbietet, die Schrift gegen die übereinstimmende Ansicht der Kirchenväter auszulegen. Und wenn ich Sie darauf aufmerksam machen darf: nicht nur die Kirchenväter, sondern alle neueren Kommentare über die Genesis, die Psalmen, die Bücher Jesus Sirach und Josua stimmen alle darin überein, daß sie wörtlich auslegen und feststellen, daß die Sonne am Himmel steht und mit großer Geschwindigkeit die Erde umkreist, daß die Erde weit vom Himmel entfernt ist und unbeweglich im Mittelpunkt der Welt ruht. Ich

3 Exzenter: Scheibe, die sich um eine nicht durch ihren Mittelpunkt gehende Achse dreht. Epizykel: vgl. Kap. I, Anm. zu 44,24 f.

appelliere an Ihre Klugheit: Kann es die Kirche zulassen, daß man der Schrift einen Sinn unterlegt gegen die Kirchenväter und gegen alle griechischen und lateinischen Kommentatoren? Sie können auch nicht einwenden, daß es sich dabei nicht um Glaubensfragen handele. Denn wenn es auch keine Frage des Glaubens der Sache nach ist, so gehört es doch als Aussage der Schrift zum Glauben. Es würde ebenso ketzerisch sein, wenn jemand sagen wollte, Abraham habe nicht zwei und Jakob nicht zwölf Söhne gehabt, oder Christus sei nicht von einer Jungfrau geboren. Denn das eine wie das andere sagt der heilige Geist durch den Mund der Propheten und Apostel.

3. Gäbe es wahre Beweise dafür, daß die Sonne im Mittelpunkt und die Erde im dritten Himmel steht und daß die Erde um die Sonne und nicht die Sonne um die Erde kreist, dann müßte man sich mit viel Bedachtsamkeit um die Auslegung der Schriftstellen kümmern, die dem zu widersprechen scheinen, und es wäre dann besser zu sagen, daß wir sie nicht verstehen, als zu sagen, das Bewiesene sei falsch. Aber ich glaube nicht an einen solchen Beweis, bevor man ihn mir gezeigt hat. Es ist nicht dasselbe zu sagen, daß unter der Voraussetzung, die Sonne stehe im Mittelpunkt und die Erde am Himmel, der Augenschein bewahrt bleibt[4], oder zu beweisen, daß in Wahrheit die Sonne im Mittelpunkt steht und die Erde am Himmel. Den ersten Beweis halte ich für möglich, den zweiten bezweifle ich lebhaft und in Zweifelsfällen muß man an der Heiligen Schrift und der Auslegung der Kirchenväter festhalten. Ich füge hinzu: Der, welcher schrieb: Die Sonne geht auf und geht unter und läuft an ihren Ort usw., war Salomo [vgl.

4 Das lateinische Original verwendet hier den Terminus »salvare apparentias«, »Retten der Phänomene«. Er bezeichnet das auf die Antike zurückgehende methodische Programm, die scheinbare Ungleichförmigkeit der Gestirnbahnen auf die gleichförmige Kreisbewegung zurückzuführen. Die Frage, ob die gegebene Erklärung der physikalischen Wirklichkeit entspricht, war dabei uninteressant.

Pred. 1,5]. Der sprach nicht nur aus göttlicher Eingebung, sondern er war auch als Mensch vor allem weise und gelehrt in allen menschlichen Wissenschaften und in der Kenntnis des Erschaffenen, und alle diese Weisheit hatte er von Gott. So ist es nicht wahrscheinlich, daß er etwas behauptet hätte, das im Widerspruch zu einer bewiesenen oder beweisbaren Wahrheit steht. Man wird mir einwenden, daß Salomo nach dem Augenschein spricht, da es uns scheint, daß sich die Sonne bewegt, während sich tatsächlich die Erde bewegt. Es könnte ähnlich sein, wie wenn jemandem, der auf einem Schiff reist, es so scheint, als ob sich das Ufer vom Schiffe entfernt. Ich antworte darauf: Wenn es auch dem Reisenden scheint, daß sich das Ufer von ihm entfernt, so weiß er trotzdem, daß es ein Irrtum ist, und er verbessert ihn, da er klar weiß, daß das Schiff sich bewegt und nicht das Ufer. Was aber Sonne und Erde betrifft, so gibt es keinen vernünftigen Menschen, der es nötig hätte, da einen Irrtum zu verbessern. Denn jeder hat die klare Erfahrung, daß die Erde ruht und daß sich das Auge nicht täuscht, wenn es sieht, wie die Sonne sich bewegt, ebensowenig wie es trügt, wenn es die Bewegung des Mondes und der Sterne wahrnimmt.«

Zit. nach: Ludwig Bieberbach: Galilei und die Inquisition. 2., durchges. Aufl. München: Arbeitsgemeinschaft für Zeitgeschichte, 1942. S. 62–67. [Paraphrasiert bei Wohlwill I, S. 561–563.]

Bellarmino bezog sich im zweiten Punkt seiner Argumentation auf ein gegen die protestantische Selbstauslegung der Bibel gerichtetes Dekret der 4. Sitzung des Tridentiner Konzils vom 8. April 1546. Es gebot,

»daß fortan niemand, der eigenen Klugheit vertrauend, wagen dürfe, in Dingen des Glaubens und der zum Aufbau der christlichen Lehre gehörenden Sitten die Heilige Schrift nach eigenem Sinne zu verdrehen und auszulegen gegen den Sinn, den die Heilige Mutter Kirche angenommen hat und annimmt, sie, der es zukommt, über den wahren Sinn und die Auslegung der Heiligen Schrift zu entscheiden oder auch gegen die einmütige Übereinstimmung der Väter.«

Zit. nach: Emil Wohlwill: Galilei und sein Kampf für die copernicanische Lehre. Bd. 1. Hamburg/Leipzig: Voss, 1909. S. 497.

Am 19. Februar 1616 wurden den Sachverständigen des Heiligen Offiziums folgende Sätze zur Begutachtung vorgelegt:

»›Die Sonne ist Zentrum der Welt und infolgedessen unbeweglich in örtlicher Bewegung.‹
›Die Erde ist nicht Zentrum der Welt und nicht unbeweglich, sondern bewegt sich in bezug auf sich selbst als Ganzes auch in täglicher Bewegung.‹«

Zit. nach: Ebd. S. 615.

Bereits am 24. Februar lag das Gutachten vor:

»In betreff des ersten Satzes:
›Die Sonne ist Zentrum der Welt und gänzlich unbeweglich in örtlicher Bewegung‹, erklärten alle, diese Behauptung sei töricht und absurd in der Philosophie, und formell ketzerisch, insofern sie den Äußerungen der Heiligen Schrift an vielen Stellen nach dem Wortlaut und nach der übereinstimmenden Auslegung und Auffassung der heiligen Väter und theologischen Doktoren ausdrücklich widerspricht.[5]
In betreff des zweiten Satzes:
›Die Erde ist nicht Zentrum der Welt und nicht unbeweglich, sondern bewegt sich in bezug auf sich selbst auch in täglicher Bewegung‹, erklärten alle: für diese Behauptung

5 Die »formelle Ketzerei« war von dem bloßen »Verdacht auf Ketzerei« unterschieden.

gelte dieselbe Zensur in der Philosophie, und was die theologische Wahrheit betrifft, so sei sie zum mindesten irrtümlich im Glauben.«

Zit. nach: Ebd. S. 623.

Am 26. Februar wurde Galilei über das Ergebnis von Kardinal Bellarmino informiert und ermahnt, die genannte Auffassung aufzugeben. Galilei erklärte, daß er der Weisung Folge leisten werde (vgl. Kap. I, Anm. zu 70,8 f.).
Am 3. März erließ die Indexkongregation das Dekret über das Verbot der kopernikanischen Lehre. Zwei Tage später wurde es veröffentlicht. Im Gegensatz zum Gutachten der Sachverständigenkommission ist von Ketzerei allerdings nicht mehr die Rede. Galilei wurde geschont. Obwohl das Dekret ohne Zweifel gegen ihn gerichtet war, wurden weder sein Name noch seine Veröffentlichungen genannt, in denen er für den Heliozentrismus Partei ergreift.

»Da es zur Kenntnis der heiligen Kongregation gekommen ist, daß jene falsche Pithagorische und der göttlichen Schrift durchaus zuwiderlaufende Lehre von der Bewegung der Erde und der Unbewegtheit der Sonne,[6] welche Nicolaus Copernicus in seinem Buch ›De revolutionibus orbium celestium‹[7] und Didacus Astunica zum ›Hiob‹[8] lehren, bereits sich verbreitet hat und von vielen angenommen wird, wie zu ersehen ist aus dem gedruckten Brief eines gewissen Karmelitermönchs mit dem Titel ›Lettera del R. P. Maestro Paolo Antonio Foscarini Carmelitano, sopra l'opinione dei Pittagorici e del Copernico della mobilità della Terra e stabilità del Sole, et il nuovo Pittargorico Sistema del mondo.

6 Sie wurde im Altertum von den Pythagoräern, Anhängern des griechischen Philosophen Pythagoras von Samos (6. Jh. v. Chr.), vertreten.
7 Vgl. Kap. I, Anm. zu 7,3 und zu 11,3.
8 Didacus a Stunica (1536–98), auch Diego de Zuñiga von Salamanca, spanischer Theologe und Augustiner. In seiner 1584 in Toledo veröffentlichten Schrift versucht er nachzuweisen, daß die Stelle Hiob 9,6 für das heliozentrische Weltbild spreche.

In Napoli per Lazzaro Scorriggio 1615‹ [›Brief über die Meinung der Pythagoräer und des Kopernikus über die Bewegung der Erde und der Unbewegtheit der Sonne, und von dem neuen pythagoräischen Weltsystem‹], in welcher der genannte Pater zu zeigen versucht, daß besagte Lehre von der Unbeweglichkeit der Sonne im Zentrum der Welt und der Beweglichkeit der Erde der Wahrheit gemäß sei und nicht der Heiligen Schrift widerspreche: Deshalb, damit eine derartige Meinung nicht der katholischen Wahrheit zum Verderben weiterschleiche, hat die Kongregation beschlossen, daß die genannten Bücher des Copernicus ›De revolutionibus orbium‹ und Didacus Astunica zum ›Hiob‹ zu suspendieren seien, bis sie verbessert werden, das Buch des Karmeliters P. Paulus Antonius Foscarini dagegen gänzlich zu verbieten und zu verdammen und alle anderen Bücher, die gleichermaßen dasselbe lehren, zu verbieten, wie sie durch gegenwärtiges Dekret sie insgesamt beziehungsweise verbietet und verdammt und suspendiert.«

Zit. nach: Ebd. S. 626.

Vorangestellt war ein Hinweis auf die allgemeinen Vorschriften:

»Niemand, wes Grades oder welcher Stellung immer dürfe bei den Strafen, wie sie im heiligen Tridentiner Konzil und dem Index der verbotenen Bücher verordnet worden, sich unterfangen, die genannten Schriften zu drucken oder drukken zu lassen, dieselben irgendwie bei sich zu bewahren oder zu lesen und unter denselben Strafen sollten diejenigen, die diese Schriften jetzt in Besitz haben oder in Zukunft haben werden, gehalten sein, dieselben, sobald sie von dem vorliegenden Dekret Kenntnis genommen, den betreffenden Ordinarien oder Inquisitoren auszuliefern.«

Zit. nach: Ebd. S. 626 f.

Dem Dekret war in der Überschrift hinzugefügt: »aller Orten zu veröffentlichen«. Die Korrekturen, die die Indexkongregation an Kopernikus' Hauptwerk verlangte, betrafen alle Stellen, in denen das neue Weltsystem als Wahrheit statt als Hypothese dargestellt und die Erde als »Stern« bezeichnet wird. Darüber hinaus mußte eine Textpassage aus der Widmung an Papst Paul III. gestrichen werden, in der Kopernikus die Überzeugung äußert, daß seine Lehre mit der Bibel vereinbar sei. Die korrigierte Fassung wurde 1620 zugelassen.

b) Galileis Verurteilung und Abschwörung

Den Anlaß für den Inquisitionsprozeß gegen Galilei gab die Veröffentlichung des *Dialogo* im Februar 1632 in Florenz. Obwohl das Buch die kirchliche Druckerlaubnis erhalten hatte, wurde sein Verkauf bereits im August desselben Jahres verboten. Im September faßte eine von der Indexkongregation beauftragte Sonderkommission zur Begutachtung des *Dialogo* die Belastungsmomente zusammen. Der Hauptvorwurf bestand darin, Galilei habe in seinem Buch die (zumindest teilweise) häretische Auffassung vertreten, daß sich die Erde bewege und die Sonne stillstehe.
Am 23. September beschloß das Heilige Offizium unter Vorsitz des Papstes, daß Galilei sich wegen des Verstoßes gegen das Dekret von 1616 zu verantworten habe. Galilei wurde aufgefordert, unverzüglich vor der Kirchenbehörde in Rom zu erscheinen – trotz einer ernstlichen Erkrankung. Am 13. Februar 1633 traf er in Rom ein. Der Prozeß begann am 12. April. Vom 27. April bis zum 21. Juni fanden vier Verhöre statt. In ihrem Verlauf räumte Galilei zwar ein, daß einige Stellen des *Dialogo* mißverständlich seien, da sie den – falschen – Eindruck erwecken könnten, ihr Autor sei ein Anhänger des Kopernikus. Auch erklärte er sich zu einer Umarbeitung seines Buches bereit. So machte er seinen Anklägern den Vorschlag, den *Dialogo* um »einen oder zwei

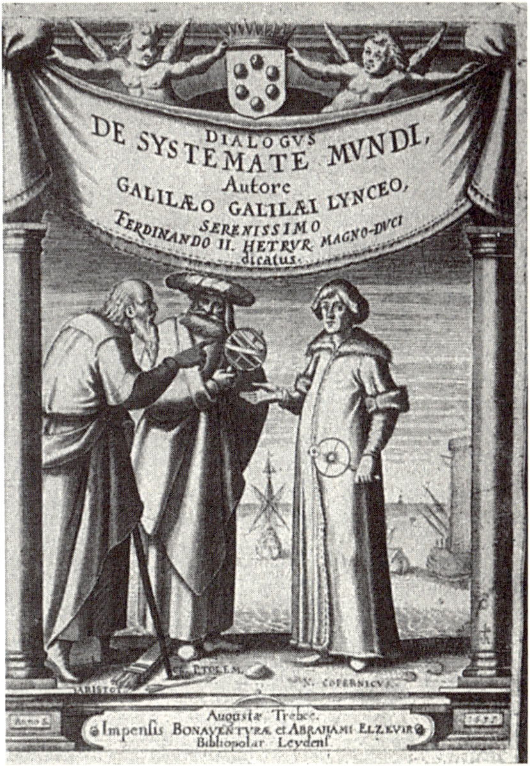

Titelblatt der lateinischen Ausgabe des *Dialogo* (Leiden 1635) Dargestellt werden Aristoteles, Ptolemäus und Kopernikus (von links). Eine Reproduktion dieses Titels hat Brecht am Ende der 13. Szene (»Landhaus«) in das Manuskript *Die Erde bewegt sich* eingeklebt

›Tage‹« zu ergänzen, in denen er die verdammte Lehre widerlegen wolle (ebd., S. 266). Galilei zeigte sich also kompromißbereit. Es blieb aber der Vorwurf, er habe gegen das Dekret von 1616 verstoßen, wobei sich die Inquisition zusätzlich auf ein Protokoll vom 26. Februar von 1616 stützte. Danach war Galilei von Kardinal Bellarmino befohlen worden, daß er die kopernikanische Lehre »*weder in irgend einer Weise* festhalten noch lehren oder vertheidigen« (zit. nach: Gebler I, S. 98) dürfe. Die Echtheit dieses Dokuments ist jedoch umstritten. Wäre das Verbot in dieser Form tatsächlich ergangen, dann hätte Galilei die kopernikanische Lehre nicht nur nicht für wahr halten, sondern sogar nicht einmal diskutieren dürfen. Daß Galilei darauf bestand, er könne sich an den Wortlaut dieses Verbots nicht erinnern, erleichterte seine Lage nicht – im Gegenteil, setzte er sich damit doch dem Verdacht aus, das Verbot verheimlicht zu haben. Am 16. Juni verfügte Urban VIII., Galilei sei mit der Folter zu drohen, falls er nicht gewillt sei, die volle Wahrheit zu gestehen. Im letzten Verhör, am 21. Juni, erklärte GALILEI auf die Frage, ob er an der Auffassung festhalte oder festgehalten habe, »daß die Sonne und nicht die Erde das Centrum der Welt sei, und diese sich auch in täglicher Umdrehung bewege«:

»Vor langer Zeit, das heißt: vor der Entscheidung der heiligen Congregation des Index, und ehe mir jener Befehl ertheilt worden war, blieb ich unentschieden und hielt beide Meinungen, nämlich jene des Ptolemäus, wie die des Copernicus, für strittig, weil die eine wie die andere in Wesenheit zutreffend sein konnte. Nach der obenerwähnten Entscheidung aber [dem Dekret von 1616], überzeugt von der Weisheit der Oberen, hörte in mir jede Ungewißheit auf, und ich hielt, wie ich es noch halte, die Meinung des Ptolemäus, das ist: das Stillstehen der Erde und die Bewegung der Sonne, für vollständig wahr und unzweifelhaft.«

Zit. nach: Gebler I. S. 281. [Im Original teilweise hervorgehoben.]

Auf den Einwand, der *Dialogo* lasse bezweifeln, daß ihr Autor die Wahrheit gesagt habe, bekräftigte Galilei noch einmal seine Aussage: »Ich schließe also vor dem Richterstuhle meines Gewissens, daß ich *nach* der Entscheidung der Oberen die verdammte Meinung nicht festgehalten habe noch sie festhalte« (ebd., S. 282). Als ihm schließlich die Folter angedroht wurde, antwortete Galilei: »Ich bin da, um Gehorsam zu leisten, und habe, wie gesagt, diese Meinung nach der erfolgten Entscheidung nicht festgehalten« (ebd.; im Original hervorgehoben).
Einen Tag später, am 22. Juni, wurde in der Kirche des Dominikanerklosters Santa Maria sopra Minerva, wo sich der Gerichtssaal der Inquisition befand, das Urteil verkündet. Nachdem resümiert wurde, weshalb es zu dem Gerichtsverfahren kam und was die Verhöre an den Tag brachten, heißt es:

»Unter Anrufung des heiligsten Namens unseres Herrn *Jesu Christi* und der glorreichsten Mutter und unbefleckten Jungfrau *Maria* behaupten, verkünden, urtheilen und erklären wir durch diese unsere definitive Sentenz [endgültiges richterliches Urteil] [...]: *daß Du*, [...] Galilei, wegen dessen, was sich im Processe ergab und Du selbst wie oben gestandest, Dich bei diesem heiligen Officium der Häresie [Irrlehre, Ketzerei] *sehr verdächtig*[9] *gemacht habest*; das heißt, daß Du eine Lehre geglaubt und festgehalten hast, welche falsch und der heiligen und göttlichen Schrift zuwider ist, nämlich: die Sonne sei das Centrum des Erdkreises, und dieselbe gehe nicht von Osten nach Westen, die Erde bewege sich und sei nicht das Centrum der Welt, und es könne diese Meinung für wahrscheinlich gehalten und vertheidigt werden, nachdem sie doch als der heiligen Schrift zuwiderlaufend befunden und erklärt worden war; *daß Du* in Folge dessen in alle Censuren und Strafen verfallen seiest, welche

9 Lat. »vehementer suspectum«; formaljuristischer Ausdruck für eine bestimmte Kategorie von Verbrechen, die als sehr schwer eingestuft war.

durch die heiligen Canones [Einzelbestimmungen des katholischen Kirchenrechts] und andere allgemeine und besondere Constitutionen [kirchliche Erlasse] gegen derartig Fehlende bestimmt und über sie verhängt sind. Von diesen wollen wir Dich freisprechen, sobald Du mit aufrichtigem Herzen und nicht erheucheltem Glauben abschwörest, verfluchest und verwünschest die obgenannten Irrthümer und Ketzereien und jeden anderen Irrthum, welcher der katholischen und Apostolischen Kirche zuwiderlauft, nach der Formel, wie sie Dir von uns wird vorgelegt werden.
Damit aber dieser Dein schwerer und verderblicher Irrthum und Ungehorsam nicht ganz ungestraft bleibe und Du in Zukunft vorsichtiger verfahrest, auch Anderen zum Beispiel dienest, daß sie sich von dergleichen Vergehen enthalten, so bestimmen wir, daß das Buch ›Dialog von Galileo Galilei‹ durch eine öffentliche Verordnung verboten werde; Dich aber verurtheilen wir zum förmlichen Kerker (ad formalem carcerem) bei diesem heiligen Officium für eine nach unserem Ermessen zu bestimmende Zeitdauer und tragen Dir als heilsame Buße auf, in den drei folgenden Jahren wöchentlich einmal die sieben Bußpsalmen[10] zu sprechen, uns vorbehaltend, die genannten Strafen und Bußen zu ermäßigen, umzuändern, ganz oder theilweise aufzuheben.
So sagen, verkünden und erklären wir durch Sentenz, bestimmen und verurtheilen und behalten uns vor, in dieser und jeder anderen besseren Weise und Form, wie wir von Rechtswegen können und müssen.«

Ebd. S. 290–292.

Von den zehn Kardinälen, die in der Präambel als Richter genannt werden, unterschrieben nur sieben das Urteil. Nach dessen Verkündung wurde Galilei der folgende Text ausgehändigt, den er laut vorlesen mußte:

10 Ps. 6; 32; 38; 51; 102; 130; 143.

»Ich, Galileo Galilei, Sohn des weiland Vincenzo Galilei aus Florenz, 70 Jahre alt, persönlich vor Gericht gestellt und knieend vor Euern Eminenzen, den hochwürdigsten Herrn Cardinälen, General-Inquisitoren gegen Ketzerei in der ganzen christlichen Welt, die heiligen Evangelien vor Augen habend und sie mit den Händen berührend: ich schwöre, daß ich immer geglaubt habe, gegenwärtig glaube und mit dem Beistande Gottes in Zukunft glauben werde, alles das, was die heilige katholische Apostolische Römische Kirche festhält, bestimmt und lehrt. Aber, weil mir das heilige Officium von Rechtswegen durch Befehl aufgetragen hatte, daß ich jene falsche Meinung vollständig aufgeben solle, laut welcher die Sonne das Centrum der Welt und unbeweglich, die Erde aber nicht Centrum sei und sich bewege, und daß ich die genannte falsche Lehre weder festhalten noch vertheidigen oder in irgend einer Weise (quovis modo) schriftlich oder mündlich lehren dürfe; und weil ich, nachdem mir bedeutet worden war, die genannte Lehre stehe mit der heiligen Schrift in Widerspruch, ein Buch schrieb und es drucken ließ, in welchem ich diese schon verdammte Lehre erörtere und Gründe von großem Gewichte zu ihren Gunsten vorbringe, ohne irgend eine abschließende Lösung hinzuzufügen: so bin ich demnach als der Häresie schwer verdächtig erachtet worden, das heißt: festgehalten und geglaubt zu haben, daß die Sonne das Centrum der Welt und unbeweglich, und die Erde nicht Centrum sei und sich bewege.

Da ich nun Eueren Eminenzen und jedem katholischen Christen diesen starken, mit Recht gegen mich gefaßten, Verdacht benehmen möchte, so schwöre ich ab, verwünsche und verfluche ich mit aufrichtigem Herzen und nicht erheucheltem Glauben die genannten Irrthümer und Ketzereien, sowie überhaupt jeden anderen Irrthum und jede der genannten heiligen Kirche feindliche Secte; auch schwöre ich fürderhin, weder mündlich noch schriftlich etwas zu sagen oder zu behaupten, wegen dessen ein ähnlicher Verdacht gegen mich entstehen könnte; sondern, wenn ich einen Ketzer oder der Ketzerei Verdächtigen antreffen sollte, werde ich ihn diesem heiligen Officium oder dem Inquisitor und dem Bischof des Ortes, wo ich mich befinde, anzeigen. Außerdem schwöre und verspreche ich, alle Bußen zu erfüllen und vollständig zu verrichten, welche mir dieses heilige Gericht auferlegt hat oder noch auferlegen wird. Sollte es mir begegnen, daß ich irgend einem dieser meiner Versprechen, Proteste und Eidschwüre (was Gott verhüten möge) zuwider handle, so unterwerfe ich mich allen Bußen und Strafen, welche durch die heiligen Canones und andere allgemeine und besondere Constitutionen gegen derartige Uebelthäter bestimmt und verhängt sind: so wahr mir Gott helfe und die heiligen Evangelien, die ich mit meinen Händen berühre.

Ich, obgenannter Galileo Galilei, habe abgeschworen, geschworen, versprochen und mich zu Vorstehendem verpflichtet und zur Beglaubigung dessen eigenhändig die vorliegende Urkunde meiner Abschwörung unterschrieben und sie Wort für Wort gesprochen zu Rom im Kloster Minerva am heutigen Tage, den 22. Juni 1633.

Ich Galileo Galilei habe wie oben mit eigener Hand abgeschworen.«

Zit. nach: Ebd. S. 301–303.

Die angekündigte Gefängnisstrafe wurde Galilei erlassen. Einen Tag nach der Abschwörung befahl der Papst, daß Galilei in den großherzoglichen Gesandtschaftspalast gebracht werde. Zwar setzte sich der toskanische Gesandte sofort für die vollständige Begnadigung des Verurteilten ein. Aber Galilei wurde zunächst lediglich erlaubt, sich zu seinem ehemaligen Schüler, dem Erzbischof Ascanio Piccolomini, nach Siena zu begeben, wobei er die Auflage erhielt, die Stadt nicht zu verlassen. Am 1. Dezember 1633 wurde es ihm gestattet, in sein Landhaus nach Arcetri zurückzukehren.

Auf Befehl des Papstes wurden Urteilsspruch und Abschwörungsformel an alle katholischen Nuntiaturen Europas sowie an alle Bischöfe und Inquisitoren Italiens zum Zweck der öffentlichen Bekanntmachung verschickt. Die Publikation sämtlicher (auch zukünftiger) Schriften Galileis war untersagt.

3. Wissenschaftsgeschichtliche Quellen für Brechts Stück

Für die Abfassung seines Schauspiels hat Brecht umfangreiche Literaturstudien betrieben. Diese betrafen sowohl Leben und Werk Galileis als auch Fragen der Naturwissenschaft. Brechts wichtigster Referenztext war die Abhandlung *Galilei und sein Kampf für die copernicanische Lehre* von Emil Wohlwill (Bd. 1, Hamburg/Leipzig 1909, Bd. 2, Leipzig 1926). Die Bezugnahmen reichen vom wörtlichen Zitat über die Paraphrase bis zum sinnverändernden Texteingriff (vgl. dazu im einzelnen Kap. I).
Wohlwill glaubte durch eine Untersuchung der Handschriften nachweisen zu können, daß das Protokoll vom 26. Februar 1616, wonach es Galilei untersagt worden war, die kopernikanische Lehre überhaupt zu diskutieren, gefälscht sei. Außerdem betonte er, daß der Papst persönliche Motive gehabt habe, Galileis Verurteilung zu betreiben (Wohlwill II, S. 172 bzw. S. 168 f.). Brecht erwähnt diese Sachverhalte in dem Text *Darstellung der Kirche*, doch interessierten sie ihn offenbar nicht (vgl. GBA 24,239; vgl. Kap. I, Anm. zu 70,8 f. und zu 108,15).
Wohlwills Darstellung ist Fragment geblieben. Der Autor konzentrierte sich auf die Ereignisse bis zum Jahre 1616. Was danach geschah, wird nur noch lückenhaft geschildert. Unbeachtet bleiben auch die zeitgenössischen sozialpolitischen Verhältnisse. Brecht zog dafür die Monographie *Galilei und seine Zeit* von Leonardo Olschki heran (*Geschichte der neusprachlichen wissenschaftlichen Literatur*, Bd. 3,

Halle [Saale] 1927). Der Autor hebt die enge Verbindung hervor, die Galileis naturwissenschaftliche Forschungen zur Praxis der ausübenden Techniker hatten. Auf diesen Zusammenhang nimmt Brecht wiederholt Bezug. Auch die große Rede des Inquisitors in der 12. Szene ist an einigen Stellen von den Ausführungen Olschkis inspiriert.
Olschki beschäftigt sich darüber hinaus mit den Folgen, die die Verurteilung Galileis hatte: die zunehmende Ausdifferenzierung und »Sonderentwicklung der Einzelwissenschaften ohne sicheren und bewußten philosophischen Untergrund und Zweck«. Er wendet sich gegen die Deutung, daß es sich dabei um »eine Eigentümlichkeit der italienischen Kultur des 17. Jahrhunderts« handele,

»die in keinem Zusammenhang mit der Verurteilung Galileis stehe. Eine solche Auffassung hängt von der irrigen Anschauung ab, daß sie ein bloß *äußerer* Druck war, der die Entwicklung geistiger Anlagen nicht stören konnte. Indessen wurde das römische Urteil als ein Gewissenszwang empfunden, von dem man sich nur um den Preis des Lebens und des Heiles befreien durfte. [...] Die Pflege der Einzeldisziplinen wurde freigegeben. Niemanden wurde verwehrt, den Himmel zu durchforschen, die physikalischen Erscheinungen zu ergründen, mathematisch zu denken, naturgeschichtlich zu forschen und alle Ergebnisse dieser regen Geistestätigkeit in den Dienst der materiellen Kultur zu stellen. [...] Aber sowohl das Gewissen der einzelnen, wie die überallhin wirkenden ›directeurs de conscience‹, die Behörden und die Schulen, die Kirche und die Staaten überwachten mit Argusaugen diesen nunmehr leichten Kampf um das Wissen, damit niemand sich erkühne, seine Ergebnisse auf die geheiligten Gebiete der philosophischen Spekulation, der Moral oder der Theologie zu verpflanzen. Deshalb hob Galileis Verurteilung den alten und unmöglichen Ausweg der doppelten Wahrheit nicht auf, sondern sanktionierte ihn für die Ewigkeit. Denn die Autorität der

Bibel und der Väter blieb im vollen Umfange gültig, wiewohl die von den Einzeldisziplinen erbrachten Beweise der Erdbewegung akzeptiert wurden. So wurde der Abstand zwischen den offenbarten Wahrheiten und den wissenschaftlichen Erkenntnissen immer größer und unversöhnlicher und eine stete Quelle unlösbarer Konflikte.«

Leonardo Olschki: Geschichte der neusprachlichen wissenschaftlichen Literatur. Bd. 3: Galilei und seine Zeit. Halle (Saale): Niemeyer, 1927. S. 400 f.

Die neuen Wissenschaften richteten sich nicht mehr an den gebildeten Laien, wie es Galilei angestrebt hatte, sondern waren den Spezialisten vorbehalten. Damit aber isolierten sie sich vom Volk:

»[...] die philosophischen Impulse zur Lösung der Welträtsel, die von den Naturphilosophen der Renaissance und die von ihm selbst [Galilei] in so energischer und fruchtbarer Weise gekommen waren, erloschen unter der bevormundenden Strenge der geistigen und seelischen Heilsführung. Und damit endete die symptomatisch rege allgemein bildende und publizistisch belebte vulgärsprachliche populärwissenschaftliche Literatur, die den erwachenden Bildungseifer neuer Geschlechter und weiter Schichten zu befriedigen unternahm. Dies hatte der sterbende Forscher vorausgesehen, als er unter der Hand seine Schriften nach Genf, Straßburg und Leyden gelangen ließ. Sein Bestreben, durch die wissenschaftlich geläuterte und künstlerisch geformte Heimatsprache diesem Wissenseifer und der geforderten Erneuerung der Bildung Genüge zu leisten, war vereitelt und damit ein Teil seines Lebenswerkes zerstört.«

Ebd. S. 405.

Was Olschki indessen auf die Verurteilung Galileis zurückführt, ist für Brecht eher eine Folge seines Widerrufs (und fällt damit stärker in Galileis Verantwortung). Entsprechend verschiebt sich die Zielscheibe der Kritik: von der Kirche (als Obrigkeit) auf den Forscher, der vor der Inquisition versagt hat. In den *Anmerkungen zum »Leben des Galilei«* (entst. wahrscheinlich 1945), in denen Brecht die Frage »Preis oder Verdammung des Galilei?« aufwirft, heißt es:

»Galilei hat die Astronomie und die Physik bereichert und diese Wissenschaften zugleich eines Großteils ihrer gesellschaftlichen Bedeutung beraubt. [...] Was diese Wissenschaften selber betrifft, erklommen sie nie mehr die damalige große Stellung in der Gesellschaft, kamen nie mehr in solche Nähe zum Volk.«

Bertolt Brecht: Werke. Große kommentierte Berliner und Frankfurter Ausgabe. Hrsg. von Werner Hecht [u. a.]. Bd. 24: Schriften 4. Texte zu Stücken. Bearb. von Peter Kraft [u. a.]. Berlin/Weimar: Aufbau-Verlag; Frankfurt a. M.: Suhrkamp, 1991. S. 240. – © Suhrkamp Verlag, Frankfurt a. M. [Diese Brecht-Werkausgabe wird hier zitiert als: GBA.]

Eine weitere Quelle war das Werk *Galileo Galilei und Die Römische Curie* von Karl von Gebler (nach den authentischen Quellen, 2 Bde., Stuttgart 1876–77). Der Autor veröffentlichte das sogenannte Vatikan-Manuskript, das u. a. das Dekret von 1616 sowie die Prozeßakten von 1633 enthält. Ein großer Teil der Dokumente wird in deutscher Übersetzung wiedergegeben. Im Nachlaß findet sich eine von Brecht angefertigte Abschrift der Abschwörungsformel, die aber mit dem deutschen Text bei Gebler nicht identisch ist (BBA 2213/60).

Gebler meinte, Galileis an sich schändlicher Widerruf werde durch die in der Verbannung geschriebenen *Discorsi* aufgewogen (eine Auffassung, die in der 1. Fassung von

Andrea referiert, in der 2. und 3. Fassung von ihm selbst vertreten wird):

»Man mag die Unterwerfung Galilei's im Hinblick auf dessen sittliche Größe bedauern, jedenfalls ist aber der Wissenschaft daraus ein größerer Nutzen erwachsen, als wenn er in Folge einer stolzen, unsere Begeisterung erweckenden, Standhaftigkeit vielleicht auf dem Scheiterhaufen vorzeitig geendigt hätte, oder doch sicherlich in den Kerkern der Inquisition bald zu Grunde gegangen wäre. Hat er doch seine unsterblichen ›Dialoghi delle Nuove Scienze‹ erst nach seinem berühmten Processe der Welt zum Geschenke gemacht!«

Gebler I. S. 318. [Im Original ist der letzte Satz hervorgehoben.]

Vergleicht man *Leben des Galilei* mit seinen wissenschaftsgeschichtlichen Quellen, dann zeigt sich für die einzelnen Szenen ein etwas uneinheitliches Bild. Brecht hielt sich z. T. sehr eng an die historischen Fakten (besonders in der 1. Fassung), z. T. wich er aber auch erheblich von ihnen ab. Einige Szenen sind sogar frei erfunden (z. B. die 5. und 8. Szene), ebenso zahlreiche Episoden (z. B. Cosimos [Cosmos] Weigerung in der 11. Szene, den *Dialogo* in Empfang zu nehmen).
Besonders auffällig sind die Veränderungen in der historischen Chronologie. In der 5., 6. und 9. Szene stellte Brecht die Reihenfolge der historischen Ereignisse um. Die Pestepidemie, die Italien Anfang der dreißiger Jahre heimsuchte, verlegte er vor den Erlaß des Dekrets von 1616 (5. Szene): Galilei scheut nicht einmal den Tod, um seine Forschungen weiterführen zu können. Das Collegium Romanum bestätigt Galileis astronomische Entdeckungen nicht schon 1611 – wie es der Überlieferung entsprochen hätte –, sondern erst am Vorabend der Verkündigung des Dekrets von 1616 (6. Szene). In der 9. Szene ersetzte Brecht die Auseinanderset-

zung über die Natur der Kometen und das tychonische Weltsystem, an der sich Galilei nach dem Erlaß des Dekrets beteiligte, durch die Diskussionen über schwimmende Körper und die Sonnenflecken, die bereits in den Jahren 1611 bis 1613 stattfanden. Das erlaubte es ihm, abweichend von der Geschichte, Galileis Ungehorsam unmittelbar mit der Thronbesteigung Barberinis zu verknüpfen. Galileis Abhandlung über die Sonnenflecken war zweifellos brisant, enthielt sie doch ein unzweideutiges Bekenntnis zur kopernikanischen Lehre. Dennoch konnte sie 1613 ungehindert publiziert werden. Sogar in den höchsten kirchlichen Kreisen erhielt sie Anerkennung.

Weitere Abweichungen betreffen die historischen Figuren: Cosimo II. und Ferdinando II. werden in eine Gestalt verschmolzen. Daß Urban sich von Galilei gekränkt fühlte und deshalb ein persönliches Interesse an dessen Verurteilung hatte, werden heruntergespielt (12. Szene). Außerdem wird das dramatische Personal um zahlreiche fiktive Figuren erweitert (z. B. Andrea, Frau Sarti, der Kleine Mönch). Verändert werden auch die sozialen Beziehungen der historischen Vorbilder. So war das Verhältnis des historischen Galilei zu seiner Lieblingstochter Virginia bis zuletzt sehr innig, während es bei Brecht aufgrund der Spitzeldienste, die die Nonne der Inquisition leistet – eine Erfindung des Autors –, äußerst spannungsgeladen ist (14. Szene). In der 13. Szene werden Galileis Haftbedingungen während des Inquisitionsprozesses härter dargestellt, als sie in Wirklichkeit waren. Auch Vannis Bündnisangebot in der 11. Szene und Galileis Selbstverurteilung in der 14. Szene sind von Brecht frei erfunden. An mehreren Stellen wird eine Verbindung hergestellt zwischen der Kritik am überlieferten Weltbild und der Kritik an der sozialen und politischen Ordnung (u. a. in der 8., 10. und 12. Szene) – eine Perspektive, die dem 17. Jahrhundert noch fremd war. Zu weiteren Anachronismen und Abweichungen von den historischen Quellen vgl. Kap. I.

Außer Literatur über Galilei benutzte Brecht auch verschie-

dene Fachbücher zur modernen Astronomie und Physik, die teilweise im Bertolt-Brecht-Archiv aufbewahrt werden. Von den Werken Galileis zitiert Brecht nur den *Sidereus Nuncius* nach der Übersetzung von Wohlwill (vor allem die Widmung an Cosimo am Schluß der 3. Szene) und die *Discorsi* (am Schluß der 13. und in der 14. Szene sowie in einem frühen Szenenfragment [GBA 5,110,12–15]) nach der Übersetzung von Arthur von Oettingen. Außerdem zitiert er verschiedentlich aus Galileis Briefen, wobei er sich ebenfalls auf die Übersetzung Wohlwills stützt.
Zu weiteren Quellennachweisen vgl. Kap I.

4. Literarische Einflüsse

Der Stoff hat zahlreiche literarische Bearbeitungen erfahren. Allein im deutschsprachigen Bereich lassen sich von der ersten Veröffentlichung des Vatikan-Manuskripts in den sechziger Jahren des 19. Jh.s bis in die dreißiger Jahre des 20. Jh.s über zehn verschiedene dramatische und epische Darstellungen nachweisen. Die meisten Behandlungen sind ästhetisch belanglos und in Vergessenheit geraten. Nur zwei von ihnen verdienen hier der besonderen Erwähnung, da Brecht sie bei Beginn der Arbeit an seinem Stück vermutlich gekannt hat. Sie dürften den Autor indessen weniger zur Nachfolge als zur Korrektur gereizt haben, was bei seiner Produktionsmethode vereinzelte Übernahmen allerdings nicht ausschloß. Was *Leben des Galilei* unter stofflichem Aspekt von diesen Versionen unterscheidet, ist besonders der Umstand, daß der Widerruf der Hauptfigur nicht entschuldigt oder gerechtfertigt, sondern von ihr selbst problematisiert und schließlich verurteilt wird (ohne daß Galilei dabei auf die Position der Kirche einschwenkt). Auch hatte Brecht für die Problematik der Vereinbarkeit von christlichem Glauben und (natur)wissenschaftlicher Erkenntnis keine Verwendung.

1933 – anläßlich der 300. Wiederkehr des Inquisitionsprozesses – veröffentlichte der Schweizer Schriftsteller Jakob Bührer (1882–1975) in Zürich seine »dramatische Dichtung in fünf Akten« *Galileo Galilei.* Das Stück wurde 1938 erfolgreich in russischer Sprache im Planetarium zu Moskau uraufgeführt. Ob es stimmt, was sein Autor behauptete, daß Brecht von dieser Aufführung gewußt habe und dadurch zu *Leben des Galilei* angeregt worden sei,[11] dürfte sich heute nicht mehr feststellen lassen. Es gibt jedoch einige Anhaltspunkte dafür, daß Brecht das Schauspiel kannte, das ihm Bührers Verleger Emil Oprecht 1934 zum Geschenk machte. Bemerkenswert ist zunächst, daß Bührer Galileis Widerruf als eine kalte List zur Fortsetzung der astronomischen und physikalischen Forschungen motiviert. Einem Traumgesicht, das ihm in der Nacht vor der Verurteilung erscheint, bekennt Galilei mit zynischer Offenheit: »Natürlich schwör ich ab. Und übermorgen / Erfind ich einen besseren Beweis, / Daß sich die Erde dreht« (J. Bührer, *Galileo Galilei*, Zürich 1933, S. 97). Auffallend ist darüber hinaus, daß Bührer seinem Galilei Einsichten zuschreibt, die weit über die Erfahrungsmöglichkeiten der historischen Figur hinausgehen. So läßt er Galilei Konsequenzen für die revolutionäre Umwälzung nicht nur des Denkens, sondern auch der Gesellschaftsordnung ziehen (wenngleich unklar bleibt, welche gesellschaftlichen Schichten an dieser Veränderung interessiert sein müssen). »Ein Mensch, der um den Kosmos weiß, / Der kämpft nicht um sein Futter, noch um Macht« (ebd., S. 79). Im 3. Akt (4. Szene) versucht Galilei – vergeblich – den Papst davon zu überzeugen, daß der – recht verstandene – katholische Glaube in der kopernikanischen Lehre eine feste Grundlage finde. Allerdings bedürfe es dafür eines veränderten Gottesbegriffs, der sich den Herausforderungen der neuen wissenschaftlichen Erkenntnisse stelle.

11 So mündlich gegenüber Roland Links (Leipzig), dem der Bearbeiter für diese Auskunft dankt. Vgl. außerdem *Jakob Bührer (1882–1975). Ausstellung zum 100. Geburtstag des Schriftstellers*, Basel 1982, S. 15.

Bührer legt seiner Hauptfigur Forderungen in den Mund, die einen christlich fundierten Sozialismus antizipieren.

»Jetzt lehrt uns die Erfahrung,
Daß unsre Erde ein Planetchen ist
In einem ungeheuren Weltsystem,
Und daß drum offenbar der liebe Gott
Nicht mehr der brave alte Mann sein kann mit weißem Bart,
Der just dazu und eigens dazu da ist,
Um auf uns aufzupassen,
Und daß wir darum gut tun,
Als falsch, als dumm, als Sünde zu erkennen,
Was uns verhindert, aus der kleinen Erde
Die Heimat eines einigen und guten Volks zu machen.
Das ist es doch, Maffeo, was mich treibt:
Erst diese Lehre des Kopernikus
Gibt unserm Glauben seine stärkste Stütze.
(Am Modell.) So saust die Erde durch den Weltraum!
Kann einer da noch fragen, was zu tun ist,
Das hier nur ein Gesetz gilt: Eintracht! Liebe!
Vernünftige Verwaltung! Nicht Besitz!
All das in einem Wort: Katholizismus!«

Jakob Bührer: Galileo Galilei. Dramatische Dichtung in fünf Akten. Zürich: Oprecht & Helbling, 1933. S. 80f.

Helene Weigel erinnerte sich, daß Brecht im dänischen Exil den weit verbreiteten Roman des ungarischen Unterhaltungsschriftstellers Zsolt Harsányi (1887–1943) *Und sie bewegt sich doch* (Budapest 1937; dt. Leipzig 1937) gelesen hatte (Schumacher, S. 472). Das dreiteilige Werk ist eine ausgreifende, eng an die historischen Fakten angelehnte Nacherzählung der Lebensgeschichte Galileis. Doch finden sich auch erfundene Vorgänge. Im 15. Kapitel des 2. Bandes schildert der Autor eine Unterredung, die Bellarmino Galilei kurz vor der Entscheidung der Sachverständigenkommission gewährt. Aus der Kritik, die der Kardinal an der kopernikanischen Lehre vorbringt, erhellt, daß nicht nur der Glaube des Volkes, sondern auch die weltliche Herrschaft der Kirche auf dem Spiel steht. Bellarmino bittet jedoch Galilei, seine Worte vertraulich zu behandeln, sonst müßte er sie ableugnen. Die folgende Passage könnte Brecht inspiriert haben zu den Ausführungen Bellarminos über die geistliche Verantwortung in der 7. Szene und zur Rede des Kleinen Mönchs in der 8. Szene; zum glaubensbedrohenden »Zweifel« vgl. außerdem die Einwände der Kirchenoberen in der 6. und 12. Szene:

»Aristoteles, und auf seinen Spuren Ptolemäus, haben lange vor dem Siege des Christentums das Bild des Weltalls umrissen. Das Christentum hat sich dies zu eigen gemacht, weil es seinen heiligen Zielen entsprach. Gott schuf Adam und Eva, durch sie die Menschheit und erlöste sie dann durch seinen eigenen Sohn. Nach dieser Menschheit richtet sich alles im Kosmos, nach ihr als Gegenstand der Erlösung. Nichts kann wichtiger sein, als das Seelenheil eines noch so bettelarmen Menschen. Auch die Sonne kann nicht wichtiger sein. Die Sonne, der Mond, die Sterne, alles dies sind nur Teile dieser irdischen Welt, wo sich das unerhörte Mysterium des Opfers der Erlösung abspielte. Wenn also ein noch so bettelarmer Mann, dessen Seelenheil mir wichtiger ist als alle Wissenschaften der Welt, so gelebt hat und im Schoße der Kirche so erzogen wurde, daß nichts wichtig ist als nur das eine, nämlich sein Verhältnis zum Opfer des gekreuzigten Gottessohnes, der auf diese Welt herabstieg, wie sollte ich dann jener Idee Vorschub leisten, die Erde sei nur ein nebensächliches Sternchen, Mittelpunkt des Weltalls aber die Sonne? Kann ich der Menschheit denn diese ungeheuerliche Vorstellung gestatten, daß die Erlösung, die Erde und die Menschheit nicht der Mittelpunkt der Weltschöpfung seien? Kann ich denn zulassen, daß Zweifel in ihren

Herzen Platz greift? Das wäre ein größerer Schlag als die Reformation und als jedes andere Ketzertum. Das könnte die weltliche Macht des Papsttums, mithin also die herrliche und weise Institution der Kirche untergraben. Und dem ersten Zweifel dürften hundert andere folgen. Das ganze Gebäude würde einstürzen und an Stelle des Glaubens würde ungehemmte Willkür die Macht ergreifen und die Menschheit unglücklich machen.«

Zsolt Harsányi: Und sie bewegt sich doch. Ein Roman um Galileo Galilei. Bd. 1–3. Aus dem Ungar. übertr. und bearb. von J. P. Toth und A. Luther. Bd. 2. Leipzig: Esche, 1937. S. 556 f.

Etwas später, nachdem das Heilige Offizium seinen Beschluß gefaßt hat, kommt Bellarmino noch einmal auf das Gespräch zurück. Unverblümt teilt er Galilei die eigentlichen, nämlich machtpolitischen Beweggründe der Entscheidung mit: »Nicht die Wahrheit ist bei dieser Frage das Ausschlaggebende, sondern die Interessen der katholischen Menschheit. Meines Erachtens kann die weltliche Macht des Papstes an der kopernikanischen Lehre zerschellen« (ebd., S. 560).

Zwei Wochen nach der Premiere des *Galileo* in New York wurde in derselben Stadt das Schauspiel *Lamp at Midnight* (›Licht um Mitternacht‹) des amerikanischen Dramatikers Barrie Stavis (geb. 1906) uraufgeführt. Auch dieses Stück hat die Biographie des italienischen Physikers zur Vorlage. Ein Exemplar des Buches befindet sich in Brechts Nachlaßbibliothek. Das Vorwort (verfaßt von John Matthews, der sich zuvor in der Öffentlichkeit ablehnend über Brechts *Galileo* geäußert hatte) betont die Aktualität des Stoffs und stellt eine Beziehung her zwischen dem Konflikt, in dem Galilei sich gegenüber der Kirche befand, und der ethischen Herausforderung, die die Entdeckung der Kernspaltung für den Naturwissenschaftler bedeutet:

»Heute, wo Galileis Feld, die Physik, in einem Maße aufgeklärt worden ist, wie es Galilei nicht für möglich gehalten hätte, wiederholt sich seine Tragödie in einem Übermaß in den zerrissenen und gequälten Gedanken unserer zeitgenössischen Physiker. Denn was ist die Sorge der Männer, die das Atom gespalten und damit etwas für die dringende Lösung der ethischen Probleme der Menschheit getan haben, anders als die alte Agonie Galileis? Was haben sie zu fürchten, wenn nicht das, daß sie gleich Galilei zu Männern des Chaos geworden sind, zu Männern, deren Werk die Welt zerstören kann, die sie zu lieben beanspruchen?«

John Matthews: Vorwort zu: Barrie Stavis: Lamp at Midnight. Play in Three Acts. New York: Dramatists Play Service, 1948. S. 5–7; hier: S. 7. – Zit. nach der Übers. von Ernst Schumacher in: E. S.: Drama und Geschichte. Bertolt Brechts *Leben des Galilei* und andere Stücke. Berlin [DDR]: Henschelverlag, 1965. S. 331.

Wie Bührer (und zahlreiche andere Dramatiker des 19. und 20. Jh.s) bringt auch Stavis den Prozeß vor der Inquisition auf die Bühne. Galileis Widerruf ist hier zwar kein wohlbedachter Plan. Darin berührt sich das Stück mit den späteren Fassungen von Brechts *Leben des Galilei*. Dennoch wird der Widerruf ganz traditionell gerechtfertigt. Nach seiner Abschwörung ist Galilei verzweifelt. Weder weiß er, ob er richtig gehandelt hat, noch ist ihm einsichtig, daß die – (natur)wissenschaftliche – Wahrheit dem Glauben widersprechen soll. In dieser Situation erhält er von verschiedenen Seiten Zuspruch. Im 3. Akt, in der vorletzten Szene des Stücks, versucht ihn seine Tochter wieder aufzurichten: »Du hast recht getan, das Leben zu wählen. Die Religion mag Märtyrer benötigen, aber die Wissenschaft benötigt die Lebenden« (ebd., S. 73; zit. nach der Übers. von Schumacher, S. 332). In der letzten Szene macht ihm der englische Dichter John Milton Mut (der Galilei 1638 einen Besuch abstattete): »Sie haben abgeschworen, weil Sie allein waren, und weil Ihre Seele trotz Ihrer Kirche Gott liebte. Diese Lügen werden bald tot sein, während Ihre Entdeckungen für immer lebendig bleiben werden« (ebd., S. 78; zit. nach: ebd., S. 331).

III. Zur Entstehungsgeschichte

Anfang der dreißiger Jahre erwähnte Brecht den Galilei-Stoff zum ersten Mal. Gegenüber dem sowjetrussischen Schriftsteller Sergej Tretjakow äußerte er den Plan, zusammen mit anderen Autoren ein Panoptikum-Theater zu gründen, »in dem die interessantesten Prozesse aus der Geschichte der Menschheit dargestellt würden« (S. Tretjakow, »Bert Brecht« [1934], in: *Erinnerungen an Brecht*, hrsg. von Hubert Witt, S. 69–86, hier: S. 79). Elisabeth Hauptmann erinnerte sich, daß Brecht vorhatte, auch Galileis Prozeß vor der Inquisition zu dramatisieren (Schumacher, S. 74). Spätestens 1938, im dänischen Exil, kam Brecht erneut auf den Stoff zurück. Im Nachlaß sind verschiedene Gliederungsskizzen, Fabelentwürfe und Szenenfragmente vorhanden, die wahrscheinlich zwischen Februar und Herbst 1938 entstanden. Aus ihnen geht hervor, daß Brecht ursprünglich plante, ein Drama in der Art der Lehrstücke zu schreiben. Die GBA druckt im Anhang zur dänischen Fassung vier Textzeugen aus diesem Zeitraum ab: ein frühes Bruchstück, dessen Schauplatz das Arsenal von Venedig ist: der Handwerksmeister führt Galilei einen Hebekran vor, der nach dessen geometrischen Berechnungen gebaut ist (GBA 5,110 f.); eine 5. Szene zu dem Stückplan *Leben des Galilei (Fassung für Arbeiter)* (GBA 5,111–113): der Inquisitor beauftragt Clavius, die Entdeckungen Galileis zu untersuchen, um sie zu widerlegen; eine Variante zu dieser Szene: der Doge weist Kardinal Bellarmino im Arsenal auf den ökonomischen Nutzen von Galileis astronomischen Entdeckungen hin (GBA 5,113 f.); und eine Episode aus der 13. Szene der ersten abgeschlossenen Bearbeitungsstufe: Virginia liest Galilei aus einem Buch die Inschriften an der Decke der Bibliothek des Michel de Montaigne vor (GBA 5,114 f.). Diese Texte wurden von Brecht im Zuge der Ausarbeitung des Stücks verworfen.

Den entscheidenden Impuls zur Niederschrift gab der amerikanische Schriftsteller Ferdinand Reyher, der Brecht vorschlug, das Exposé für einen Film zu schreiben, für den es in den USA vielleicht einen Produzenten gebe. Anstelle des Exposés entstand das Stück (vgl. Brechts Brief vom 2. Dezember an Reyher, GBA 29,119 f.).
Am 17. November 1938 schrieb MARGARETE STEFFIN, die Brecht später gegenüber Piscator als seine Mitarbeiterin am Stück nannte (Brief vom 27. Mai 1940, GBA 29,173) an Walter Benjamin:

»[...] brecht fing vor 10 tagen an, den GALILEI, der ihm ja schon länger im kopf spukte, herunter zu dramatisieren, er hat von 14 Szenen bereits 9 fertig, sie sind sehr schön geworden.«

Margarete Steffin: Briefe an berühmte Männer. Hrsg. von Stefan Hauck. Hamburg: Europäische Verlagsanstalt, 1999. S. 287. – © 1999 Europäische Verlagsanstalt, Hamburg.

Schon wenige Tage später, am 23. November, konnte BRECHT in sein *Journal* eintragen:

»›Das Leben des Galilei‹ abgeschlossen. Brauchte dazu drei Wochen. Die einzigen Schwierigkeiten bereitete die letzte Szene. Ähnlich wie in der ›Johanna‹ brauchte ich am Schluß einen Kunstgriff, um auf jeden Fall dem Zuschauer den nötigen Abstand zu sichern. Selbst der unbedenklich sich Einfühlende muß zumindest jetzt, auf dem Weg der Einfühlung selber in den Galilei, den V-Effekt verspüren. Bei streng epischer Darstellung kommt eine Einfühlung erlaubter Art zustande.«

GBA 26,326.

Das Manuskript endete mit der 13. Szene (»Landhaus«). Brechts »Kunstgriff« besteht in Galileis Selbstverurteilung. Die Bühnenfigur betrachtet ihr Verhalten in kritischer Distanz aus sozialer Perspektive. Der Widerruf wird problematisiert, wobei sich die Zeitebenen des 17. und des 20. Jh.s vermischen. Brecht bedient sich Galileis als Sprachrohr, um dem Zuschauer seine eigene Auffassung über die Figur mitzuteilen. Der Zuschauer ist dadurch angehalten, Galileis Verhalten einer neuen Wertung zu unterziehen.
Bereits am 6. Januar 1939 äußerte Brecht sich öffentlich über das Anliegen seines Schauspiels. Seine Mitteilung ist allerdings mißverständlich. In einem Interview, das er dem Kopenhagener Boulevardblatt *B. T.* gab, antwortete er auf die Frage, ob sich sein neues Stück auf die aktuelle politische Lage in Deutschland oder Italien beziehe, die Dramatisierung sei »eine streng historische Arbeit«. »Ich habe den heldenmütigen Kampf Galileis für seine moderne wissenschaftliche Überzeugung, daß die Erde sich bewege, schildern wollen.« An eine Aufführung in Dänemark denke er nicht. Das Stück habe er »für New York geschrieben«. Brecht stand unter Zugzwang. Zwei Tage zuvor war in *Fyns Venstreblad* ein Zeitungsartikel erschienen, in dem von seiner neuen Arbeit berichtet wurde. Angeschlossen war die Vermutung, Brecht werde mit ihr sicher einen Bezug zur Gegenwart herstellen. In dem Interview wiegelte Brecht also ab. In Wahrheit hatte er das Stück bereits einer Kopenhagener Theateragentur angeboten, wobei er hoffte, anonym bleiben zu können, nicht zuletzt mit Rücksicht auf die dänischen Behörden, die ein politisches Engagement des Exilanten schwerlich geduldet hätten. Das positive Urteil aber, das er in dem Interview über Galilei abgab, entsprach eher einem frühen Stadium der Bearbeitung des Stoffes, in dem der Physiker noch als listiger Volksheld und erfolgreicher Widerstandskämpfer dargestellt werden sollte, der widerruft, um weiterforschen zu können, und war Ende November 1938 in der Hauptsache bereits zurückgenommen.

Die Gestalt hatte inzwischen differenzierte, aber auch widersprüchliche Züge bekommen.
Irreführend ist auch die Vorbemerkung zur Veröffentlichung des Stücks in Heft 14 der *Versuche* (1955). Auf den Hinweis, *Leben des Galilei* sei 1938/39 geschrieben worden, folgt die Angabe: »Die Zeitungen hatten die Nachricht von der Spaltung des Uran-Atoms durch den Physiker Otto Hahn und seine Mitarbeiter gebracht« (S. 6 der Ausgabe des Suhrkamp Verlags). Einmal abgesehen davon, daß die Entstehungsdaten auf die abgedruckte Fassung nicht zutreffen, da diese erst viele Jahre später geschrieben wurde: Brechts Stück war bereits in einer ersten Ausarbeitung abgeschlossen, als die von Otto Hahn und Fritz Straßmann gemachte Entdeckung Ende 1938 bzw. Anfang 1939 publik wurde. Es kommt hinzu, daß Brecht die Gefahren der Kernspaltung erst nach der Fertigstellung der dänischen Fassung zu Bewußtsein kamen. Anstelle der Folgeprobleme des wissenschaftlich-technischen Fortschritts (wie in den späteren Fassungen) beschäftigte ihn damals vielmehr die Frage, wie man sich unter totalitären politischen Verhältnissen für das Wissen und den gesellschaftlichen Fortschritt einsetzen könne.
Mit diesem Thema hatte Brecht sich schon früher auseinandergesetzt. Im Frühjahr 1938 schrieb er für den dramatischen Zyklus *Furcht und Elend des III. Reiches* die Szene »Physiker 1935«, in dem er die Situation der Wissenschaftler unter dem Nationalsozialismus darstellt: Zwei Physiker bedienen sich einer List, um die wissenschaftlichen Erkenntnisse des wegen seiner jüdischen Abstammung offiziell verfemten Albert Einstein für ihre Forschung zu verwerten (GBA 4,382–384). Bereits in dem 1934 entstandenen Essay *Fünf Schwierigkeiten beim Schreiben der Wahrheit* hatte Brecht die Frage erörtert, wie die gefährliche und zugleich gefährdete Wahrheit vor den Herrschenden versteckt und unter den Bedingungen gesellschaftlicher Repression verbreitet werden könne (GBA 22.1,74–89). Brechts Vor-

stellungen entsprachen dabei wohl weitgehend der von dem bulgarischen Arbeiterführer Georgi Dimitroff auf dem 7. Weltkongreß der Kommunistischen Internationale (1935) im Kampf gegen den Faschismus empfohlenen und von ihm so genannten Taktik des Trojanischen Pferdes. Galilei schien Brecht dafür ein Vorbild zu sein.

In der Ausarbeitung des Stücks, die Ende November 1938 vorlag, ist das Thema der listigen Anpassung (in dessen Zusammenhang auch der Widerruf gerechtfertigt werden konnte) bereits problematisiert, die Figur des Galilei der Kritik ausgesetzt. Zu dieser Umdeutung könnten Brecht neben der Erkenntnis, daß die Möglichkeiten des illegalen Kampfes gegen die Unterdrückung in Nazi-Deutschland immer geringer wurden, auch die abenteuerlichen Selbstbezichtigungen der Angeklagten in den Stalinschen Schauprozessen veranlaßt haben, die von August 1936 bis zum März 1938 in Moskau inszeniert wurden. Trotz – oder besser wegen – ihrer ›Geständnisse‹ wurden die meisten Angeklagten hingerichtet. Im Extrem, so die Lehre, die man daraus ziehen konnte, helfen keine taktischen Schliche, schützt nicht einmal die Selbstverleugnung.

Abgesehen von seiner zeitgeschichtlichen Aktualität kam Brecht der Galilei-Stoff noch aus einem anderen Grund entgegen. Der Autor konnte hier sein Interesse an den Auswirkungen der naturwissenschaftlichen Forschung auf Religion und Ideologie unterbringen. Für die dreißiger Jahre ist die Lektüre mehrerer Fachbücher zur Astronomie und Physik bezeugt. Einen literarischen Niederschlag hatten seine Studien bereits im – Fragment gebliebenen – *Tuiroman* gefunden. In der Episode »Die Tuis von Wak stellen sich das Universum vor« schildert Brecht die Irritationen, die die Erkenntnis, daß das Universum zwar unermeßlich groß, aber endlich ist, bei den »Hütern der Religion« auslöst (GBA 17,114–117, hier: S. 115). Sollte das heißen, die Götter seien unfähig, »Unendliches fertigzubringen« (ebd.)?

1938 – wahrscheinlich im Frühjahr – suchte Brecht in Ko-

penhagen den dänischen Physiker Christian Møller auf, einen Assistenten von Niels Bohr, der ihm bei der »Rekonstruktion des ptolomäischen Weltbilds« half (*Anmerkungen. Ungeschminktes Bild einer neuen Zeit*, entst. 1947, GBA 24,241). Mit Møller diskutierte er auch über die Frage, wie Galileis Widerruf zu bewerten sei. Brecht widersprach Møllers Ansicht, die *Discorsi* rechtfertigten Galileis Verhalten vor der Inquisition (vgl. Schumacher, S. 112 f.; Nørregaard 1988 und 1993, S. 447 f.).
Das Typoskript, das Ende November 1938 fertiggestellt war – es trug den Titel *Die Erde bewegt sich* (BBA 143) –, wurde von Brecht in den darauf folgenden Wochen weiter bearbeitet. Noch im gleichen Jahr entstand eine 14. Szene (»Grenzstadt«). Auch der endgültige Titel wurde festgelegt: *Leben des Galilei / Schauspiel.* Ende Februar 1939 lag die 1. Fassung vollständig vor. Margarete Steffin schrieb sie auf Wachsmatrize (BBA 636). Nachdem Brecht diese noch einmal korrigiert hatte, wurden im März Abzüge hergestellt und an Freunde, Übersetzer und Theaterleute verschickt. Schon 1939 wurde eine dänische, spätestens 1940 auch eine englische Übersetzung angefertigt.
Als Nebenprodukt der Arbeit an *Leben des Galilei* entstanden Ende 1938, Anfang 1939 Erzählungen über Giordano Bruno (*Der Mantel des Ketzers*, GBA 18,374–382) und Francis Bacon (*Das Experiment*, GBA 18,362–372). Sie wurden 1949 in den *Kalendergeschichten* publiziert.
Wie eine Eintragung in das *Journal* vom 25. Februar 1939 bezeugt, war Brecht mit seinem Stück unzufrieden. Sein Einwand bezog sich vor allem auf die eher traditionelle Dramaturgie.

»›Leben des Galilei‹ ist technisch ein großer Rückschritt, wie ›Frau Carrars Gewehre‹[12] allzu opportunistisch. Man müßte das Stück vollständig neu schreiben, wenn man diese

12 *Die Gewehre der Frau Carrar* (1937; hektographiertes Bühnenmanuskript).

›Brise, die von neuen Küsten kommt‹,[13] diese rosige Morgenröte der Wissenschaft haben will. Alles mehr direkt, ohne die Interieurs, die ›Atmosphäre‹, die Einfühlung. Und alles auf planetarische Demonstrationen gestellt. Die Einteilung könnte bleiben, die Charakteristik des Galilei ebenfalls. Aber die Arbeit, eine lustige Arbeit, könnte nur in einem Praktikum gemacht werden, im Kontakt mit einer Bühne. Es wäre zuerst das ›Fatzer‹-Fragment und das ›Brotladen‹-Fragment zu studieren. Diese beiden Fragmente sind der höchste Standard technisch.«

GBA 26,330.

Was Brecht sich unter einem Theater vorstellte, das ganz »auf planetarische Demonstrationen gestellt« ist, erhellt aus einem vermutlich 1938 geschriebenen Text über den Gegensatz von ›K-Typus und P-Typus in der Dramatik‹. *Leben des Galilei* entsprach eher dem »alten« Theater auf der Basis der »Einfühlungs-, Fiktions-, Erlebnisdramatik« der aristotelischen Tradition, das Brecht mit einem Karussell vergleicht (»K-Typus«), durch dessen Rotation der Besucher in einen Taumel versetzt wird, der ihn die Künstlichkeit des Arrangements vergessen läßt. Das »neue« Theater auf der Basis der »kritischen, realistischen Dramatik« vergleicht Brecht dagegen mit einem Planetarium (»P-Typus«), das es dem Besucher ermöglicht, die ihm an einem vereinfachten »Modell« demonstrierte Bewegung der Gestirne aus kühler Distanz zu beobachten (GBA 22.1,387–389). In der 1. Szene von *Leben des Galilei* integriert Brecht eine ›planetarische Demonstration‹ in die dramatische Handlung: Galilei erklärt Andrea das kopernikanische Weltsystem mit Hilfe von Waschschüsselständer und Stuhl.
Im September 1939, Brecht lebte zu diesem Zeitpunkt bereits in Schweden, stellte der Autor ein stark gekürztes

13 Vgl. Kap. I, Anm. zu 10,28–33.

Bühnenmanuskript her, von dem sich nur wenige Textabschnitte erhalten haben. An die Stelle der 5. Szene (5b der 3. Fassung) trat ein Gespräch zwischen dem Dogen und Kardinal Bellarmino (GBA 5,113 f.; s. o.). Von dem – nicht realisierten – Plan, *Leben des Galilei* 1940 in der Sowjetunion zu publizieren, haben sich die Radierungen des Graphikers und Malers Hans Tombrock erhalten, die im Bertolt-Brecht-Archiv bzw. im Ruth-Berlau-Archiv aufbewahrt werden.

Erst im Exil in den USA nahm Brecht sich das Stück erneut vor. Als im April 1944 der amerikanische Produzent und Regisseur Jed Harris sein Interesse zeigte, *Leben des Galilei* auf die Bühne zu bringen, »prüfte« BRECHT

»die Moral noch einmal nach, die mich immer leise beunruhigt hat; gerade weil ich hier der Geschichte zu folgen versuchte und keine moralischen Interessen hatte, ergibt sich eine Moral, und ich bin nicht glücklich damit. Galilei kann dem Aussprechen der Wahrheit so wenig widerstehen wie dem Verschlingen eines lockenden Gerichts, es ist ihm ein sinnlicher Genuß. Und er baut seine Persönlichkeit so leidenschaftlich und weise auf wie sein Weltbild. Eigentlich fällt er zweimal. Das erste Mal, wenn er der Lebensgefahr wegen die Wahrheit verschweigt oder widerruft, das zweite Mal, wenn er sie trotz der Lebensgefahr wieder sucht und verbreitet. Seine Produktion zerstört ihn. Nun höre ich mit Unwillen, ich hätte es für richtig gehalten, daß er öffentlich widerrufen hat, um insgeheim seine Arbeit fortsetzen zu können. Das ist zu flach und zu billig. Galilei zerstörte schließlich nicht nur sich als Person, sondern auch den wertvollsten Teil seiner wissenschaftlichen Arbeit. Die Kirche (d. h. die Obrigkeit) verteidigte die Bibellehre ausschließlich, um sich, ihre Autorität, ihre Möglichkeit, zu unterdrücken und auszubeuten, zu verteidigen. Das Volk interessierte sich für Galileis Gestirnlehre ausschließlich, weil es unter der Herrschaft der Kirche litt. Galilei gab den eigentlichen Fortschritt preis, als er widerrief, er ließ das Volk im Stich, die Astronomie wurde wieder ein Fach, Domäne der Gelehrten, unpolitisch, isoliert. Die Kirche trennte diese ›Probleme‹ des Himmels von denen der Erde, festigte ihre Herrschaft und erkannte danach die neuen Lösungen bereitwillig an.«

Journal. 6. April 1944. In: GBA 27,183.

Brecht betonte später, daß die »Moral« im *Galilei* »natürlich in keiner Weise absolut« sei. »Wäre die gesellschaftliche bürgerliche Bewegung, die sich seiner bedient, als absteigend dargestellt, könnte er ruhig widerrufen und damit etwas recht Vernünftiges besorgen« (*Journal*, 23. Dezember 1947, GBA 27,257).
Eine wichtige dramaturgische Funktion erhielt im Zuge der Umarbeitung die 11. Szene (10. Szene der 2. Fassung), in die der Auftritt des Eisengießers neu eingefügt wurde.

»Der Stückschreiber zieht es vor, den *Widerruf* des Galilei hier zu plazieren, anstatt denselben vor der Inquisition stattfinden zu lassen. Galilei vollzieht ihn, wenn er das Angebot der fortschrittlichen bürgerlichen Klasse, gemacht durch den Eisengießer Vanni, ihn in seinem Kampf gegen die Kirche zu unterstützen, ablehnt und sich darauf beruft, er habe ein unpolitisches wissenschaftliches Werk geschrieben.«

Aufbau einer Rolle. Laughtons Galilei. In: GBA 25,51.

Im Frühjahr 1944 lernte Brecht in Santa Monica den englischen Schauspieler und Regisseur Charles Laughton (1899–1962) kennen. Der war von der Lektüre des Stücks so begeistert, daß er auf eigene Kosten eine englischsprachige Spielfassung anfertigen ließ. Im Dezember begannen beide mit den Vorbereitungen für eine Inszenierung des Stücks. Brecht griff dabei erneut auf die Fassung von 1938/39 zurück, da er starke Einwände gegen die von Laughton in Auftrag gegebene Übersetzung hatte. Über die gemeinsame Arbeitsweise berichtete er später:

»Der mißliche Umstand, daß der eine Übersetzer kein Deutsch und der andere nur wenig Englisch wußte, erzwang [...] von Anfang an ein Theaterspielen als Methode der Übersetzung. Wir waren gezwungen, zu machen, was sprachlich besser bewanderte Übersetzer ja ebenfalls machen sollten: Gesten übersetzen. Die Sprache ist nämlich da theatralisch, wo sie vornehmlich das Verhalten der Sprechenden zueinander ausdrückt. [...] L. zeigte in auffälligster und mitunter brutaler Weise eine Gleichgültigkeit gegen das ›Buch‹, die der Stückschreiber nicht immer aufbrachte. Was wir machten, war ein Text, die Aufführung war alles. Unmöglich ihn zur Übersetzung von Partien zu verführen, auf die der Stückschreiber für die geplante Aufführung verzichtete, die er aber für das Buch retten wollte! Das Wichtigste war der Theaterabend, der Text hatte ihn lediglich zu ermöglichen; in der Aufführung fand der Verschleiß des Textes statt, er ging in ihr auf wie das Pulver im Feuerwerk!«

Ebd. GBA 25,12.

Die szenische Arbeit führte zu zahlreichen Textveränderungen. Brecht resümierte:

»[Laughton] erzwang die Umstellungen in der ersten Szene, die Unterbrechung in der dritten, das Schwanken Galileis in der Szene mit dem kleinen Mönch, die Kontroverse Galilei – Ludovico in der Sonnenfleckenszene, das positive Auftreten Mattis [in der 3. Fassung in Vanni umbenannt] in der Szene am Hof, die große Umstellung in der letzten Galilei-Szene. Häufig führte die aus ästhetischen Gründen vorgenommene Änderung zu einer politischen Verschärfung, und Laughton war jedesmal sehr zufrieden hiemit.«

Journal. 10. Dezember 1945. In: GBA 27,236 f.

Von Laughton stammte auch der Einfall, in der 1. Szene Doppone durch Ludovico zu ersetzen (GBA 27,236; vgl. S. 150 des vorliegenden Bandes). Für die Fastnachtsprozession schlug er vor, »daß Vertreter der Gilden, maskiert, eine Wergpuppe, hergerichtet als Kardinal, spottend in die Luft werfen sollten« (*Aufbau einer Rolle. Laughtons Galilei*, GBA 25,50).
Brechts Bereitschaft, auf die Vorschläge Laughtons einzugehen, lag nicht nur darin begründet, den dramatischen Text spielbarer zu machen; sie hing auch damit zusammen, daß der Autor mit seinem Werk immer noch unzufrieden war. Als der in die USA emigirierte österreichische Schriftsteller Hans Winge den *Galilei* als »ein wenig sagendes Nebenwerk« abtat, gab Brecht selbstkritisch zu: »im Formalen verteidige ich dieses Stück nicht besonders kräftig«. Aber auch die inhaltliche Aussage entsprach seinen Vorstellungen nicht. Seinem Kritiker berichtete er weiter,

»wie das Stück ohne jede Absicht, etwas zu beweisen, geschrieben wurde, der überlieferten Geschichte folgend, und wie jetzt, bei der Durcharbeitung einer Theaterfassung zusammen mit dem politisch gedankenlosen Schauspieler Laughton, außer dem Thema, daß in dieser Gesellschaftsform Wissensdurst zu einer lebensgefährlichen Eigenschaft wird, da ihn die Gesellschaft hervorbringt und bestraft, noch ein anderes erscheint, nämlich der entscheidende Unterschied zwischen dem ›reinen Fortschritt einer Wissenschaft‹ und ihrem sozial revolutionären Fortschritt. (Galilei beraubt die Astronomie des jungen Bürgertums ihrer sozial revolutionären Bedeutung, macht sie zu einem ›Fach‹, sterilisiert sie.) Auch zeigt sich, zumindest als Fakt, wie die herrschende Klasse sich der Totalität ihrer Ideologie bewußt ist: Sie weiß, die Kette, mit der sie die Unterdrückten fesselt, ist nicht stärker als ihr schwächstes Glied. So ist der ›Galilei‹ in meiner Produktion immerhin interessant als Gegenbeispiel zu den Parabeln. Dort werden Ideen verkörpert, hier eine Materie gewisser Ideen entbunden.«

Journal. 30. Juli 1945. In: GBA 27,227 f.

Bei den »Parabeln« dachte Brecht wahrscheinlich an die Stücke *Die Spitzköpfe und die Rundköpfe* (1933), *Der gute Mensch von Sezuan* (1953) und *Der kaukasische Kreidekreis* (1949; vgl. den Brief vom Dezember 1946 an Caspar Neher, GBA 29,406).

Am 6. bzw. 9. August 1945 warfen amerikanische Flugzeuge Atombomben auf die japanischen Städte Hiroshima und Nagasaki ab. Im Rückblick (1947) datierte BRECHT von diesem Ereignis seine völlig veränderte Einstellung zum Stoff:

»Von heute auf morgen las sich die Biographie des Begründers der neuen Physik anders. Der infernalische Effekt der Großen Bombe stellte den Konflikt des Galilei mit der Obrigkeit seiner Zeit in ein neues, schärferes Licht.«

Anmerkungen. Ungeschminktes Bild einer neuen Zeit. In: GBA 24,241.

Nun wurde Galileis »Verbrechen« von BRECHT zur »›Erbsünde‹ der modernen Naturwissenschaften« erklärt, deren letzte Konsequenz die Atombombe ist:

»Die Atombombe ist sowohl als technisches als auch soziales Phänomen das klassische Endprodukt seiner wissenschaftlichen Leistung und seines sozialen Versagens.«

Anmerkungen zum *Leben des Galilei.* In: GBA 24,240. [Entst. wahrscheinlich 1945.]

Schon vor dem Abwurf der Atombombe war Brecht allerdings zu einer Neubewertung der Figur und ihres Widerrufs gekommen. So konnte er schreiben: »Wir hatten nur wenige Änderungen zu machen, keine einzige in der Struktur« (*Anmerkungen. Ungeschminktes Bild einer neuen Zeit*, GBA 24,241). In einer Notiz, die vermutlich für einen – nicht zustande gekommenen – Druck der amerikanischen Fassung bestimmt war, brachte Brecht die Unterschiede, die besonders die Szene »Landhaus« betrafen (13. bzw. 14. Szene, hier »letzte Szene« genannt), auf den Punkt:

»In der ersten Fassung des Stücks war die letzte Szene anders. Galilei hatte in großer Heimlichkeit die ›Discorsi‹ geschrieben. Er veranlaßt anläßlich eines Besuchs seinen Lieblingsschüler Andrea, das Buch über die Grenze ins Ausland zu schmuggeln. Sein Widerruf hatte ihm die Möglichkeit verschafft, ein entscheidendes Werk zu schaffen. Er war weise gewesen.
In der kalifornischen Fassung [...] bricht Galilei die Lobeshymnen seines Schülers ab und beweist ihm, daß der Widerruf ein Verbrechen war und durch das Werk, so wichtig es sein mochte, nicht aufgewogen.
Wenn es jemanden interessieren sollte, dies ist auch das Urteil des Stückschreibers.«

Anmerkung zum *Leben des Galilei.* In: GBA 24,247 f. [Entst. 1952 (?).]

Im Spätsommer 1945 lag das Gemeinschaftsprodukt von Brecht und Laughton in einer ersten englischsprachigen Version vor. Im Herbst wurde die Arbeit am Text fortgesetzt. Brecht beteiligte daran u. a. den Physiker und Philosophen Hans Reichenbach, der ihm einige Jahre zuvor »Komplimente über den physikalischen Teil des ›Galilei‹ und das Historische daran« gemacht hatte (*Journal*, 26. Oktober 1941, GBA 27,18 f.). Am 1. Dezember konnte er endlich in sein *Journal* eintragen: »›Galileo‹ (amerikanische Fassung) abgeschlossen (bis auf Ballade)« (GBA 27,235).
Außer der Ballade des Straßensängers fehlten auch noch die Schlußszene (»Grenzstadt«) und die Eingangsverse zu den

einzelnen Szenen, an denen Brecht im Frühjahr und Sommer 1946 arbeitete. Zu letzten Veränderungen am Stücktext kam es dann während der Proben zur amerikanischen Erstaufführung im Sommer 1947. Die Schlußszene wurde in die Spielfassung nicht aufgenommen (abgedruckt in GBA 5,182–186).
Für die amerikanische Erstaufführung gewann Brecht den amerikanischen Regisseur Joseph Losey, den er 1935 in der Sowjetunion kennengelernt hatte. Die Pläne, das Stück auch am Broadway herauszubringen, zerschlugen sich.
Ende 1947, Brecht lebte inzwischen in der Schweiz, begann der Autor mit der ›Rückübersetzung‹ des englischen Textes ins Deutsche (vgl. den Brief an Charles Laughton [August–Oktober 1947], GBA 29,421). Brechts Wortwahl, die von der Forschung weitgehend übernommen wurde, könnte den Eindruck erwecken, der Autor habe auf inhaltliche Eingriffe in den Text verzichtet. Tatsächlich nahm er jedoch zahlreiche Ergänzungen und Veränderungen vor, bei denen er auf das Typoskript vom Februar 1939 zurückgriff (vgl. Kap. IV.3).
Im Oktober 1948 kehrte Brecht nach (Ost-)Berlin zurück. Er plante schon früh, *Leben des Galilei* hier selbst zu inszenieren. Doch sollten noch einige Jahre vergehen, bevor er mit den Bühnenproben am Berliner Ensemble beginnen konnte. 1953 wurden Elisabeth Hauptmann und Benno Besson beauftragt, aus den vorliegenden Texten eine Bühnenfassung zu erstellen. Außerdem wurde Ruth Berlau beteiligt, da sie an den amerikanischen Inszenierungen mitgewirkt hatte. Das Ergebnis wurde von Brecht erneut überarbeitet und 1955 als 19. *Versuch* (Heft 14) veröffentlicht. Dieser Text bildete die Grundlage für die Inszenierung am Berliner Ensemble.
Das Thema, das Brecht in der in den USA entstandenen Bearbeitung ins Zentrum gerückt hatte – die Verantwortung des Wissenschaftlers gegenüber der Gesellschaft –, erhielt durch das atomare Wettrüsten zwischen den Supermächten

in der Nachkriegszeit zunehmende Aktualität. Anlässe, das Stück auf die Bühne zu bringen, gab es in diesen Jahren zweifellos genug. 1949 meldete die Sowjetunion, daß ihr die Zündung einer Atombombe geglückt sei. 1951 begann in den USA der Gerichtsprozeß gegen Ethel und Julius Rosenberg wegen angeblicher Atomspionage für die Sowjetunion, der mit der Verurteilung und Hinrichtung der Angeklagten endete. 1952 zündeten die USA die erste Wasserstoffbombe. Im Frühjahr 1954 kam es in Washington zu einem Untersuchungsverfahren gegen den amerikanischen Atomphysiker J. Robert Oppenheimer (vgl. Kap. VI.2). Brecht verfolgte den Fall aufmerksam (vgl. *Journal*, 8. Juli 1954, GBA 27,350). Im Mai 1954 hielt er auf dem Weltfriedenskongreß in Berlin (DDR) eine Rede, in der er vor den Gefahren eines Atomkrieges warnte und den Vorschlag machte, daß »unsere Wissenschaftler in einfachster Sprache, vielleicht unterstützt von uns Schriftstellern, die Wahrheit über die Gefahr der Experimente mit Atomwaffen für die ganze Erde sagen« (GBA 23,280). Im August beendete er die Überarbeitung des im Jahr zuvor niedergeschriebenen Stücks *Turandot oder Der Kongreß der Weißwäscher.* Es sollte ein Pendant zu *Leben des Galilei* bilden. Brecht notierte dazu:

»Besonders als ich das *Leben des Galilei* geschrieben hatte, in dem ich den heraufdämmernden Morgen der Vernunft geschildert hatte, bekam ich Lust, ihren Abend zu schildern, den Abend eben jener Art von Vernunft, die gegen Ende des sechzehnten Jahrhunderts das kapitalistische Zeitalter eröffnet hatte.«

Bemerkungen zu *Turandot*. In: GBA 24,411.

1955 plante Brecht, das Thema der Verantwortung des Wissenschaftlers in einem Stück mit dem Titel *Leben des Einstein* erneut zu behandeln. Das Projekt wurde jedoch nicht ausgeführt (vgl. GBA 10.2,984–986).

Nach der Veröffentlichung von *Leben des Galilei* in den *Versuchen* bearbeitete Brecht noch die Eingangsverse zu den einzelnen Szenen und fügte das Lorenzo-Gedicht ein. Außerdem vollendete er einen 1948 niedergeschriebenen Bericht über seine Zusammenarbeit mit Laughton, der 1956 im Henschelverlag in Berlin (DDR) erschien (*Aufbau einer Rolle. Laughtons Galilei*; der Band wurde erst 1958 zusammen mit dem von Hanns Eisler herausgegebenen Band *Aufbau einer Rolle. Ernst Buschs Galilei* in einer Mappe ausgeliefert). Er enthält zahlreiche Szenenphotos. Während der Proben zur Aufführung des Berliner Ensembles 1955/56 kam es zu weiteren Textveränderungen, die in der Ausgabe der *Stücke* (1957) berücksichtigt wurden (vgl. Kap. IV.3).

IV. Fassungen und Ausgaben

1. Die dänische Fassung (Skovsbostrand 1938/39)

Die Forschung unterscheidet drei verschiedene Fassungen des Stücks, die nach dem Land bzw. dem Ort ihrer Entstehung auch die »dänische«, die »amerikanische« und die »Berliner« Fassung genannt werden. Sämtliche Fassungen wurden zu Brechts Lebzeiten veröffentlicht (wenngleich z. T. nur als Bühnenmanuskript) und in Szene gesetzt.

Die 1. Fassung ging aus einem Ende November 1938 in Dänemark fertiggestellten maschinegeschriebenen Manuskript hervor. Dieses Manuskript bildet die 1. abgeschlossene Bearbeitungsstufe und wird in der Forschung als ›1. Niederschrift‹ oder auch als ›Urfassung‹ bezeichnet. Das auf Durchschlagpapier geschriebene Typoskript, das an vielen Stellen zusammengeklebt und mit zahlreichen Ergänzungen und Korrekturen versehen ist, wurde von Helene Weigel später in einen Ledereinband gebunden. Es trägt auf dem Deckblatt den Titel *Die Erde bewegt sich* (BBA 143). Die 1. Niederschrift ist bis heute ungedruckt (Auszüge daraus bei Schumacher).

Die Urfassung besteht aus 13 Szenen und endet mit der Szene »Landhaus«. Diese enthält eine Episode, in der Virginia ihrem Vater Sprüche von Michel de Montaigne vorliest. Später wurde diese Episode durch die Lektüre der *Discorsi* ersetzt. Die 14. Szene (»Grenzstadt«) wurde dem Typoskript erst nachträglich hinzugefügt.

Das hektographierte Typoskript der 1. Fassung (sog. ›Wachsmatrizenfassung‹, BBA 636) besteht aus 14 Szenen und enthält zwei sogenannte »Verwandlungen«: zwischen der 7. und der 8. Szene (Gespräch zwischen Galilei und dem Kleinen Mönch) und zwischen der 11. und der 12. Szene (Galilei wartet auf eine Audienz beim Papst). Die erste Verwandlung wurde mit textlichen Veränderungen als 7. bzw.

8. Szene in die anderen beiden Fassungen übernommen. Die zweite Verwandlung fiel fort. Das Typoskript diente als Druckvorlage eines 1948 im Suhrkamp Verlag in Berlin-Zehlendorf unter dem Titel *Galileo Galilei. Leben des Galilei* veröffentlichten, allerdings unautorisierten und von vielen Fehlern entstellten Bühnenmanuskripts. In den sechziger Jahren wurden einzelne Szenen des Typoskripts publiziert (Szczesny). Die vollständige Veröffentlichung erfolgte erst 1988 im 5. Band der GBA.
Die wichtigsten inhaltlichen Unterschiede zwischen der dänischen Fassung und den späteren Fassungen betreffen die 8. (»Haus des Galilei«), 10. (»Palast der Medici«) und 13. Szene (»Landhaus«).
In der 8. Szene sind zwei Textstellen bemerkenswert, die in den späteren Fassungen gestrichen sind. Sie nehmen Bezug auf das Thema des listigen Verhaltens unter repressiven politischen Verhältnissen: (1) Galilei eröffnet die Szene mit einem Vortrag, der aus verschiedenen Zitaten aus Bacons *Novum Organum* montiert ist, darunter die in Brechts Werk mehrfach gebrauchte Sentenz: »Die Natur besiegen wir nur, indem wir ihr gehorchen« (68,19 f.; vgl. *Novum Organum* I,3). (2) Als Galilei im weiteren Verlauf der Szene von dem Älteren Gelehrten – die Figur ist in den späteren Fassungen gestrichen – gefragt wird, ob man das Dekret von 1616 befolgen und »wirklich schweigen« solle, rechtfertigt er seine Unterwerfung unter den Machtanspruch der Kirche mit einer Parabel:

»In die Wohnung des kretischen Philosophen Keunos,[14] der wegen seiner freiheitlichen Gesinnung bei den Kretern sehr beliebt war, kam eines Tages während der Gewaltherrschaft ein gewisser Agent, der einen Schein vorzeigte, der von de-

14 Fiktive Gestalt; die Namensbildung geht wohl auf das griechische Wort *koinos* (›das Allgemeine, alle Betreffende, allen Gehörende‹) zurück. Eine Verbindung besteht auch zum Namen »Keuner« aus den *Geschichten vom Herrn Keuner*.

nen ausgestellt war, welche die Stadt beherrschten. Darauf stand, ihm sollte jede Wohnung gehören, in die er seinen Fuß setze; ebenso sollte ihm auch jedes Essen gehören, das er verlange; ebenso sollte ihm auch jeder Mann dienen, den er sähe. Der Agent setzte sich auf einen Stuhl, verlangte Essen, wusch sich, legte sich nieder und fragte, mit dem Gesicht zur Wand, vor dem Einschlafen: wirst du mir dienen? Keunos deckte ihn mit einer Decke zu, vertrieb die Fliegen, bewachte seinen Schlaf und wie an diesem Tage gehorchte er ihm sieben Jahre lang. Aber was immer er für ihn tat: vor einem hütete er sich wohl, das war: auch nur ein Wort zu sagen. Als nun die sieben Jahre um waren und der Agent dick geworden war vom vielen Essen, Schlafen und Befehlen, starb der Agent. Da wickelte ihn Keunos in die verdorbene Decke, schleppte ihn aus dem Haus, wusch das Lager, tünchte die Wände, atmete auf und antwortete: nein.«

GBA 5,72,24–73,4.

Brecht stützte sich dabei auf den 1929 entstandenen Prosatext *Maßnahmen gegen die Gewalt*, den er 1930 in den *Geschichten vom Herrn Keuner* veröffentlichte (GBA 18,13 f.).

In der 13. Szene wird das Motiv des vorgetäuschten Gehorsams in die dramatische Handlung umgesetzt. Galilei wird von seiner Tochter und einem Beamten der Inquisition bewacht. Dem Arzt, der seine Augen untersucht, spiegelt er vor, erblindet zu sein. Dann tritt ein Hafner auf. Unter dem Vorwand, den Ofen zu reparieren, steckt er Galilei ein Buch zu, das er bereits zum dritten Mal vergeblich ins freie Ausland zu schmuggeln versucht hat. Galilei verbirgt es im Globus, wo es Andrea später finden wird. Anschließend läßt sich Galilei von Virginia aus den *Discorsi* vorlesen, und zwar die Erörterung, »die der Untersuchung der Frage vorausgeht, warum zu große Maschinen leicht zerbrechen« (97,27 f.). Galilei zweifelt, ob die Passage verständlich ist, und fragt seine Tochter um Rat. Schließlich tritt Andrea auf, von Galilei freudig begrüßt. Das Gespräch kommt auf die Motive und Auswirkungen von Galileis Widerruf. Andrea berichtet, daß dieser Widerruf für »viele« nicht nur ein Verrat an der kopernikanischen Lehre gewesen sei, sondern auch ein Verrat an der »Freiheit des Lehrens« (101,19) und des »Rechts zu denken überhaupt« (101,20 f.), als deren Repräsentant Galilei weithin gegolten habe (vgl. dazu in den späteren Fassungen den Eisengießer [10. bzw. 11. Szene]). Galilei akzeptiert den Vorwurf, zum Verräter geworden zu sein, und spricht sich dann selbst das Urteil. Durch sein Versagen habe er sich »von der Denkweise der Wissenschaft ausgeschlossen«; »bei Gefahr der Vernichtung« werde sie

»nicht imstande sein [...], ihren Mitgliedern alle weitergehenden Verpflichtungen zu erlassen. Zum Beispiel die Verpflichtung, an der Aufrechterhaltung ihrer selbst als Wissenschaft mitzuarbeiten. Selbst ein Wollhändler muß, außer billig einzukaufen und solide Wolle zu liefern, auch noch darum besorgt sein, daß der Handel mit Wolle überhaupt erlaubt ist und vor sich gehen kann. Demzufolge kann ein Mitglied der wissenschaftlichen Welt logischerweise nicht auf seine etwaigen Verdienste als Forscher verweisen, wenn er versäumt hat, seinen Beruf als solchen zu ehren und zu verteidigen gegen alle Gewalt. Dies ist aber ein umfangreiches Geschäft. Denn die Wissenschaft beruht darauf, daß man die Fakten nicht den Meinungen unterwerfen darf, sondern die Meinungen den Fakten unterwerfen muß. Sie ist nicht in der Lage, diese Sätze einschränken zu lassen und sie nur für ›einige Meinungen‹ und ›die und die Fakten‹ aufzustellen. Um sicher zu sein, daß diese Sätze allezeit uneingeschränkt von ihr vollzogen werden können, muß die Wissenschaft dafür kämpfen, daß sie auf allen Gebieten geachtet werden. Die Wissenschaft befindet sich nämlich mit der gesamten Menschheit in einem Boot. So kann sie nicht etwa sagen: was geht es mich an, wenn am andern Ende des Bootes ein Leck ist! Die Wissenschaft kann Menschen, die es versäumen, für die Vernunft einzutreten, nicht brauchen. Sie muß sie mit Schande davonjagen. Denn sie mag so viele Wahrheiten wie immer wissen, in einer Welt der Lüge hätte sie keinen Bestand. Wenn die Hand, die sie füttert, ihr gelegentlich und ohne Warnung an die Gurgel greift, wird die Menschheit sie abhauen müssen. Das ist der Grund, warum die Wissenschaft einen Menschen wie mich nicht in ihren Reihen dulden kann.«

GBA 5,102,3–34.

Galileis Verhalten ist indessen widersprüchlich. Einerseits verurteilt er sich, weil er moralisch und politisch versagt hat. Andererseits hat er aber weiter geforscht und möchte seine Resultate veröffentlicht sehen. Nachdem Virginia das Zimmer verlassen hat, gesteht er Andrea, daß er die *Discorsi* geschrieben hat. Die Manuskripte müsse er zwar an die Inquisition abliefern, aber die »vollständigen Notizen« zu dem Werk (104,5) besitze er noch. Er verrät Andrea, wo er sie versteckt hat, und provoziert ihn, sie an sich zu nehmen, was dieser schließlich auch tut. Während Andrea sich in die Lektüre der *Discorsi* vertieft, setzt Galilei die Verurteilung seines Fehlverhaltens fort:

»Man weiß an höherer Stelle, daß hier nichts mehr ist. Man ist sicher. Nur noch einige Außenstehende wie du könnten auf den Gedanken kommen, in einem solchen Schutthaufen nachzugraben, ob sie nicht doch etwas Brauchbares herausfischen könnten. Warum sollte übrigens sonst noch hier und da einer zu mir kommen? Denn an mir selber ist nichts mehr, da ich mich selber zerstört habe. Tatsächlich würde mich solch ein Mann enteignen. Diese Anfänge einer neuen Physik, würde er sagen, aus trüber Quelle stammend, habe ich irgendwo gefunden. Der Name des Verfassers hatte einmal einige Bedeutung in der wissenschaftlichen Welt. Aber er hat sich als Lügner entpuppt. So müssen diese Blätter mit äußerster Vorsicht geprüft werden, denn sie stehen auf nichts als sich selber.«

GBA 5,104,34–105,8.

Andrea rüstet sich zum Aufbruch. Es komme ihm vor, bemerkt er, als sei ein mächtiger Turm eingestürzt, doch vielleicht würden die unteren Stockwerke noch stehen, so daß der Bau weitergeführt werden könne. Mit dem Bekenntnis zur Vernunft und dem Ausblick in eine neue Zeit verabschiedet Galilei ihn:

»Ich bin froh, daß ich dich so gefunden habe, wie du bist. Einige Erlebnisse hätten dich zu einer ganz falschen Ansicht bringen können über das, was wir immer die Zukunft der Vernunft genannt haben. Aber natürlich, ein einzelner Mann kann sie weder zur Geltung noch in Verruf bringen. Sie ist eine zu große Sache. Die Vernunft ist eine Sache, in welche die Menschen sich teilen. Sie ist nämlich die Selbstsucht der gesamten Menschheit. Diese Selbstsucht ist zu schwach, aber selbst ein Mensch wie ich kann ja noch sehen, daß die Vernunft nicht am Ende ist, sondern am Anfang. Ich bleibe auch dabei, daß dies eine neue Zeit ist. Sollte sie aussehen wie eine blutverschmierte alte Vettel, dann sähe eben eine neue Zeit so aus! Der Einbruch des Lichts erfolgt in die allertiefste Dunkelheit. Während an einigen Orten die größten Entdeckungen gemacht werden, welche die Glücksgüter der Menschen unermeßlich vermehren müssen, liegen sehr große Teile dieser Welt ganz im Dunkeln. Die Finsternis hat dort sogar noch zugenommen! Nimm dich in acht, wenn du durch Deutschland fährst und die Wahrheit unter dem Rock trägst!«

GBA 5,105,37–106,16.

Brecht fügte die beiden vorletzten Sätze, die auf die geglückte Kernspaltung anspielen, sie aber noch uneingeschränkt positiv werten, erst im Frühjahr 1939, nachdem er von der Entdeckung gehört hatte, in das Manuskript ein. In den späteren Fassungen sind diese Textpassagen gestrichen. In der 2. Fassung fehlt auch die Ermahnung, die Galilei Andrea mit auf den Weg gibt. Brecht setzte sie in die 3. Fassung wieder ein mit der auf die Zeitverhältnisse gemünzten Begründung, es sei »gefährlich, in Deutschland aufzutauchen mit der Wahrheit unter der Jacke, immer wieder mal, das ist eine Tatsache seit den Bauernkriegen. Man muß vorsichtig sein, wenn man die Wahrheit äußert« (Rülicke, S. 96).

2. Die amerikanische Fassung (Santa Monica 1944 bis 1947)

Das Typoskript, das die Druckvorlage für die Erstveröffentlichung in der GBA lieferte, wurde während der Proben zur amerikanischen Erstaufführung geschrieben. Es lag im Sommer 1947 fertig vor. Sein Titel lautete: »›Galileo‹ by Bertolt Brecht. [...] English Adaptation by Charles Laughton as produced by Joseph Losey with Charles Laughton at the Coronet Theatre, Hollywood, 1947, and at the Maxine Elliott [recte: Elliott's] Theatre, New York, 1947« (BBA 1127). Frühere Publikationen der amerikanischen Fassung, wie etwa das 1948 im Theaterverlag Reiss in Basel veröffentlichte Bühnenmanuskript, sind als Varianten dieses Textes anzusehen.
Die amerikanische oder 2. Fassung besteht aus 13 Szenen und umfaßt in der GBA 64 Seiten, also erheblich weniger als die anderen beiden Fassungen, die jeweils 103 Seiten zählen. Die Pestszenen, die zweite Verwandlung (Galilei wartet auf eine Audienz beim Papst) und die Schlußszene (»Grenzstadt«) sind ausgespart. Mit Ausnahme der Szenen

4, 9 und 11 sind allen Szenen Eingangsverse vorangestellt. Außerdem schließt das Stück mit Versen. Sämtliche Szenen sind durch Zwischenüberschriften gegliedert, die als Projektionen oder Spruchbänder auf der Bühne realisiert werden können. Sie haben teils beschreibende, teils kommentierende Funktionen. Brecht hat sich in der 2. Fassung stärker von seinen Quellen gelöst, was sich sowohl in einem freieren Umgang mit den historischen Fakten als auch in der Gestaltung der Hauptfigur bemerkbar macht. Die wissenschaftsgeschichtlichen Details sind reduziert. Dagegen erhalten die sozialen und politischen Verhältnisse deutlichere Konturen.
Ende 1945 schrieb Brecht das folgende »Vorwort«, das in Kürze über die veränderte Tendenz des Stückes informiert. Es wurde in der New Yorker Aufführung in englischer Übersetzung vor dem Vorhang gesprochen. In die Druckfassung wurden die Verse allerdings nicht aufgenommen.

»Geehrtes Publikum der Breiten Straße[15]
Wir laden Sie heut in die Welt der Kurven und Maße
Zu entschleiern vor Ihrem Kennerblick
Die Geburtsstunde der Physik.
Sie sehen das Leben des großen Galileo Galilei
Den Kampf des Fallgesetzes mit dem Gratias dei[16]
Der Wissenschaft mit der Obrigkeit
An der Schwelle einer Neuen Zeit.
Sie sehen die Wissenschaft jung, geil und drall
Und Sie sehen ihren Sündenfall.
Sie muß essen und ihr wird Gewalt getan
Und so kommt sie auf die schiefe Bahn
Und wird, die Meisterin der Natur
Billige Gesellschaftshur.

15 Anspielung auf zwei amerikanische Straßennamen: den Broadway in New York und die Wide Street in Beverly Hills. An letztgenannter Straße lag das Theater, an dem *Galileo* zum ersten Mal aufgeführt wurde.
16 (lat.) Gnade Gottes.

Und ist das Wahre nicht die Ware
Doch hat es schon dies Sonderbare
Daß es die vielen nicht erreicht
Und macht ihr Leben schwer statt leicht.
Solches Wissen ist aktuell
Die Neue Zeit läuft ab besonders schnell.
Wir hoffen, Sie leihen Ihr geneigtes Ohr
Wenn nicht uns, so doch unserm Thema, bevor
Infolge der nicht gelernten Lektion
Auftritt die Atombombe in Person.«

Journal. 1. Dezember 1945. In: GBA 27,235 f.

Im folgenden werden einige auffällige Unterschiede zwischen der 1. und der 2. Fassung zusammengestellt:
Die 1. Szene präsentiert Galileo nicht als Mathematiker, wie die 1. Fassung, sondern als Physiker. Der Einführungsmonolog ist gekürzt, das Experiment mit dem Apfel und das Gespräch über die Hypothese sind gestrichen. Der dümmliche Theologiestudent Doppone, der später päpstlicher Kammerherr wird, ist durch den standesbewußten Ludovico Marsili ersetzt, den Sohn eines Großgrundbesitzers. Die Reihenfolge der Auftritte ist teilweise umgestellt: Erst erscheint Ludovico, dann der Kurator. Galilei erfährt damit bereits vor den Gehaltsverhandlungen mit Priuli von der Erfindung des Fernrohrs, so daß er dem Kurator gleich ein Angebot unterbreiten kann. Galileis Versprechen, Andrea Unterricht zu erteilen, entfällt.
In der 2. Szene ist der Schauplatz vom Gebäude der Signoria ins Arsenal verlegt, als dessen Direktor Galilei figuriert. Das Teleskop, das in der 1. Fassung vom Kurator präsentiert wurde, stellt Galilei nun selbst vor, wobei ihm seine Tochter zur Hand geht (die in der 1. Fassung hier noch nicht in die Handlung einbezogen war). Die Argumente, mit denen er der Signoria seine Entwicklung brieflich anpries, werden vom Kurator vorgetragen. Umgestaltet ist

auch der Schluß: Ludovicos Stichelei verdeutlicht, daß Galilei die Signoria hereingelegt hat.
In der 3. Szene entfällt die Episode mit Frau Sarti, in der Galilei seine Haushälterin fragt, ob sich das Große um das Kleine drehe. Die Handlung wird stattdessen durch den Auftritt Virginias unterbrochen, die von ihrem Vater wie ein unmündiges Kind behandelt wird: Lehnte er ihre Bitte, durch das Teleskop schauen zu dürfen, in der 1. Fassung noch mit der Entschuldigung ab, das »Rohr« sei eine »Enttäuschung« (34,27), so heißt es jetzt barsch, es sei kein Spielzeug. Die Motive, an den Hof nach Florenz zu gehen, sind ergänzt. Zu Sagredo sagt Galilei: »I must have time for research. And at my time of life I want the fleshpots« (133,20 f.). Das Bewerbungsschreiben wird nicht länger von Virginia, sondern von Sagredo gelesen, der über die Kriecherei seines Freundes verwundert ist.
Die 4. Szene ist fast um die Hälfte des ursprünglichen Umfangs gekürzt. Weggefallen ist der Streit zwischen den Knaben, reduziert die Diskussion zwischen Galilei und den Gelehrten des florentinischen Hofes über das ptolemäische Weltbild und die aristotelische Kosmologie. Mit Rücksicht auf Federzoni, »a mechanic and a scholar« (135,29), dessen Rolle Brecht neu einfügt, verlangt Galilei, daß das Gespräch in der Volkssprache und nicht in Latein geführt wird. Ergänzt ist der Wortwechsel zwischen dem Philosophen und Galilei über die gesellschaftlichen Implikationen wissenschaftlicher Erkenntnis, die diesem gleichgültig sind. Der Schluß entspricht der 3. Fassung.
Die Pestszenen (Schluß der 4. Szene bzw. 5. Szene der 1. Fassung; in der 3. Fassung 5a und b) entfallen. In der 5. (6.) Szene sind die Auftritte der beiden Astronomen und des Inquisitors gestrichen. Die Szene schließt mit dem Glückwunsch des Kleinen Mönchs: »You have won« (141,21 f.). Galileis Replik entfällt.
In der 6. (7.) Szene fällt Doppone fort. Eingefügt sind die Verse von Lorenzo de' Medici. Die Gespräche über das

Schachspiel, die Erdrotation und die Entfernung der Fixsterne sind getilgt, außerdem Bellarminos besorgte Worte über die Gefahren der neuen Lehre für die Philosophie, die Theologie und den Glauben an Gott. Die Begegnung zwischen Galilei und den beiden Kardinälen wird mit einem Schlagabtausch von Bibelzitaten eröffnet. Die Kardinäle haben neue Masken: Aus dem Fuchs wird ein Lamm (Bellarmino), aus dem Esel eine Taube (Barberini). Im Gespräch, das der Inquisitor mit Virginia führt, sind die astronomischen Ausführungen gekürzt.

Das Gespräch zwischen Galilei und dem Kleinen Mönch in der 7. (8.) Szene ist umformuliert. Die Horaz-Episode fällt fort. Ergänzt sind Galileis Ausführungen über die Tugenden, die »Wunder« des technischen Fortschritts, Bellarminos Bestechungsversuch und seine Ankündigung: »If I should condone this decree, my motives might not be altogether disinterested: easy life, no persecution and so on« (149,34–36). Galilei beklagt, daß sich die Bauern nicht gegen ihre Unterdrücker wehren: »I can see their divine patience, but where is their divine fury?« (150,11 f.) Durch die neue Einteilung rückt die Szene in die Mitte des Stücks.

Die 8. (9.) Szene ist völlig überarbeitet. Getilgt sind das Bacon-Zitat, Andreas Bericht von dem Disput über schwimmende Körper, in den Galilei am florentinischen Hof verwickelt wurde, die Auftritte des Opportunisten Mucius und des Älteren Gelehrten, die Keunos-Parabel sowie Andreas Erzählungen von seiner Verlobten Jessica. Neu ist der Auftritt Federzonis, der sich ärgert, daß die Fachbücher auf Latein geschrieben sind. Auf die Nachricht, daß Barberini die besten Aussichten habe, Papst zu werden, erzählt Galilei Ludovico genüßlich von der Herkunft des Weines, den er ihm vorgesetzt hat. Dann folgen Andreas Schlußverse aus der 1. Fassung mit dem geflügelten Trotzwort »Und sie bewegt sich doch!«. Verändert ist auch die Handlungskonstellation zwischen Ludovico und Virginia. In der 1. Fassung kann es Ludovico sich nicht erlauben, die Tochter eines Ketzers zu heiraten, weil er kein Vermögen (und auch keinen Mut) hat; in der 2. Fassung, weil er Vermögen hat – er ist Erbe eines Weingutes – und daher Standesrücksichten nehmen muß. In der 1. Fassung löst Virginia die Verlobung selbst auf. In der 2. Fassung wird Ludovico von Galilei aus dem Haus komplimentiert. Der Schluß gleicht der 3. Fassung.

Der Balladensänger in der 9. (10.) Szene wird von Ludovico angekündigt. Die Handlung ist auf Fastnacht verlegt. Die revolutionären Wirkungen der neuen Lehre, mit deren Schilderung die 1. Fassung beginnt, werden in der 2. Fassung aus dem Widerspruch zur Bibel motiviert. Entsprechend gipfelt die Szene in dem Ausruf »Galileo, the Bible killer!« (163,39). Eine in die Luft geschleuderte Puppe, die einen Kardinal darstellt, unterstreicht die politische Brisanz der Begebenheit.

Die 10. (11.) Szene reduziert das Personal. Gestrichen sind die Begegnungen mit dem Artilleriefeldzeugmeister, dem Studenten und Cosmo, an dessen Stelle der Oberkammerherr (Lord Chamberlain) den *Dialogo* abweist, den Galilei für seinen Fürsten mitgebracht hat. Brecht läßt nun den Eisengießer Matti auftreten, der Galilei anbietet, ihn vor der Inquisition in Sicherheit zu bringen. Doch der lehnt ab, immer noch auf den Schutz des Großherzogs und des Papstes vertrauend. Galilei beteuert, daß er mit dem *Dialogo* keine politischen Absichten verbunden habe; mit den revolutionären Folgerungen, die andere aus seinem Werk zögen (vgl. 9. Szene), wolle er nichts zu tun haben.

Die 11. (12.) Szene enthält einen neuen szenischen Einfall: Während der Papst sich mit dem Inquisitor unterhält, wird er für das »Konklave« (167,32) angekleidet. Das Gespräch über den Schluß des *Dialogo* ist gestrichen. Ergänzt ist das Verbot Urbans, Galilei zu foltern; die »Instrumente« dürften nur ›gezeigt‹ werden.

In der 12. (13.) Szene ist der Ältere Gelehrte durch Federzoni ausgetauscht. Andreas Sorge, Galilei werde seine Standhaftigkeit vor der Inquisition mit dem Tode büßen, ist

ersetzt durch die Befürchtung, die *Discorsi* würden nicht geschrieben.
Neugefaßt ist die 13. (14.) Szene. Die ersten Episoden der dänischen Fassung sind gestrichen: Virginia füttert ihren kranken Vater, die Auftritte des Inquisitionsbeamten, des Hafners und des Arztes. Statt der *Discorsi* korrigiert Galilei den wöchentlichen Brief an den Erzbischof. In der sich anschließenden Begegnung zwischen Galilei und Andrea ist der Interessengegensatz vertieft: In der 1. Fassung referiert Andrea die Meinung »einiger früherer Freunde«, Galilei habe widerrufen, um der Forschung weiterhin einen Dienst leisten zu können. In der 2. Fassung gelangt Andrea selbst zu dieser Überzeugung, als er erfährt, daß Galilei die *Discorsi* vollendet hat. Dieser aber weist die Annahme, sein Widerruf sei ein vorbedachter Plan gewesen, zurück und lehnt eine Rechtfertigung seines Verhaltens ab: widerrufen habe er aus Furcht, weitergearbeitet aus Gewohnheit. Sein Versuch, Andrea zu provozieren, die Abschrift der *Discorsi* an sich zu nehmen, entfällt. Die Selbstverurteilung verlagert den Akzent: vom Verrat an der Wissenschaft zum Verrat an der Gesellschaft und ihren geschichtlichen Chancen. Galilei bekennt sich zur sozialen Verantwortung des Wissenschaftlers und revidiert damit seine frühere Auffassung, daß ihn die Folgen des wissenschaftlichen Fortschritts nichts angingen (vgl. die Einfügungen in die 4. und 10. Szene). Neu sind die Hinweise auf die Auswirkungen, die Galileis Widerruf auf die Forschung hatte. Weggefallen sind die Anspielungen auf die Verhältnisse in Nazi-Deutschland und die Episode, in der Virginia ihrem Vater das Bett zur Nachtruhe bereitet (wie schon deren Gegenbild in der 1. Szene: Frau Sarti lüftet Galilei das Bett am Morgen).
Die Schlußszene der 1. Fassung entfällt. Das Stück endet mit dem Appell Galileis an die Zuschauer, Sorge dafür zu tragen, daß die Wissenschaft zum Nutzen der Menschheit verwendet werde.

3. Die Berliner Fassung (1955/56)

In der Forschung werden drei verschiedene, im Textbestand leicht voneinander abweichende Ausgaben als »Berliner« oder »3. Fassung« bezeichnet: zunächst die Erstveröffentlichung in Heft 14 der *Versuche* (Suhrkamp Verlag Berlin bzw. Aufbau-Verlag Berlin [DDR] 1955), dann die Einzelpublikation im Henschelverlag (Berlin [DDR] 1956) und schließlich die 1957 von Elisabeth Hauptmann besorgte Redaktion des Bühnenmanuskripts der von Brecht zwar noch begonnenen, wegen Krankheit und Tod aber nicht mehr zu Ende geführten Inszenierung am Berliner Ensemble im 8. Band der *Stücke in zwölf Bänden*. Diese Ausgabe berücksichtigt die von Brecht noch während der Proben vorgenommenen Textveränderungen. Sie liegt sowohl in einem westdeutschen Druck (Suhrkamp Verlag Frankfurt a. M.) vor, der die Textgrundlage der Taschenbuchausgabe in der ›edition suhrkamp‹ ist, als auch in einem ostdeutschen Druck (Aufbau-Verlag Berlin [DDR]), der die Textgrundlage der GBA bildet. Die beiden Drucke unterscheiden sich in Details: Elisabeth Hauptmann nutzte das spätere Erscheinen der Ausgabe des Aufbau-Verlags, um Druckfehler in der Suhrkamp-Ausgabe zu korrigieren und letzte Ergänzungen nachzutragen. Etwas größer sind die Abweichungen von der Ausgabe in den *Versuchen*: Hier fehlen noch die Szeneneingangsverse und die Auszüge aus Lorenzo de' Medicis Hirtengedicht in der 7. Szene. Weitere Unterschiede betreffen sachliche Präzisierungen, kleinere Umstellungen innerhalb der Szenen und stilistische Verbesserungen. Die Einzelausgabe des Henschelverlags entspricht weitgehend dem Druck der *Versuche*, enthält aber schon die Eingangsverse und das Hirtengedicht sowie erste Änderungen, die auf den Proben anfielen. Die Schlußszene (»Grenzstadt«) endet – wie die 2. Fassung – mit Versen.

Die Berliner Fassung hat 15 Szenen (wobei die 1. Verwandlung der dänischen Fassung nun als selbständige Szene

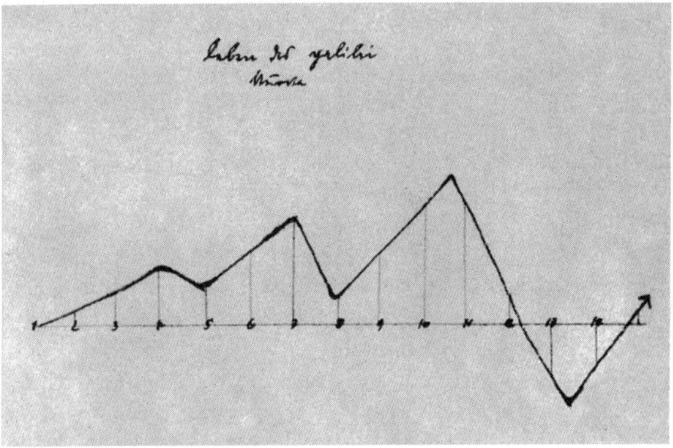

Brechts Entwurf einer dramatischen Kurve zu *Leben des Galilei*

zählt). Obwohl sie im Umfang der 1. Fassung entspricht, sind die Unterschiede zu dieser größer als zur 2. Fassung. Der Grund liegt darin, daß Brecht die wichtigsten konzeptionellen, thematischen und szenischen Veränderungen aus der amerikanischen Fassung in die Berliner Fassung übernommen hat. Er machte aber zahlreiche Streichungen rückgängig, wobei er auf den Wortlaut der dänischen Fassung zurückgriff (vgl. etwa die Reden Galileis auf die neue Zeit in der 1. Szene und des Inquisitors in der 12. Szene). Die Zwischentitel der amerikanischen Fassung entfallen.
Aus der 1. Fassung werden wieder eingefügt der letzte Teil der 4. Szene (Flucht vor der Pest; jetzt 5a), die 5. Szene (Galilei setzt trotz der Pest seine Forschungen fort; jetzt 5b) und die Schlußszene (»Grenzstadt«), außerdem die Figuren des Dogen (2. Szene), des Mucius (9. Szene) und des Cosmo (11. Szene). Der Eisengießer Matti ist in Vanni umbenannt (11. Szene). Galileis Bewerbungsschreiben an den Großher-

zog und das Zitat aus den *Discorsi* werden als Projektionen am Schluß der 3. bzw. 13. Szene eingeblendet, was den dokumentarischen Charakter dieser Texte besonders betont. Die Schlußverse der amerikanischen Fassung werden der 15. Szene vorangestellt.

An einigen Stellen sind die Handlungsmotive verändert: Galilei will künftig in der Landessprache publizieren, weil er sich davon eine revolutionäre Wirkung auf die arbeitende Bevölkerung verspricht (9. Szene); er kann das Angebot des Eisengießers ausschlagen, weil er bereits selbst Vorkehrungen zur Flucht getroffen hat (11. Szene). Außerdem werden Tendenzen der 2. Fassung verstärkt: Galileis Interesse an der Physik und der Verbindung von Wissenschaft und Technik, seine negativen Verhaltensweisen (wie Genußsucht; Rücksichtslosigkeit; Unterwürfigkeit, vgl. das neu eingefügte Zitat aus der *Imitatio Christi* in der 14. Szene), die soziale Profilierung der Figuren, das gesellschaftskritische Potential der neuen Lehre (9. und 10. Szene), der Gegensatz in den Wissenschaftsauffassungen Galileis und Andreas (13. und 14. Szene) sowie Galileis Selbstverurteilung, deren Argumentation an Schärfe und durch den Vorschlag eines hippokratischen Eids für Naturwissenschaftler an Aktualität gewinnt (14. Szene).

V. Dokumente zur Inszenierung

1. Zürich 1943

Die Uraufführung des Stücks fand unter dem Titel *Galileo Galilei* am 9. September 1943 am Züricher Schauspielhaus statt. Die Regie hatte Leonard Steckel, der auch die Titelrolle spielte. Das Bühnenbild schuf Teo Otto. Das Textbuch entsprach in der Hauptsache dem hektographierten Typoskript vom Frühjahr 1939. Die 9. Szene (»Die kopernikanische Lehre findet Verbreitung im Volk«) – die später zur Karnevalsszene umgearbeitet wurde – und die Schlußszene (»Grenzstadt«) wurden nicht gespielt.

2. Beverly Hills und New York 1947

Brecht war an der Schweizer Inszenierung nicht beteiligt. An der Erstaufführung der amerikanischen Fassung hatte er dagegen starken Anteil. Die Spielvorlage bestand aus 12 Szenen. Die 5. Szene – das Collegium Romanum bestätigt Galileis Entdeckungen – war gestrichen. Die Proben begannen am 24. Juni 1947. Bereits am 30. Juli fand die Premiere im Coronet Theatre in Beverly Hills (Los Angeles) statt. Die Regie teilte sich Brecht mit Joseph Losey. Hanns Eisler hatte zu den Szeneneingangsversen, dem Hirtengedicht und der Ballade des Straßensängers eine Musik komponiert, Bühnenbild und Kostüme stammten von Robert Davison (unter Mithilfe von Helene Weigel). Gespielt wurde das Stück bis zum 17. August achtzehnmal. Brecht maß dieser Aufführung den Charakter eines ›Modells‹ für künftige Inszenierungen des Stücks bei. Ruth Berlau wurde daher beauftragt, die Arbeit zu dokumentieren. Sie fertigte von den Proben zahlreiche Photographien an und drehte von der Inszenierung einen stark verkürzten 16-mm-Stummfilm

(schwarz-weiß, 35 Minuten) (aufbewahrt im Bertolt-Brecht-Archiv bzw. im Ruth-Berlau-Archiv).
Brecht einigte sich mit Laughton auf folgende Grundsätze, die auch für künftige Inszenierungen verbindlich sein sollten:

»1. Die Bühnendekorationen sollen nicht so sein, daß das Publikum glaubt, sich in einer Stube des mittelalterlichen Italiens oder im Vatikan zu befinden. Das Publikum soll zur Überzeugung gebracht werden, es befinde sich in einem Theater.
2. Der Hintergrund soll mehr zeigen als die unmittelbare Umgebung Galileis; er soll in phantasievoller und artistisch reizvoller Art die historische Umgebung zeigen. Er soll dabei Hintergrund bleiben. [...]
3. Möbel und Requisiten sollen realistisch sein (Türen gehören dazu) und vor allem sozial-historische Reize enthalten. Die Kostüme müssen individualisiert sein und die Merkmale des Getragenseins aufweisen. Die sozialen Unterschiede sind zu unterstreichen, da wir sie in sehr alten Moden nicht leicht erkennen können. Die Farben der Kostüme sind aufeinander abzustimmen.
4. Die Gruppierungen der Personen müssen die Qualität historischer Gemälde haben (nicht, damit das Historische als ästhetischer Reiz herauskommt; die Anweisung gälte für zeitgenössische Stücke ebenso). Die Regie erreicht das, indem sie für die Vorgänge historische Titel ersinnt. [...]
5. Die Vorgänge müssen in Ruhe und in großem Entwurf ausgeführt werden. Ständiger Stellungswechsel mit wenig bedeutenden Bewegungen der Figuren muß vermieden werden. Die Regie darf keinen Augenblick vergessen, daß viele der Vorgänge und Reden schwer zu verstehen sind, so daß es nötig ist, den Grundsinn des Vorganges schon in den Stellungen auszudrücken. Das Publikum muß sicher sein, daß ein Gang, ein Aufstehen, eine Geste Bedeutung hat und Aufmerksamkeit verdient. Die Gruppierungen müssen jedoch absolut natürlich und realistisch bleiben.

6. Bei der Besetzung der kirchlichen Würdenträger muß besondes realistisch verfahren werden. Es ist keine Karikatur der Kirche beabsichtigt, jedoch darf die raffinierte Ausdrucksweise und ›Bildung‹ der Kirchenfürsten des XVII. Jahrhunderts die Regie nicht dazu verführen, durchgeistigte Typen auszusuchen. Die Kirche stellt in diesem Stück hauptsächlich die Obrigkeit dar; typenmäßig sollen die kirchlichen Würdenträger unsern Bankiers und Senatoren gleichen.
7. Die Darstellung des Galilei sollte nicht darauf ausgehen, ein sympathisierendes Sicheinfühlen und Mitgehen des Publikums zu etablieren; vielmehr sollte dem Publikum eine mehr staunende, kritische und abwägende Haltung ermöglicht werden. [...]
8. Je tiefer der historische Rest einer Aufführung sich etabliert, desto ausgiebiger kann Humor zur Geltung kommen, je großzügiger das Arrangement ist, desto intimer können die Szenen gespielt werden.«

Aufbau einer Rolle. Laughtons Galilei. In: GBA 25,19 f.

Die Kostümierung der amerikanischen Aufführung zeichnete sich durch große Farbigkeit aus, die einerseits die sozialen Unterschiede zwischen den Figuren akzentuierte, andererseits die Dynamik des Handlungsverlaufs unterstützte: den sozialen Auf- und Abstieg des Protagonisten.

»Jede Szene mußte einen Grundton haben – die erste z. B. einen zarten matinalen mit Weiß, Gelb und Grau. Aber die Gesamtheit der Szenen mußte dann ihre Entwicklung haben in der Farbe. In der ersten Szene kam etwa ein distinguiertes Tiefblau hinein durch den Ludovico Marsili, und dieses Tiefblau blieb auch, abgesondert, in der zweiten Szene mit den Großbürgern in ihren schwärzlichgrünen, aus Filz und Leder gemachten Röcken. Der gesellschaftliche Aufstieg des Galilei wurde auch in den Farben sichtbar. Das Silber und Perlgrau der vierten (Hof-)Szene leitete über in ein Notturno in Braun und Schwarz (Verspottung des Galilei durch die Mönche des Collegium Romanum) zu der achten, dem Ball der Kardinäle mit den phantastischen delikaten Einzelmasken (Damen und Herren) zwischen den Kardinälen in Karmesin. Dies war ein Ausbruch der Farbe, aber ihre Entfesselung kam noch, und zwar in der neunten, der Fastnachts-Szene. Wie die Kardinäle und der Adel hatte auch das niedere Volk sein Maskenfest. Danach kommt der Abstieg in die stumpfen und grauen Farben.«

Ebd. GBA 25,18.

Mit Laughtons Spielweise war Brecht insgesamt sehr zufrieden. In der 13. Szene (»Landhaus«) gelang es dem Schauspieler allerdings nicht, die Intentionen des Autors voll zu verwirklichen. So erschien BRECHT Galileis Zynismus nicht deutlich genug. Der Ausbruch »Willkommen im Rinnstein, Bruder in der Wissenschaft und Vetter im Verrat! Ich habe ausverkauft, und du bist ein Käufer«, sei »eine der wenigen Stellen« gewesen,

»mit denen L. Schwierigkeiten hatte. Er bezweifelte, daß der Zuschauer den Wortsinn begreifen würde, abgesehen davon, daß die Worte hier dem sonstigen Vokabular des Galilei, dem pur logischen, nicht entnommen sind. Dem Argument des Stückschreibers, es müsse einen Gestus geben, der die Selbstverdammung des Opportunisten durch die Verdammung jener elementar anzeigt, welche die Frucht des Opportunismus akzeptieren, folgte L. nicht; noch weniger verstand er, daß der Stückschreiber bereit war, sich zu begnügen mit der Ausstellung eines im einzelnen nicht mehr rationell zu verfolgenden Zustandes. Der Verzicht auf das scheele, mühevolle Grinsen hier beraubte die Einleitung der großen Belehrungsrede der Schnödigkeit. [...] Hat doch der theatralische Gehalt der Rede nur unmittelbar zu tun mit der schonungslosen Aufzeigung des Sündenfalls der bürgerlichen Wissenschaften am Beginn ihres Aufstiegs, der Überantwortung der wissenschaftlichen Erkenntnisse an die Herrschenden, die ermächtigt werden, ›sie zu brauchen, nicht zu brauchen, zu mißbrauchen, wie es ihnen gefallen mag‹.«

Ebd. GBA 25,64 f.

1947 kam es in den USA noch zu einer weiteren Inszenierung. Das Experimental Theatre studierte das Stück am Maxine Elliott's Theatre in New York ein (Premiere: 7. Dezember). Bis zum 14. Dezember wurden sechs Vorstellungen gegeben (mit der Musik von Eisler). Auch hier führte Losey Regie, spielte Laughton den Galilei, war Davison für Bühnenbild und Kostüme zuständig. Berlau photographierte. Brecht, der zu diesem Zeitpunkt seinen Wohnsitz bereits in die Schweiz verlegt hatte und an der *Antigone* des Sophokles arbeitete, war an der Aufführung nicht beteiligt.
Im *Kleinen Organon für das Theater* (1949) geht Brecht ausführlich auf die amerikanische Inszenierung ein. Er würdigt besonders die schauspielerische Leistung, die Musik und das Bühnenbild und hebt die epischen Züge dieser Szenenmittel hervor. In Laughtons Darstellung sieht Brecht geradezu modellhaft das Prinzip der epischen Schauspielkunst verwirklicht: den »Gestus des Zeigens« (GBA 23,95). Laughton habe deutlich gemacht, daß er in »zweifacher Gestalt auf der Bühne« stehe, »als Laughton und als Galilei, daß der zeigende Laughton nicht verschwindet in dem gezeigten Galilei« (GBA 23,83). Über die Musik äußert er, Eisler habe »vorbildlich die Verknüpfung der Vorgänge besorgt, indem er zu der Fastnachtsszene des ›Galilei‹, dem Maskenzug der Gilden eine triumphierende und bedrohliche Musik machte, welche die aufrührerische Wendung an-

zeigt, die das niedere Volk den astronomischen Theorien des Gelehrten gab« (GBA 23,95). Die Musik habe Stellung genommen. Und vom Bühnenbild heißt es: Statt »die Illusion eines Raumes oder einer Gegend« zu erzielen, habe der Bühnenbildner sich auf geschichtliche Andeutungen beschränkt und »den ›Galilei‹ vor Projektionen von Landkarten, Dokumenten und Kunstwerken der Renaissance« gestellt (GBA 23,95 f.).
Im »Nachwort« zum *Aufbau einer Rolle. Laughtons Galilei* gibt BRECHT eine resümierende Bewertung seiner Erfahrungen. Die ›schlechte Presse‹ (vgl. Kap. VI.1) führt er auf das amerikanische Theatersystem zurück, nicht auf das Stück oder die Inszenierung.

»Die Aufführung des ›Galilei‹, vorbereitet durch mehrere Jahre und zustande gebracht durch die Opfer aller Beteiligten, wurde von kaum zehntausend Menschen gesehen. Sie wurden gezeigt in zwei kleinen Theatern, je ein dutzendmal, zuerst in Beverly Hills (Los Angeles), dann mit einer vollständig neuen Besetzung in New York. Sämtliche Vorführungen waren ausverkauft, jedoch war die Presse schlecht. Dem standen gegenüber die anerkennenden Äußerungen von Leuten wie Charles Chaplin und Erwin Piscator und das Interesse des Publikums, welches groß genug schien, das Haus noch für geraume Zeit zu füllen; aber die möglichen Gewinne waren angesichts der hohen Rollenzahl nicht sehr groß, selbst bei ausgezeichnetem Geschäftsgang, und das Angebot eines künstlerisch interessierten Produzenten konnte nicht angenommen werden, weil L., der schon mehrere Filmangebote zurückgewiesen und große Opfer gebracht hatte, nicht wagen konnte, ein neues Angebot dieser Art zurückzuweisen. So blieb das Ganze das Privatunternehmen eines großen Künstlers, der, seinen Unterhalt jenseits des Theaters verdienend, es sich leistete, eine großartige Arbeit für so und so viele (und nicht sehr viele) Interessen auszustellen. Diese Feststellung, so bedeutungsvoll sie sein mag, gibt freilich nicht das ganze Bild. Stücke und Aufführungen dieses neuen Typus können ihr Publikum bei der Organisationsform des amerikanischen Theaters dieser Jahre nicht erreichen. So müssen solche Aufführungen als Exempel eines Theaters betrachtet werden, das unter anderen politischen und ökonomischen Verhältnissen möglich sein könnte. Mit ihren Errungenschaften und Fehlern sind sie Studienobjekte für solche, die sich ein Theater großer Gegenstände und lohnender Schauspielkunst wünschen.«

Ebd. GBA 25,68 f.

3. Köln 1955 und Berlin 1957

Die Erstaufführung der Berliner Fassung erfolgte am 16. April 1955 unter der Regie von Friedrich Siems an den Kammerspielen Köln. Der Titel lautete *Galileo Galilei.* Das Bühnenbild stammte von Max Fritzsche. Den Galilei stellte Kaspar Brüninghaus dar. Spielvorlage war der in Heft 14 der *Versuche* (1955) veröffentlichte Text. Die Schlußszene (»Grenzstadt«) war gestrichen. Brecht, der der Aufführung nicht beiwohnen konnte, bat den Regisseur brieflich um »Fotos« (19. September 1955, GBA 30,377).
Noch im gleichen Jahr begann Brecht selbst damit, das Stück am Berliner Ensemble einzustudieren. Im Oktober 1955, wenige Wochen vor Beginn der Proben, verständigte er sich mit Caspar Neher über die Bühnenausstattung:

»Die auf italienische Art leicht aufmontierte und als leicht aufmontiert erkennbare Bühne. Nichts Steinernes, Wuchtiges, Massives.
Keine Interieurs.
Farbe von den Kostümen her. Also in Bewegung.
Die Bühne zeigt das Milieu Galileis, in zeitgenössischen Zeugnissen (Technische Handzeichnungen Leonardos, die Wölfin mit Romulus und Remus, ein Kriegsschiff aus dem Arsenal von Venedig usw.)

Keine Projektionen, da die Bühne dann nicht voll beleuchtet werden kann.
Eventuell riesige Fotos, edel aufgehängt.
Steinboden.«

Zwei Gespräche mit Neher über *Leben des Galilei* (3. und 5. Oktober 1955). In: GBA 24,251.

Die erste Probe fand am 14. Dezember 1955 statt, die letzte, die Brecht leitete, am 27. März 1956. Von sämtlichen 59 Proben existieren Tonbandmitschnitte, die im Bertolt-Brecht-Archiv aufbewahrt werden. KÄTHE RÜLICKE, die Brecht bei den Proben assistierte, veröffentlichte 1957 Protokolle und Regieanweisungen zur 14. Szene (»Landhaus«), mit der die Aufführung schloß. Aus ihnen geht hervor, wie Brecht mit dem Darsteller des Galilei – Ernst Busch – schrittweise die widersprüchlichen Seiten an der Figur herausarbeitete, wobei er deren negative Züge weiter verschärfte:

»Vor der Probe hatte Brecht ein Gespräch mit Busch, in dem er ihm erklärte, daß die beiden bisherigen Versionen,
I. Galilei als kindischer alter Mann, aber mit großen Augenblicken seiner alten geistigen Größe, der von seiner Tochter, die er unterschätzt hat, beherrscht wird, und
II. Galilei im vollen Besitz seiner Geisteskräfte, der sich in bösartiger Weise über seine Tochter, die er zugrunde gerichtet hat, lustig macht,
zwei Schichten derselben Figur seien, Brechts eigentliche Absicht aber in eine dritte Richtung gehe: Galilei müsse als sozialer Verbrecher, als völliger Lump gezeigt werden. Sein Vergehen werde noch schlimmer dadurch, daß er es, im vollen Besitz seiner Geisteskräfte, auch noch klar analysieren könne.«

Probe vom 21. Januar 1956. In: Käthe Rülicke: Bemerkungen zur Schlußszene. In: Materialien zu Brechts *Leben des Galilei.* Zsgest. von Werner Hecht. Frankfurt a. M.: Suhrkamp, 1963. S. 91–152; hier: S. 118. –

Über die Probe vom 21. März 1956 schreibt RÜLICKE:

»Brecht begann die Probe wieder mit einer Analyse der Figur Galileis. Hatte er in den bisherigen Proben den ›Lumpen‹ aufgebaut, so holte er jetzt die positiven Seiten der Figur heraus.
›Galilei ist gezeigt als ein Mann, der recht hat, einer der großen Helden der nächsten fünfhundert Jahre, der alle Widerstände niedertrampelt – der aber dann umfällt und zum Verbrecher wird. Das ist eine der großen Schwierigkeiten: aus dem Helden den Verbrecher herauszuholen. Trotzdem: er ist ein Held – und trotzdem: er wird zum Verbrecher. Das kann man nicht dem Publikum überlassen. Das muß man herausholen und hoffen, daß es beim Publikum ankommt.‹ – ›Dabei ist er nicht einfach ein Mensch, der schuldig ist – schuld ist die Gesellschaft, die die Produktion zum Verbrechen macht. Natürlich ist die Inquisition schuldiger als der Galilei, er ist auch der Geschädigte. Aber es muß enthalten sein der Gefallene, der sich selbst geschädigt hat durch den Umfall; der bösartig ist und eitel, der nichts wahrhaben will, der den Schüler, der kommt, ausholen will: er soll etwas Positives aussagen, aber da ist nichts. Und er, frech und provokatorisch: Ich bin sehr gesund, ich gehe meiner seelischen Wiedergesundung entgegen.‹«

Ebd. S. 121.

Gegen Schluß des Aufsatzes heißt es:

»Brecht zeigt die Vergänglichkeit jedes Vorganges durch den Widerspruch, der sich meldet: Galileis Forschungstrieb ist ein lebensgefährliches Laster, dem er nicht widerstehen kann, aber die Gesellschaft verdankt ihm die ›Discorsi‹. Galilei liefert die ›Discorsi‹ aus Eitelkeit aus, seine Rückfälle beklagend und verurteilend, aber die Übergabe bleibt Dienst an der Gesellschaft.
Galileis Zynismus enthält wissenschaftliche Ehrlichkeit und

Andreas Ethik – ›Furcht paßt nicht zur Leistung der ‚Discorsi'‹ – Mangel an analytischem Denken. Galileis Eingeständnis des Verbrechens enthält die Ablehnung einer Entschuldigung, Andreas Verteidigung – und Galilei hat tatsächlich durch den Widerstand Zeit gefunden, das Buch zu schreiben, – enthüllt seine Korrumpierung durch die Auslieferung des Buches. Galileis Analyse beweist die Unzerstörbarkeit seines Gehirns, aber die Klarheit seines Denkens macht das Verbrechen verurteilungswürdiger.«

Ebd. S. 151.

Nach Brechts Tod im August 1956 setzte Erich Engel die Inszenierung fort. Er übernahm zwar Brechts Konzeption, brachte aber eigene Vorstellungen ein. Ernst Busch, der mit Brechts Abwertung der Hauptfigur nicht einverstanden gewesen war, der sich mit seinen Einwänden aber nicht hatte durchsetzen können, konnte der Rolle nun wieder positivere Züge verleihen (vgl. die Notizen von Käthe Rülicke, BBA 673/54 f.).
Die Premiere fand am 15. Januar 1957 im Theater am Schiffbauerdamm statt. Wie in den amerikanischen Inszenierungen wurde die Musik Eislers verwendet, an der der Komponist im Frühjahr 1956 erneut gearbeitet hatte. Nehers Entwürfe für das Bühnenbild wurden von Gustav Hoffmann ausgeführt.
Die Spielfassung wurde 1970 im Henschelverlag Berlin (DDR) veröffentlicht. Sie besteht aus 13 Szenen. Gestrichen sind die 5. Szene (Galilei setzt trotz der Pest seine Forschungen fort) und die Schlußszene. In der 4. Szene wurde die Episode Andrea – Cosmo nicht gespielt (die schon in der 2. Fassung gestrichen war). Die Eingangsverse der Szene »Grenzstadt« wurden als Epilog verwendet.
Brecht plante, über die Zusammenarbeit mit Busch einen Bericht zu schreiben. Dazu kam es indessen nicht mehr. Der Band *Aufbau einer Rolle. Buschs Galilei* wurde nach seinem

Tod von Eisler herausgegeben (Henschelverlag, Berlin [DDR] 1958), der ein Vorwort und – zusammen mit Isot Kilian – die Erläuterungen zu den Szenenfotos schrieb.
Alle drei Fassungen des Stücks wurden nach Brechts Tod verfilmt. 1961 drehte Egon Monk für den Norddeutschen Rundfunk einen Film nach der Berliner Fassung. Die amerikanische Fassung wurde 1974 von Joseph Losey verfilmt – unter Streichung der Fastnachtsszene (USA/Kanada/England). Von der Premiere der dänischen Fassung am Berliner Ensemble (Regie: Manfred Wekwerth / Joachim Tenschert) entstand 1978 ein Mitschnitt für den Deutschen Fernsehfunk der DDR.

VI. Dokumente zur Rezeptionsgeschichte

1. Zur Rezeption auf der Bühne

Leben des Galilei gehört zu den meistinszenierten und meistaufgeführten Stücken Brechts – sowohl innerhalb als auch außerhalb des deutschen Sprachraums – und darüber hinaus zu den international erfolgreichsten deutschsprachigen Bühnenstücken der Nachkriegszeit. Nach seiner Züricher Uraufführung (1943) wurde das Schauspiel zunächst in den USA (1947) und in Kanada (1953), dann in der BRD (1955 und 1956), in Österreich (1956) und in der DDR (1957) inszeniert. In den folgenden Jahren wurde es in den Spielplan wohl aller wichtigen deutschsprachigen Bühnen aufgenommen. Allein in der BRD wurde es im Zeitraum zwischen 1956/57 und 1965/66 27mal in Staats- und Stadttheatern in Szene gesetzt. Damit nahm das Stück den fünften Rang unter den Brecht-Inszenierungen ein (nach *Mutter Courage und ihre Kinder*, *Der gute Mensch von Sezuan*, *Die Dreigroschenoper* und *Herr Puntila und sein Knecht Matti*). Von der Anzahl der Aufführungen her kam es mit 444 Vorstellungen auf den sechsten Platz (nach *Der kaukasische Kreidekreis*; vgl. *Brecht auf deutschen Bühnen*). In der DDR gehörte *Leben des Galilei* zu den zwar regelmäßig, aber weniger häufig inszenierten Brecht-Dramen.

Das Interesse am Stück schwankte im Laufe der Zeit etwas. Am häufigsten wurde es in den siebziger Jahren im deutschen Sprachraum einstudiert. Insgesamt lassen sich in den deutschsprachigen Ländern etwa 150 Inszenierungen bis zum Jahr 2000 nachweisen.

Meist wurde die 3. Fassung gespielt, nur gelegentlich wurde dagegen auf die 1. (wie vom Berliner Ensemble 1978) oder die 2. Fassung zurückgegriffen (wie in Wien 1956) oder mit Textstellen aus der 1. Niederschrift experimentiert (wie vom

Berliner Ensemble 1997). Die Schlußszene (»Grenzstadt«) wurde häufig gestrichen.
Außerhalb der deutschsprachigen Länder wurde das Stück in Europa zunächst im Osten auf die Bretter gebracht, ab 1960 auch im Westen. In den sechziger und siebziger Jahren wurde es in nahezu allen europäischen Staaten inszeniert, z. T. mehrfach. Bereits 1958 wurde es in Tokio gegeben. Es folgten Erstaufführungen u. a. in Indien (Burdwan 1960/1961), Australien (Sidney 1961), Israel (Tel Aviv 1962), in zahlreichen Staaten Südamerikas, in Mexiko (Mexiko Stadt 1967), Sri Lanka (1969), Irak (Bagdad 1975), Kuba (Havanna 1975), China (Peking 1979), Thailand (1985), in der Mongolei (Ulan-Bator 1988) und in Bangladesch (Dhaka 1989).

a) Die frühen Inszenierungen (1943 bis 1957)

Die Uraufführung am 9. September 1943 am Züricher Schauspielhaus stieß sowohl beim Publikum als auch bei der Theaterkritik auf große Zustimmung. Die Mehrzahl der Kritiker lobte den Regisseur und Hauptdarsteller Leonard Steckel und hob die politische Aktualität des Stücks hervor: die Parallele zwischen Inquisition und Gestapo, zwischen Galileis Widerruf und heimlicher Weiterarbeit und dem illegalen Kampf gegen den Nationalsozialismus. Bernhard Kissel schrieb:

»Das Publikum […] applaudierte nach jedem Bild, wollte sich vor der ersten großen Pause kaum beruhigen lassen und fand zum Schluß kein Ende mehr und zwang alle Mann wieder und wieder vor den Vorhang. Und hier wollen wir ansetzen. Natürlich ist Erfolg längst kein ausreichender Beweis für oder gegen den Wert eines Werkes. Doch ein Erfolg, der gegen alle Regeln der Kunst des Erfolges errungen wurde, der nur noch mit den strengsten Mitteln geistiger Disziplin angestrebt wurde, beweist zum mindesten die Richtigkeit der Form, in die ein Dichter seine Gedanken goß, und hier – im vorliegenden Falle – die Berechtigung des ›epischen‹ Theaters Brechts. Freilich könnte man auch versuchen, diesen erstaunlichen Erfolg allein durch die Aufführung zu erklären, die, denkbar gründlich von Steckel, Theo Otto und dem Ensemble vorbereitet, auch schon als solche großen Beifall verdient hatte, oder, um das Thema erschöpfend zu behandeln, darin einfach eine Bestätigung der Grundthesen Brechts durch das Publikum zu sehen, der Sieg der Vernunft sei ein Sieg der Vernünftigen. [...]

Steckel, der nicht nur die Regie führte, sondern auch die Titelrolle spielte, hatte Brechts Absichten zutiefst verstanden, wenn er auf jede künstliche Dramatisierung verzichtete, sich und das ganze Ensemble strikte darauf beschränkte, die ›immanente‹, die echte Dramatik der Wirklichkeit spielen zu lassen. So kam es, daß er trotz dem völligen Verzicht auf jede Maske – er trug nur einen Bart – erst sprechend, erst seine, Galileis Gedanken entwickelnd, die große Verwandlung vollzog, daß er sich nur des Gedankens bedienend die Gestalt und das Format Galileis annahm, bis man beinahe erschrocken entdeckte, daß dieser Galilei, der uns zunächst durch seine moderne Prägung verwirren wollte, genau jenem berühmten Bilde Galileis glich, das in Florenz im Pitti hängt – das Porträt des großen Gelehrten, das ein unbekannter, zeitgenössischer Maler hinterließ: der große, bartumrahmte Kopf mit der hohen, breiten Stirn, den großen, schwarz glitzernden, gütigen Augen, dem weichen Mund. [...]

Es soll hier abschließend nur eines noch gesagt sein: Wenn etwas Brechts Glauben an die ›sanfte Gewalt der Vernunft über die Menschen‹ beweisen konnte, dann war es der frappante Erfolg dieser Aufführung. Denn nirgend hatten der Dichter und seine dramatischen Interpreten den Versuch gemacht, an unsere Gefühle zu appellieren, mit Spannung, Suggestion zu arbeiten, und überall war es gelungen, uns vor die geistige Entscheidung, vor die freie Entscheidung aus der Vernunft zu stellen und uns dafür zu interessieren!«

B[ernhard] K[issel]: *Galileo Galilei.* Uraufführung im Schauspielhaus. In: Tages-Anzeiger. Zürich. 11. September 1943.

Eduard Briner betonte im Berner *Bund* die Gegenwartsnähe der Titelfigur:

»Die Gestalt des bedeutendsten italienischen Naturforschers, der zu den Begründern der modernen Naturwissenschaft zählt, steht heute nicht in der geschichtlichen Distanz des als finster verschrienen Inquisitions-Zeitalters vor uns. Sondern sie wirkt in unserer verfinsterten Epoche beängstigend zeitnah. Der Kampf des freien, wagemutigen Denkens gegen eine unheimliche Übermacht hat in Bert Brechts Schauspiel eine Geltung gewonnen, die nicht im historischen Fresko befangen bleibt.«

E[duard] Br[iner]: *Galileo Galilei.* Uraufführung in Zürich. In: Der Bund. Bern. 11. September 1943.

Jakob Welti akzentuierte den Aspekt der illegalen Aktion:

»Hier, im letzten der zwölf Bilder, [...] hat Brechts Lehrstück einen besonderen aktuellen Einschlag, weil mit dem Bekenntnis des greisen Gelehrten die Frage auftaucht: Wie bringt man Dokumente aus einem ›okkupierten‹ Lande heraus? Die glückhafte Lösung dieses Problems trägt dem Ausklang des die geistigen Sphären mit gewollter Einfachheit durchmessenden Werkes eine heute besonders volkstümliche Note zu.«

wti [Jakob Welti]: *Galileo Galilei.* Schauspielhaus (9. September). In: Neue Zürcher Zeitung. 11. September 1943.

Einwände gegen Steckels konventionellen Inszenierungsstil hatte ELISABETH BROCK-SULZER. Einige Monate zuvor hatte der Regisseur am gleichen Haus *Der gute Mensch von Sezuan* uraufgeführt:

»Die Aufführung war der letzten Brecht-Premiere nicht gewachsen. Ob die scheinbare Historienatmosphäre des Stücks als Falle gewirkt hat? Sicher ist der ›Galilei‹ viel verborgener modern als der ›Gute Mensch‹, aber ihn nun in historischen Kostümen, in illusionsschaffender historischer Kulisse zu spielen, ist doch wohl eine Fehllösung. Auch der Ansager hätte nicht zu einer körperlosen Stimme verringert werden dürfen. Eine gewisse nackte Neutralität der äußeren Gestaltung hätte dem Stück besser angestanden, sie hätte wohl den typisch Brecht'schen Zweiklang von Lehrhaftigkeit und Dämonie zum Klingen gebracht. [...] Und wenn schon nicht Italien, so hätte doch wenigstens nicht Berlin anklingen dürfen – so wenig wie in Galileis Jüngern die schweizerischen Kehllaute.«

Elisabeth Brock-Sulzer: Das Schauspiel in Zürich. In: Schweizer Monatshefte. Oktober 1943. S. 385–390; hier: S. 388. – © Schweizer Monatshefte, Zürich.

Die amerikanischen Aufführungen in Los Angeles (Premiere: 30. Juli 1947) und New York (7. Dezember 1947) kamen besonders beim Publikum gut an. Von den Kritikern wurde allgemein die schauspielerische Leistung von Charles Laughton gelobt, dessen Rückkehr auf die Bühne zahlreiche Hollywood-Stars in die Erstaufführung gelockt hatte, darunter Charlie Chaplin, Ingrid Bergman und Anthony Quinn. Auch die Inszenierung fand Beifall. Dagegen wurde das Stück reserviert aufgenommen: Mehrere Rezensenten nahmen Anstoß an seiner undramatischen Struktur. Nur wenige erkannten die Aktualität des Schauspiels. Immerhin hob der mit Brecht bekannte Schriftsteller JOHN (HANS)

W. Winge die Parallele zwischen Galilei und den Atomwissenschaftlern hervor:

»Im Werk und Kampf Galileis hatte Brecht interessante Parallelen zu der Situation der freien Forschung in der Gegenwart gefunden. Noch viel größeres Gewicht aber erhielt diese Analogie, als das ungeheure Potential der Atomzertrümmerung nicht zu friedlichem Aufbau, sondern zu gräßlicher Vernichtung verwendet wurde. Brecht fing sofort an, sein Stück umzuarbeiten; gleichzeitg begannen die täglichen Nachrichten sich mehr mit den historischen Fakten der Galilei-Epoche zu decken. Die Einengung der wissenschaftlichen Forschung durch die Autoritäten im Zusammenhang mit der Konstruktion der Atombombe schien noch verhängnisvoller zu sein als in dem Falle des Galilei, der aber als Einzelbeispiel die Tragödie des Wahrheitssuchers bietet, indem er aus persönlicher Angst sein besseres Wissen preisgibt.
Wie nahe diese Parallelen sogar im Detail mit unserer Gegenwart laufen, geht aus Brechts neuem Schauspiel mit bedrückender Klarheit hervor.«

John W. Winge: *Galileo Galilei.* Bertolt-Brecht-Uraufführung in Kalifornien. In: Theater der Zeit 2 (1947) H. 9. S. 6 f.; hier: S. 6. – © Theater der Zeit, Berlin.

Louis Kronenberger setzte sich kritisch mit der Dramaturgie des Stücks auseinander:

»Im streng künstlerischen Sinn, ja sogar vom konventionellen Stückeschreiber her gesehen, ist ›Galileo Galilei‹ eine erschütternde Aufführung – wenige biographische Stücke sind das. Das Leben großer Männer wird selten so durchschaubar und ordentlich gelebt, wie es sich ein Dramatiker wünschen mag; und auf der Bühne kann so ein Leben auch nicht umfassend dargestellt werden. Dazu kommt, daß die Episoden-Methode, die Brecht ebenso wie viele Biographien auf der Bühne als notwendig befunden hat, sich nicht

als reiner Segen auswirkt. Man kann damit abgerissene Einzelszenen darstellen, abgehackte Kontinuität wieder neu entstehen lassen, ja hin und wieder unerwarteten Applaus ernten, dafür aber läßt diese Methode keinen sich durch das Ganze ziehenden Faden, keine sich entwickelnde Spannung entstehen, die zu den größten Wirkungen des Dramas gehört. Die Episoden-Methode muß sich allzu oft mit kleinen Angriffen und Schlägen begnügen. [...]
Eigentlich gleicht ›Galileo Galilei‹ einem Konversationsstück, und es ist die Qualität des Wortes, die das Stück so allgemein anregend und brillant macht. Hier reicht Herr Laughton an Herrn Brecht heran; Laughton hat nicht nur all das vermieden, das wie eine gelungene Übersetzung wirken könnte; seine Dialoge lassen ihre Geschmeidigkeit, ihre Weltlichkeit, ihren verspielten Witz und die unaufdringliche Wärme und Kraft, die ihnen anhaften, durchblicken.«

Louis Kronenberger: Experimental Theater Offers a Superior Play. In: PM (Picture Magazine). New York. 9. Dezember 1947. (Übers. von Monika Wyss.) In: Brecht in der Kritik. Rezensionen aller Brecht-Uraufführungen sowie ausgewählter deutsch- und fremdsprachiger Premieren. Eine Dokumentation von Monika Wyss mit einführenden und verbindenden Texten von Helmut Kindler. München: Kindler, 1977. S. 494 f. –

Über die Kritiken, die die New Yorker Aufführung erhielt, äußerte Brecht sich ungehalten:

»Die ›New Yorker Presse‹ beschwert sich übellaunig über die Zumutung, über den ›Galilei‹ nachdenken zu müssen. Das Bürgertum ist überhaupt nicht mehr zu diesem allgemeinen, unspezialisierten Denken bereit, das Stücke verlangen, die sich mit ihm beschäftigen. [...] Kurz, das Denken ist zu schwer und gehört schon deshalb nicht zu den Vergnügungen.«

Journal. 22. Dezember 1947. In: GBA 27,256.

Anläßlich der von dem Theaterkritiker Armin Kesser aufgeworfenen Frage, wie »tief die Mißverständlichkeit« seiner Stücke »in ihnen steckt«, notierte Brecht in sein *Journal*: »In der Tat wurde der ›Galilei‹ als eine Ehrenrettung des Opportunismus aufgefaßt« (7. Januar 1948, GBA 27,263). In seiner Antwort führte er aus, »daß der bürgerliche Darstellungsstil alles aus Altertum, asiatischem Bereich, Mittelalter und alles Antibürgerliche aus der neueren Zeit dem Bürgertum als das Seine verkaufen kann. Der Stückeschreiber kann sich nur dadurch retten, daß er die Substanz aufgibt oder (und) einen Leitartikel anhängt.« Die Bemerkung über den ›Galilei‹ entnahm Brecht vermutlich einer Besprechung des Kritikers und Schriftstellers Hans Sahl, der die Verhaltensmoral der Hauptfigur problematisierte:

»Das Stück, imponierend durch die leidenschaftslose Objektivität, mit der es den Begriff des ›Heroischen‹ in der Geschichte durch den der Zweckmäßigkeit (und persönlichen Sicherheit) ersetzen will, läßt jedoch viele Fragen offen – zum Beispiel ob nicht etwa die Darstellung von Galileis Verhalten vor dem Gericht einer Apologie des Opportunismus gleichkommt. Die Angst vor der Folter, vor dem physischen Schmerz, die einen Galilei bewog, seine Lehre zu widerrufen, ist zwar menschlich plausibel, aber vom Standpunkt einer moralischen Wertsetzung gewiß nicht beispielhaft. Es gäbe sonst keine Heiligengeschichte, keine politischen und religiösen Märtyrer, keine Jeanne d'Arc und keinen Sokrates. Trotz diesen Vorbehalten bleibt jedoch Brechts Galilei eines der interessantesten, denkwürdigsten Experimente, die man seit langem auf einer amerikanischen Bühne sah, nicht zuletzt durch die große Kunst Charles Laughtons, dessen darstellerischer Intelligenz der Erfolg des Stückes zu danken ist. [...] Sein Galilei ist keine Heldenfigur des historischen Theaters, sondern ein geistiger Mensch, ein denkender Schauspieler, der Inhalte vermittelt, Thesen auseinandersetzt [...].«

Hans Sahl: Theater in New York. In: Neue Zürcher Zeitung. 17. Dezember 1947.

Die Erstaufführung der 3. Fassung an den Kammerspielen Köln unter der Regie von Friedrich Siems (16. April 1955) geriet zwischen die Fronten des Kalten Krieges. Nach dem 17. Juni 1953 wurden die Stücke Brechts aus vielen Spielplänen westdeutscher Theater entfernt. Die Kölner Aufführung trug dazu bei, den Boykott zu durchbrechen. In der Bundesrepublik wurde die Inszenierung zwar weithin begrüßt und verteidigt. Dabei vertraten einige Kritiker jedoch die Ansicht, man müsse zwischen dem Dichter und dem Kommunisten Brecht trennen: »Die Wiederkehr Brechts auf unsere Bühnen«, meinte z. B. Gerhard Schön in der *Stuttgarter Zeitung*, »läßt sich nur dadurch rechtfertigen, daß zwischen Werk und Autor genau unterschieden wird« (»Von der Unruhe des Gehirns. Brechts ›Galileo Galilei‹ in Köln«, 20. April 1955). Zu den – auch bei späteren Inszenierungen – wiederkehrenden Rezeptionsmustern der westlichen Presse gehörte es, Galilei als Selbstporträt Brechts zu deuten und Florenz bzw. Rom mit Ost-Berlin, die Kirche mit der Partei zu vergleichen. Nur wenige Kritiker stellten dagegen einen Bezug zur Bedrohung der Menschheit durch die Atombombe her, wie z. B. Ludwig Gatter, der Galilei mit J. Robert Oppenheimer verglich. Das Stück sei »beklemmend aktuell«, »kulturhistorisch« jedoch »ausgesprochen gestrig«, denn

»eben jene positivistischen Geister, die der Dichter rief, wird er nun zwiefach nicht mehr los. (Hat er das Werk deshalb zwölf Jahre lang zurückgehalten?) [...] Endlich sind es die Theologen nicht mehr, die der Naturerkenntnis Grenzen setzen; es sind die exakten Naturwissenschaftler sich dieser Grenzen selber bewußt. Spätestens seit Planck, Einstein, Jordan, Hahn und Heisenberg haben sie die Demut gelernt und wissen ›das Unerforschliche ruhig zu verehren‹. Insofern ist Brechts ›Galilei‹ gestriger als Goethes ›Faust‹.«

Ludwig Gatter: »... auch wenn sie Geschenke bringen«. Anmerkungen zur Kölner deutschen Erstaufführung von Brechts *Galilei*. In: Kölnische Rundschau. 18. April 1955.

Nach der deutschen Erstaufführung studierte Friedrich Siems das Stück erneut an den Städtischen Bühnen Nürnberg-Fürth ein (Premiere: 26. Mai 1956). Dabei wurde zum ersten Mal die deutsche Fassung der Szeneneingangsverse in der Vertonung Eislers verwendet.
Mit der Inszenierung am Berliner Ensemble im Theater am Schiffbauerdamm unter der Regie von Brecht und Erich Engel (Premiere: 15. Januar 1957) erlebte das Stück seine Erstaufführung in der DDR. Die Szeneneingangs- und die Schlußverse wurden von fünf Sängerknaben des Leipziger Thomaner-Chors gesungen.
Die Kritiker waren sich einig, einem herausragenden künstlerischen Ereignis beigewohnt zu haben. Auch die Aktualität des Stückes wurde allgemein bemerkt. Im Westen glaubte man regimekritische Anspielungen zu erkennen. So schrieb FRIEDRICH LUFT, der bei der Kölner Premiere noch die Vermutung geäußerte hatte, daß das Stück in der DDR nicht gespielt werden dürfe (in: *Die Welt*, Hamburg, 19. April 1955):

»Man sieht vor allem ein Stück, das, gerade jetzt und hier in Ostberlin gespielt, auf eine beklemmende Weise revolutionär wirkt. Es handelt von der bedrängten Freiheit des wissenschaftlichen Gewissens. Es zeigt das Dilemma, in das Galilei, der geniale Sternphysiker, gerät, da er erkennen muß, wie das alte Weltbild falsch und überholt ist. Die neuen Augen eines neuen Zeitalters strafen den wissenschaftlichen Glauben von gestern Lügen.
Er sieht das Neue. Er kann es beweisen. Aber er darf es nicht. Die Wahrheit will, sagt das Stück, mit List verbreitet werden. Neue Erkenntnisse sind in dieser Welt immer mißliebig gewesen. Die Mächtigen stützen sich, zeigt die ausgebreitete Handlung, immer auf das Wissen von gestern. Unterdrückung ist die Antwort auf den Fortschritt. Keine Gewalt, keine Diktatur kann die denkerische Verwandlung der Welt dulden. [...]

Das nun gerade in einem Theater zu hören, das in einer Zone liegt, wo sich die Herrschenden gegen eine Veränderung zum Humaneren hin brutal sträuben, ist erregend. Professoren und Studenten der Ostzone, die das verhärtete Dogma eines längst toten Stalinismus nicht mehr annehmen wollen, sitzen im Gefängnis. Ulbricht hält jeden Ansatz eines liberalen Denkens für Hochverrat und verfolgt ihn unerbittlich. Diesen ›Galilei‹, dieses kluge und mit revolutionärer Weisheit durchsetzte Stück, gerade an diesem Ort zu betrachten, ist gespenstisch, ist fast so etwas wie eine politische Reinigung Brechts posthum. [...]
Die Aufführung, die man sah, kam der Vollendung nahe. Hier entfallen fast alle Stil-Sperenzchen, denen sich Brecht oft übermäßig hingab. Der Trick der ›Verfremdung‹ ist wohl angewandt, aber er wird diesmal nicht überbetont. Das Prinzip der ständigen Illusionsdurchbrechung wird hier nur mit Maßen angewandt, so daß man ein kühl gezeichnetes, daß man ein bewußt weggerücktes, aber gerade dadurch höchst beteiligendes und gedanklich beschäftigendes Tableau eines exemplarischen Schicksals betrachtet. [...]
Den Galilei spielt hier Ernst Busch. Er mag nicht das lebensliebende Format eines Charles Laughton haben, der die gleiche Rolle in New York schon gespielt hat. Er mag oft die an sich doch eher joviale, pfiffig-gemütliche Gestalt etwas zu mürrisch und unwirsch machen – trotzdem kann er das grüblerische Ungenügen, kann er die vertrackt Brechtsche Doppelbödigkeit der Figur so kenntlich machen, daß man fasziniert ist. Man sieht ihn denken. Nur selten wischt er diesen schönen Ausdruck durch eine etwas plakathafte Diktion zu.«

Friedrich Luft: Bertolt Brecht, *Leben des Galilei.* Theater am Schiffbauerdamm [17. Januar 1957]. In: F. L.: Stimme der Kritik. Bd. 1: Berliner Theater 1945–1965. Frankfurt a. M. / Berlin / Wien: Ullstein, 1982. S. 298–301, hier S. 299 f.

Ernst Buschs schauspielerische Leistung wurde zwar vielfach gelobt. Doch gab es auch Einwände gegen seine Rollengestaltung. Besonders die ostdeutsche Presse setzte sich differenziert mit den epischen Verfahren der Dramaturgie und der Inszenierung auseinander. Henryk Keisch monierte, es sei dem Schauspieler nicht gelungen, Galileis Verrat und Verbrechertum glaubhaft zu vermitteln:

»Ernst Busch gibt den Galilei mit aller gewohnten Virtuosität (wenn auch leider in den ersten Szenen mit nachlässigerer Diktion als sonst). Sein Spiel ist saftig, geistvoll, brillant, gegen Schluß bewegend und in die Tiefe bohrend, eine außerordentliche darstellerische Leistung voll phantastischer Nuancen. Die eine Nuance jedoch, die in dem besessenen Wahrheitssucher und zuversichtlichen Bekenner des Anfangs den zuletzt Besiegten, den ohne Selbstbeschönigung Kapitulierenden vorausahnen ließe, zumindest als eine in ihm ruhende gefährliche Möglichkeit – gerade sie fehlt der Bühnenfigur. Über dem Galilei der Inszenierung liegt kein Zwielicht. Die gute Sache scheint bis zu dem Augenblick, da er sie verrät, bei ihm, ihrem überzeugtesten Verfechter, aufs beste aufgehoben. Gewiß, im Alltag kommt es vor, daß jemand, in den wir Vertrauen setzten, uns urplötzlich und unerklärlicherweise enttäuscht. Die Kunst jedoch erträgt keine Brüche, keine psychologische Willkür, sie verlangt Motivierungen, selbst wenn diese erst hinterher als solche erkennbar werden. Gewisse Züge von Eigensucht und prinzipienlosem Opportunismus, die der Brechtsche Galilei von Beginn an zeigt, dürften also nicht durch ironisches Überspielen zugedeckt, sondern müßten im Gegenteil kritisch akzentuiert werden. Sie verdienen nicht die lächelnd-verständnisvolle Nachsicht, die sie uns in der Inszenierung abfordern.
Buschs Galilei bleibt, wenn er den Mächtigen gegenüber Ergebenheit heuchelt, spielerisch, überlegen und innerlich frei. Der Galilei Brechts aber, meine ich, heuchelt gewissermaßen

aus Überzeugung, nämlich mit dem festen Willen, daß man ihm auch wirklich glaube. Auch diese Nuance muß den Zuschauer erreichen. Und der Galilei der letzten Szene, der als Gefangener der Inquisition sich selbst überlebt, verdient nicht nur unser Mitgefühl, denn er ist nicht nur ein von Tragik umwitterter Greis. Vielmehr müßte in der Unbestechlichkeit, mit der er seinen Bankrott kommentiert, Entschuldigungen nicht gelten läßt und sein eigenes Urteil spricht, außer der späten Einsicht auch ein bitterer Zynismus mitschwingen. Weil diese kritische Distanzierung nicht rechtzeitig sichtbar ist, gerät die Figur in Gefahr, sprunghaft zu wirken – und antwortet die Inszenierung auf die Frage ›Preis oder Verdammung des Galilei?‹ nicht mit genügender Klarheit: ›Preis *und* Verdammung.‹ Ein wichtiges dialektisches Anliegen Brechts kommt damit nicht voll zu seinem Recht. Den Grund möchte ich darin sehen, daß hier ein Darsteller von so außergewöhnlicher Potenz, ein Gestalter von so eindringlicher Charakterisierungskraft wie Busch offenbar nicht genug hinter seine Figur zurückgetreten ist, daß er ihr zuviel von der eigenen Persönlichkeit aufgeprägt hat.«

Henryk Keisch: Bertolt Brechts *Leben des Galilei*. Erstaufführung für die DDR im Berliner Ensemble am Schiffbauerdamm. In: Neues Deutschland. Berlin [DDR]. 29. Januar 1957.

Auch Fritz Erpenbeck kritisierte die Schlußszene (»Landhaus«). Die unbefriedigende Wirkung von Buschs Spiel führte er jedoch auf die dramatische Anlage dieser Szene zurück, in der Gesagtes und Gezeigtes einen spannungsvollen »Widerspruch« bildeten.

»Was sehe ich nun aber während dieser geistigen Auseinandersetzungen überdies auf der Bühne? Einen Mann, der am Fernrohr seine Sehkraft geschwächt hat und nun beim Arbeiten im Mondlicht – weil er illegal eine Abschrift seines für die Menschheit nützlichen Werks herstellte – fast erblindet ist. Das wird nicht gesprochen, sondern gezeigt. Ich sehe weiter einen Mann, einen dem ›Laster‹ des Denkens und Arbeitens verfallenen Mann, das ihm ›wie Krätze anhaftet‹, in immer noch gefährdeter Situation von einer widerwärtig dummen Tochter als Spionin seiner Feinde belauert. Und diesen Mann soll ich hassen? Verurteilen? Mögen mich noch so viele Kommentare dazu auffordern – ich kann es nicht! Während des Sehens, während der Vorstellung nicht. Das Lesen ist eine andere Sache.«

Fritz Erpenbeck: Verurteilung oder Mitleid? Einige Bemerkungen zur Berliner Aufführung von *Leben des Galilei*. In: Theater der Zeit 12 (1957) H. 3. S. 8–13; hier: S. 9. – © Theater der Zeit, Berlin.

Die Inszenierung trug wesentlich dazu bei, die Weltgeltung des Berliner Ensembles zu begründen. Auf Gastspielreisen wurde sie sowohl in West- als auch in Osteuropa und Skandinavien gezeigt, in Paris, Moskau, Leningrad (1957), Prag, Schleswig, Hamburg, Kiel, Lübeck (1958), Leipzig, Budapest, Bukarest, Halle, Stockholm und Helsinki (1959). 1960 erhielt sie in Paris den 1. Preis des Theaters der Nationen. Bis 1961 blieb die Inszenierung auf dem Spielplan des Berliner Ensembles und wurde insgesamt 242 Mal aufgeführt. Weitere Einstudierungen erfolgten 1971 (Regie: Fritz Bennewitz), 1978 (Regie: Manfred Wekwerth / Joachim Tenschert) und 1997 (Regie: B. K. Tragelehn).

b) Zu ausgewählten Inszenierungen nach Brechts Tod

Es folgten zahlreiche Inszenierungen in der Bundesrepublik und in der DDR. Auch im nicht deutschsprachigen Ausland wurde das Stück häufig einstudiert. Besonders erfolgreich war die italienische Erstaufführung am Piccolo Teatro in Mailand unter der Regie von Giorgio Strehler (Premiere:

22. April 1963). Die Titelfigur wurde von Tino Buazzelli dargestellt. Allein in Mailand erlebte die Einstudierung 163 Aufführungen, in Rom 63. Die Änderung, die Brecht an der Szene »Landhaus« vorgenommmen habe, stelle den Regisseur »vor die unlösbare Aufgabe«, schrieb SIEGFRIED MELCHINGER, »ein Stück als Ganzes auszugeben, dem ein Bruch zugefügt worden ist«:

»Strehlers rigoroses Ingenium nahm den Auftrag der Schlußszene sehr ernst. Er sah sich gezwungen, in ihrem Sinne den Charakter Galileis zu verändern und die Bilder in einem anderen Geist zu inszenieren, als er zumeist aus den Worten des Textes spricht. Bei Brecht ist Galilei ein lebensfroher Optimist, den die Lust des Entdeckens nicht minder beflügelt als die Lust an den Genüssen des Fleisches. Strehler hatte in Tino Buazzelli einen Darsteller, der, ein junger Laughton, das Zeug gehabt hätte, diesen Galilei mit Saft und Kraft auf die Bühne zu stellen. Er brauchte jedoch, von der letzten Szene her, einen anderen Galilei, einen Galilei, in dem auf jeden Fall der Geist über dem Leib stand. Er verbot dem Schauspieler alles Barocke. Nichts vom sprühenden Waschen des nackten Oberkörpers, nichts von der kindlichen Freude am Uebertölpeln anderer, nichts von Freßlust oder sonstiger Genußsucht. Erst im letzten Bild, also im Zustand der Selbsterniedrigung, sehen wir diesen Galilei schlürfen und schmatzen, nun ein seniler Schwächling, der preisgegeben hat, wofür er gelebt hatte: den Sieg des Denkens. [...]
Schließlich hat Strehler einen Satz wiederaufgenommen, den Brecht für Ostberlin gestrichen hatte: ›Ich bleibe auch dabei‹, sagt Galilei im letzten Bild, ›daß dies eine neue Zeit ist. Sollte sie aussehen wie eine blutbeschmierte alte Vettel, so sehe eben eine neue Zeit so aus. Der Einbruch des Lichts erfolgt in die allertiefste Dunkelheit.‹ Die Streichung dieses Satzes verstärkt die Zweifel daran, ob Brecht, der seine Meinung über Galilei in siebzehn Jahren dreimal gewechselt

hat, das von ihm aufgeworfene Problem, das größte dieses Zeitalters, das Problem von Wissen und Macht, bewältigt hat, und ob überhaupt ein Theaterstück imstande wäre, es zu bewältigen.«

Siegfried Melchinger: Der andere Galilei. Brechts Stück in Mailand. – In: Stuttgarter Zeitung, 23. April 1963. – © Stuttgarter Zeitung, Stuttgart.

Mit der Inszenierung des Stücks 1966 am Wiener Burgtheater endete der Boykott, den die Direktion des Hauses unter Leitung von Ernst Haeussermann über den Autor an dieser Bühne verhängt hatte. Für die Regie war Kurt Meisel verantwortlich, den Galilei spielte Curd Jürgens (Premiere: 30. Oktober). Einigkeit bestand unter den Kritikern darin, daß das Stück sowohl ästhetisch als auch politisch entschärft worden war. Es bestätigte sich, was Brecht selbst befürchtet hatte, als er schrieb: »An und für sich kann ›Leben des Galilei‹ ohne größere Umstellung des zeitgenössischen Theaterstils aufgeführt werden, etwa als ein historischer ›Schinken‹ mit einer großen Rolle. Eine konventionelle Aufführung [...] müßte jedoch die eigentliche Kraft des Stückes beträchtlich schwächen, ohne dem Publikum ›einen leichteren Zugang zu eröffnen‹« (Materialien zu Brechts *Leben des Galilei*, zsgest. von Werner Hecht [1963], S. 47).[17] In der Bewertung der Inszenierung waren sich die Rezensenten jedoch uneins. Noch nie sei so deutlich gezeigt worden, »wie wenig Brecht mit Brecht zu tun hat«, urteilte der Kritiker der Wiener *Presse*: »Da ist alles, wogegen er mit kalter, höhnischer Provokation gekämpft hat: ›kulinarisches‹ Theater, ›dramatisches‹ Theater – von ›Verfremdung‹ keine Rede. Ein verkappter Burgtheaterautor ist er, der Brecht.« Endlich habe ein Regisseur den Mut gehabt, Brecht »so zu inszenieren, als wäre Brecht nicht Brecht, sondern eben ein Autor, fern von allen Theatertheorien und sonstigen. Bahnbre-

17 Zur Herkunft dieser Textstelle vgl. Schumacher, S. 454, Anm. 42.

chend, möchte man sagen« (Piero Rismondo, »B. B. B. Bert Brechts ›Leben des Galilei‹ mit Curd Jürgens im Burgtheater«, in: *Die Presse*, Wien, 2. November 1966).

Aus dem gleichen Grund lehnte EDMUND TH. KAUER die Inszenierung ab:

»Und so geschah das zwingend Unvermeidliche, das Brecht nicht gewollt hat: dieses Stück, das eine kopernikanische Revolution des Theaters vollziehen will, streift an den Rand eines altmodischen Stückes gegen die bösen Pfaffen, die dem Aufklärer den Maulkorb vorbinden. Und das im Burgtheater!«

Kauer: Der erste Brecht im Burgtheater. Des Galileo Galilei Glück und Ende, ganz privat. In: Volksstimme. Wien. 1. November 1966.

1978 – aus Anlaß des 80. Geburtstages von Brecht – wurde das Stück erneut am Berliner Ensemble einstudiert (Premiere: 10. Februar). Für die Regie waren Manfred Wekwerth und Joachim Tenschert zuständig, die Titelfigur gab Ekkehard Schall, der 1957 den Andrea gespielt hatte. Textgrundlage war die 1. Fassung. Das Stück wurde als ein »Jahrmarktsspektakel« angelegt, um, wie Wekwerth im DDR-Rundfunk erläuterte, »den ›Galilei‹ aus dem Verdacht des Klassistischen«, »des ›Weihespiels‹« herauszubringen. Entsprechend wurde das Stück mit der Karnevalsszene eröffnet. JÜRGEN BECKELMANN schrieb:

»Ein Jahrmarktsspektakel also sollte es werden, und das stellt man sich allenthalben prall, turbulent und sinnlich vor. Aber gerade Turbulenz und Sinnlichkeit gehen dieser Inszenierung ab [...]. Wekwerth und Tenschert zielen, im Widerspruch zu der erklärten Konzeption, doch eher auf ein Lehrstück ab. Gelehrt wird die List, trotz Widerrufs die Wahrheit letztlich unbeschädigt zu erhalten, heimlich zu

verbreiten und, wenn dies auch in der Gegenwart unmöglich scheint, wenigstens in der Zukunft durchzusetzen. Eine aktuelle Variante, zweifellos, zumal wenn Galilei seine ›Discorsi‹ dem Schüler Sarti mit den Worten zuspielt: ›Gib acht, wenn du durch Deutschland kommst, die Wahrheit unterm Rock ...‹ Da mochte so mancher im Publikum doch gegenläufiges zur Inszenierung denken, an Manuskripte von heute, die über die Grenze geschmuggelt werden, weil sie im eigenen Land nicht gedruckt werden können. Ein Nebeneffekt, gewiß, und der Gast aus dem Westen, wo es Berufsverbote und andere unsichtbare Maulkörbe gibt, wäre schlecht beraten, sich darob aufs hohe Roß zu setzen.
Schwankend zwischen Jahrmarktszenerie und Lehrstück bleibt die Inszenierung, die teils packende, teils langwierige Passagen enthält, unentschieden. Dies auch insofern: ›Es wird sich‹, sagte Brecht, ›für die Theater die Frage erheben, ob sie ‚Galilei' als eine Tragödie oder als ein optimistisches Stück aufführen sollen.‹ Am Ende ist's keines von beidem. Das bedeutet aber auch: Brecht bleibt diskussionsbedürftig.«

Jürgen Beckelmann: »Wenn du durch Deutschland kommst ...«. Brecht-Dialog und *Galileo Galilei.* Notizen zu einer Großveranstaltung. In: Frankfurter Rundschau. 16. Februar 1978.

Die Inszenierung blieb bis 1992 auf dem Programm des Berliner Ensembles. Mit 274 Vorstellungen war es die bisher erfolgreichste Einstudierung des Stücks an dieser Bühne.
Zur bisher letzten Inszenierung am Berliner Ensemble kam es 1997, im Vorgriff auf den 100. Geburtstag des Autors (Premiere: 12. Dezember). Die Regie hatte B. K. Tragelehn, der schon 1956/57 als Brechts Meisterschüler an der Aufführung des Stücks beteiligt war. Das Stück endete mit der Montaigne-Episode aus der 1. Niederschrift.
Ernst Schumacher war von der szenischen Lösung der

Eröffnung beeindruckt; doch vermißte er eine überzeugende Umsetzung des Gehalts in die Gegenwart:

»Keine Dekorationen, die Bühne bis zur Brandmauer offen. Auf einer Endlosschleife, in halber Höhe die Aufschrift: ›dunkel, genossen, ist der weltraum, sehr dunkel‹, eine Äußerung des ersten Kosmonauten Jurij Gagarin. Der Eindruck des geschlossenen Raumes, der in der ersten Inszenierung von 1957 ausgerechnet durch Caspar Neher verstärkt wurde, indem er eine Kassettendecke einzog, auch nicht von ›Interieurs‹, die Brecht fürchtete, kann nicht einen Augenblick entstehen. Der Gesamtrahmen ist auf die von Brecht gewünschte ›planetarische Demonstration‹ hin angelegt. Die Requisite beschränkt sich auf ein Dutzend Stühle im Hintergrund, auf denen sich Spieler plazieren, kleines Mobiliar, einige Handrequisiten. Sogar das sinnträchtige Instrument des Fernrohrs ist durch einen Lichtkegel aus dem Schnürboden ersetzt (Bühne: Hans-Joachim Schlieker). Auf dieser Bühne, so der sich aufdrängende Gedanke, kann Wirkung erstlich wie letztlich nur aus dem Agieren der Schauspieler hervorgehen.
Die Eröffnung macht Hoffnung. Der Darsteller des Galilei, Josef Bierbichler, ist im Bademantel auf die Bühne gekommen und gießt sich in einer Wanne genußvoll Eimer Wassers über seinen nackten Leib, während er den Knaben Andrea (Robert Gwisdek) über den Lauf von Erde und Sonne zu belehren beginnt. Hat er sich abgerieben, Jeans und ein Trikot angezogen, ist er in schwarze Lackschuhe geschlüpft, präsentiert er sich als heutiger Typ von Wissenschaftler, als Mischung aus ›Sinn und Sinnlichkeit‹, wie Brecht den Physiker haben wollte. Nahtlos geht die Szene in die Begegnung mit dem adeligen Schüler Ludovico über, der von Thomas Stecher in Anzug wie Aufzug nicht weniger heutig vorgestellt wird (Kostüme Barbara Naujock). Es wird deutlich, daß ›demonstriert‹, nicht ›illustriert‹ werden soll. Die von Eisler vertonten, von Knaben gesungenen Prologe der

Szenen entfallen, und sogar auf die Balladensänger wird verzichtet. Die Moritat von der ›Erschröcklichen Lehre und Meinung des Herrn Hofphysikers Galileo Galilei‹ trägt sich schließlich als eine Art vor sich hingesummter innerer Monolog Galileis zu. Szenische Gestaltung wie flüssige Spielweise entreißen die Aufführung damit der Gefahr eines ›historischen Schinkens‹.
Aber dann kommt es doch zu keiner wirklichen ›Aufladung‹ des geistigen Gehalts aus dem Geist unserer Zeit. Schon der Einfall, einem zwergwüchsigen Darsteller zu gestatten, der Ansage der Szenen peinliche Witze unter der Gürtellinie voranzuschicken, wirkt stillos. Die intellektuelle Substanz ist aber in Frage gestellt, wenn die entscheidenden Gegenspieler Galileis durch Frauen ›verfremdet‹ werden. Es mag noch angehen, daß Annemone Haase den Kurator Priuli und den Hofmarschall mimt, aber wenn sie auch noch den Kardinal Bellarmin zu spielen hat und wenn Christine Gloger nicht nur den geistlichen Astronomen Clavius, sondern auch noch den Groß-Inquisitor darzustellen hat, nimmt diese Darstellung Züge der Travestie an: Kardinäle mit Bäuchen mögen denkbar sein, aber solche mit Brüsten sind einfach komisch. […]
›Der Botschaft‹ fehlt ›der Glaube‹. Die formalen Neuerungen sind keine richtigen Kunstgriffe, sondern eher Verlegenheitskniffe, weil die Regie zum Thema nichts Substantielles zu sagen hat. Dahinter wird die tiefere Problematik spürbar: Was mit Brechts dramatischer Poesie anfangen, wenn sich die sie tragende Ideologie verflüchtigt hat? Hier muß das zeitgenössische Theater einen neuen Tanz wagen.«

Ernst Schumacher: Der Botschaft fehlt der Glaube. *Das Leben des Galilei* neu im Berliner Ensemble. In: Freitag. Berlin. 2. Januar 1998. – Mit Genehmigung von Ernst Schumacher, Schwerin.

2. Zur Rezeption in der Literatur

Brechts Arbeit an *Leben des Galilei* fällt in eine Periode verstärkten literarischen Interesses am Stoff, das sich aus einer Zeiterfahrung erklären läßt: der staatlichen und ideologischen Reglementierung wissenschaftlicher Erkenntnis. Erwähnt seien für die Epik Max Brods Roman *Galilei in Gefangenschaft* (1948, als letzter Teil der Trilogie *Kampf um die Wahrheit*), Gertrud von Le Forts Novelle *Am Tor des Himmels* (1954) und Reinhold Schneiders 1954 geschriebene Erzählung *Die Monde des Jupiter* (1959), für die Dramatik Barrie Stavis' Stück *Lamp at Midnight* (uraufg. 1947; vgl. S. 123 f. des vorliegenden Bandes), László Némeths »historisches Drama« *Galilei* (1953, uraufg. 1956) und Frank Zwillingers »Schauspiel« *Galileo Galilei* (entst. 1953, uraufg. 1960). Doch scheint Brechts Stück auf keinen dieser Texte einen Einfluß ausgeübt zu haben (wie umgekehrt der Autor vermutlich nur das Schauspiel von Stavis gekannt hat). Nachweisbare Wirkungen hat die Lektüre Brechts dagegen in Thomas Braschs und Lothar Trolles Schülerstück *Galileo Galilei – Papst Urban VIII.* (uraufg. 1972) und in Eric Bentleys Schauspiel *The Recantation of Galileo Galilei* (uraufg. 1973) hinterlassen. Die stärksten literarischen Impulse gingen indessen nicht von Brechts Behandlung des Galilei-Stoffs, sondern von der Thematik (der 2. bzw. 3. Fassung) aus: die Verantwortung des Wissenschaftlers gegenüber der Gesellschaft.

Der erste bedeutende Gegenentwurf zu *Leben des Galilei*, der sich mit diesem Thema auseinandersetzt, mit Folgen für die dramatische Struktur, ist Friedrich Dürrenmatts (1921–90) »Komödie in zwei Akten« *Die Physiker* (uraufg. 1962).

Das Stück ist eine Kriminalgroteske. Johann Wilhelm Möbius, ein Atomphysiker, hat sich in eine Irrenanstalt geflüchtet, um die Welt vor den katastrophalen Folgen seiner Entdeckungen zu bewahren. Dem genialen Wissenschaftler ist es gelungen, die »Weltformel« (S. 56) zu entwickeln und »das System aller möglichen Erfindungen« (S. 57). Auf der Spur sind ihm die Geheimagenten zweier verfeindeter Mächte. Von Haus aus selbst Physiker, sind sie von ihren Regierungen in die Klinik entsandt worden, um Möbius zu entführen. Im 2. Akt kommt es zu einer großen Enthüllungsszene, in der Alec Jasper Kilton (alias »Newton«) und Joseph Eisler (alias »Einstein«) sich und ihre Aufträge offenbaren. Möbius aber versucht, seine ›Kollegen‹ davon zu überzeugen, daß es für die Menschheit das beste sei, wenn sie sich in der Irrenanstalt versteckten:

»Wir sind drei Physiker. Die Entscheidung, die wir zu fällen haben, ist eine Entscheidung unter Physikern. Wir müssen wissenschaftlich vorgehen. Wir dürfen uns nicht von Meinungen bestimmen lasssen, sondern von logischen Schlüssen. Wir müssen versuchen, das Vernünftige zu finden. Wir dürfen uns keinen Denkfehler leisten, weil ein Fehlschluß zur Katastrophe führen müßte. Der Ausgangspunkt ist klar. Wir haben alle drei das gleiche Ziel im Auge, doch unsere Taktik ist verschieden. Das Ziel ist der Fortgang der Physik. Sie wollen ihr die Freiheit bewahren, Kilton, und streiten ihr die Verantwortung ab. Sie dagegen, Eisler, verpflichten die Physik im Namen der Verantwortung der Machtpolitik eines bestimmten Landes. [...]
Es gibt Risiken, die man nie eingehen darf: der Untergang der Menschheit ist ein solches. Was die Welt mit den Waffen anrichtet, die sie schon besitzt, wissen wir, was sie mit jenen anrichten würde, die ich ermögliche, können wir uns denken. Dieser Einsicht habe ich mein Handeln untergeordnet. [...] Ich ließ meine akademische Karriere fahren, die Industrie fallen und überließ meine Familie ihrem Schicksal. Ich wählte die Narrenkappe. [...]
Wir sind in unserer Wissenschaft an die Grenzen des Erkennbaren gestoßen. Wir wissen einige genau erfaßbare Gesetze, einige Grundbeziehungen zwischen unbegreiflichen

Erscheinungen, das ist alles, der gewaltige Rest bleibt Geheimnis, dem Verstande unzugänglich. Wir haben das Ende unseres Weges erreicht. Aber die Menschheit ist noch nicht soweit. Wir haben uns vorgekämpft, nun folgt uns niemand nach, wir sind ins Leere gestoßen. Unsere Wissenschaft ist schrecklich geworden, unsere Forschung gefährlich, unsere Erkenntnis tödlich. Es gibt für uns Physiker nur noch die Kapitulation vor der Wirklichkeit. Sie ist uns nicht gewachsen. Sie geht an uns zugrunde. Wir müssen unser Wissen zurücknehmen, und ich habe es zurückgenommen. Es gibt keine andere Lösung, auch für euch nicht.
[...] Nur im Irrenhaus sind wir noch frei. Nur im Irrenhaus dürfen wir noch denken. In der Freiheit sind unsere Gedanken Sprengstoff.
[...] Entweder bleiben wir im Irrenhaus, oder die Welt wird eines. Entweder löschen wir uns im Gedächtnis der Menschen aus, oder die Menschheit erlischt.«

Friedrich Dürrenmatt: Die Physiker. Eine Komödie in zwei Akten. Neufassung 1980. Zürich: Diogenes Verlag, 1985. (Werkausgabe in dreißig Bänden.) S. 72–76. –

Hans Mayer hat Möbius' Entscheidung, der sich »Newton« und »Einstein« am Ende anschließen, als »eine Zurücknahme des ›Galilei‹« von Brecht interpretiert (»Brecht und Dürrenmatt«, in: H. M., *Brecht*, Frankfurt a. M. 1996, S. 400): Während Brechts Galilei die Wahrheit widerruft und damit zum Verräter wird (sei's an der Wissenschaft, sei's an der Gesellschaft), nimmt Möbius die Wahrheit zurück, um die Gesellschaft vor den tödlichen Konsequenzen seiner Entdeckungen zu retten. Dürrenmatts Stück ist mit dieser Zurücknahme aber noch nicht zu Ende. Denn die Handlung nimmt eine überraschende Wendung. Bevor Möbius seine wissenschaftlichen Aufzeichnungen verbrennen konnte, ist es der Irrenärztin geglückt, sie zu fotokopieren. Mit dem Erlös, den ihr der Verkauf einzelner Erfindungen

eingebracht hat, hat sie einen »mächtigen Trust« aufgebaut (S. 66), der ihr zur Herrschaft über die Welt verhelfen soll. Zum Schluß muß »Einstein« erkennen: »Die Welt ist in die Hände einer verrückten Irrenärztin gefallen« (S. 68). Und Möbius, der einsieht, daß seine Verweigerung nutzlos gewesen ist, stellt resigniert fest: »Was einmal gedacht wurde, kann nicht mehr zurückgenommen werden« (ebd.).
Dürrenmatt hat die Absage an Brecht in seinen programmatischen Schriften dramaturgisch untermauert. Er übernimmt zwar einzelne Techniken des epischen Theaters, wie den Verfremdungseffekt zur Illusionsdurchbrechung (und darin liegt für ihn ein wichtiges Argument für die Bevorzugung des Genres der Komödie, die allein die notwendige Distanz zur gegenwärtigen Weltlage herstellen könne). Von den gesellschaftstheoretischen und geschichtsphilosophischen Grundannahmen der Theatertheorie Brechts aber setzt er sich eindeutig ab. Ging es Brecht um die Wiedergabe der Realität auf der Bühne, so betont Dürrenmatt den Spielcharakter der theatralischen Darstellung. Die Hoffnung, daß die Kunst den Menschen verändern und damit einen Beitrag zur Umgestaltung der Gesellschaft leisten könne, hat Dürrenmatt aufgegeben (vgl. *Theaterprobleme*, 1955; *Friedrich Schiller. Eine Rede*, 9. November 1959).
Deutliche Spuren hat die Auseinandersetzung mit *Leben des Galilei* auch in HEINAR KIPPHARDTS (1922–82) »Schauspiel« *In der Sache J. Robert Oppenheimer* hinterlassen. Das 1964 uraufgeführte Dokumentarstück basiert auf den Protokollen eines Hearings, das im Frühjahr 1954 vor dem Sicherheitsausschuß der Atomenergiekommission der USA in Washington stattfand. Der Physiker Julius Robert Oppenheimer war in den Verdacht geraten, die Entwicklung der amerikanischen Wasserstoffbombe hintertrieben zu haben. Dabei wurden ihm besonders seine früheren Kontakte zu Kommunisten zur Last gelegt. Sein Schlußwort, das von Kipphardt teilweise erfunden ist und deshalb den Protest des historischen Oppenheimer provozierte, dürfte durch

Galileis Selbstverurteilung in der 14. Szene von Brechts Stück inspiriert worden sein.

»Indem ich über mich, einen Physiker in unserer Zeit, nachdachte, begann ich mich zu fragen, ob nicht tatsächlich so etwas stattgefunden hat wie Gedankenverrat, eine Kategorie, die Mr. Robb[18] hier einzuführen empfahl. Wenn ich denke, daß es uns eine geläufige Tatsache geworden ist, daß auch die Grundlagenforschung in der Kernphysik heute die höchste Geheimnisstufe hat, daß unsere Laboratorien von den militärischen Instanzen bezahlt und wie Kriegsobjekte bewacht werden, wenn ich denke, was im gleichen Fall aus den Ideen des Kopernikus oder den Entdeckungen Newtons geworden wäre, dann frage ich mich, ob wir den Geist der Wissenschaft nicht wirklich verraten haben, als wir unsere Forschungsarbeiten den Militärs überließen, ohne an die Folgen zu denken.
So finden wir uns in einer Welt, in der die Menschen die Entdeckungen der Gelehrten mit Schrecken studieren, und neue Entdeckungen rufen neue Todesängste bei ihnen hervor. Dabei scheint die Hoffnung gering, daß die Menschen bald lernen könnten, auf diesem klein gewordenen Stern miteinander zu leben, und gering ist die Hoffnung, daß sich ihr Leben eines nicht fernen Tages in seinem materiellen Aspekt auf die neuen menschenfreundlichen Entdeckungen gründen werde.
Es scheint ein weidlich utopischer Gedanke, daß die überall gleich leicht und gleich billig herstellbare Kernenergie andere Gleichheiten nach sich ziehen werde, und daß die künstlichen Gehirne, die wir für die großen Vernichtungswaffen entwickelten, künftig unsere Fabriken in Gang halten könnten, der menschlichen Arbeit ihren schöpferischen Rang zurückgebend. Das würde unserem Leben die materiellen Freiheiten schenken, die eine der Voraussetzungen des Glückes sind, aber man muß sagen, daß diese Hoffnungen durch un-

18 Roger Robb, der Anwalt der Atomenergiekommission.

sere Wirklichkeit nicht zu belegen sind. Doch sind sie die Alternative zu der Vernichtung dieser Erde, die wir fürchten, und die wir uns nicht vorstellen können. An diesem Kreuzweg empfinden wir Physiker, daß wir niemals so viel Bedeutung hatten und daß wir niemals so ohnmächtig waren.
Als ich mein Leben hier durchging, fand ich, daß die Handlungen, die mich nach Ansicht des Ausschusses belasten, der Idee der Wissenschaften nähergestanden sind als die Verdienste, die man mir anrechnet.
Ganz anders als dieser Ausschuß frage ich mich infolgedessen, ob wir Physiker unseren Regierungen nicht zuweilen eine zu große, eine zu ungeprüfte Loyalität gegeben haben, gegen unsere bessere Einsicht, in meinem Fall nicht nur in der Frage der Wasserstoffbombe.
Wir haben die besten Jahre unseres Lebens damit verbracht, immer perfektere Zerstörungsmittel zu finden, wir haben die Arbeit der Militärs getan, und ich habe in den Eingeweiden das Gefühl, daß dies falsch war. Obzwar ich die Entscheidung der Mehrheit dieses Ausschusses anfechten werde, will ich fernerhin an Kriegsprojekten nicht arbeiten, wie immer die angestrebte Revision ausfallen mag.«

Heinar Kipphardt: In der Sache J. Robert Oppenheimer. Ein Stück und seine Geschichte. Reinbek bei Hamburg: Rowohlt Taschenbuchverlag, 1987. (Gesammelte Werke in Einzelausgaben. Hrsg. von Uwe Naumann. Unter Mitarb. von Pia Kipphardt.) S. 108 f. –

In einem Gespräch, das Kipphardt um 1965 mit dem Kritiker Hellmuth Karasek führte, grenzte sich der Autor von Brechts Dramaturgie ab. Brecht nehme in *Leben des Galilei* »jeden Widerspruch ganz auseinander im Sinne von einem Einmaleins oder einer Teilung, er bringt die äußerst vereinfachte Formel, während ich der Meinung bin, daß es bei diesem Stoff richtiger ist, die Widerspruchs-Bündel fast unkommentiert stehen zu lassen und mit den Folgen zu kontrastieren«. Im Gegensatz zu Brecht wolle er in seinem Stück keine Kommentare, die die Erkenntnisse des Autors aussprächen: »man muß nicht so auf Auflösungen bestehen, auf Aufgehen, man kann auch Fragen als ungelöste Fragen stellen« (»›Autoren über Autoren‹. Kipphardt im Gespräch mit Hellmuth Karasek [Typoskript]«, zit. nach: Heinar Kipphardt, *In der Sache J. Robert Oppenheimer*, ebd., Nachwort des Herausgebers, S. 303–313, hier: S. 303 f.). Weitere Bearbeitungen des Themas von der sozialen Verantwortung des Wissenschaftlers unter dem Einfluß Brechts, auf die hier nur hingewiesen werden kann, sind Frank Zwillingers »planetarisches Theater« *Kettenreaktion* (1973), Karl Mickels Opernlibretto *Einstein* (1974, Musik: Paul Dessau) und Ernst Schumachers »Biophysical« *Die Versuchung des Forschers oder Visionen aus der Realität* (uraufgeführt 1975).

3. Zur Rezeption in der Literaturwissenschaft

Die Anfänge der wissenschaftlichen Rezeption von *Leben des Galilei* stehen im Zeichen der Entstehungsgeschichte und des Fassungsvergleichs. Hervorgehoben werden besonders die historisch-politischen Bezüge des Stücks. Pionierarbeit leistete auf diesem Gebiet die marxistische Literaturwissenschaft der DDR, allen voran Werner Mittenzwei und Ernst Schumacher. Die Autoren konnten auf den Nachlaß Brechts zurückgreifen und publizierten bis dahin unbekanntes Material.
Nach Werner Mittenzwei befindet sich Brechts Galilei in Übereinstimmung mit der Strategie des antifaschistischen Widerstandskampfes der KPD. Die 1. Fassung sei »ganz im Geiste der Volksfrontpolitik« konzipiert,

»wie sie die Partei in jenen Jahren beharrlich vertrat. In dieser ersten, in Dänemark geschriebenen Version wollte der Dichter am historischen Beispiel von Galileis Kampf gegen die herrschenden Kräfte seiner Zeit Lehren für den Widerstand der Antifaschisten gegen die Hitlerbarbarei vermitteln. Brechts Absicht war es, mit diesem Schauspiel die nationale Politik der Partei zur Rettung des deutschen Volkes in der gleichen Weise zu unterstützen, wie er es mit seinen Einaktern und Kurzszenen getan hatte.«

Werner Mittenzwei: Bertolt Brecht. Von der *Maßnahme* zu *Leben des Galilei*. Berlin/Weimar: Aufbau-Verlag, [4]1977 ([1]1962). S. 240. –

Mittenzwei beschäftigt sich besonders mit den Veränderungen des Stoffes bis zur 1. Niederschrift von Ende 1938.

»Vergleicht man die Aussage der ersten Version mit den verschiedenen Entwürfen, Plänen und Materialskizzen, so muß man feststellen, daß Galilei nicht mehr in dem Maße die große, mit den Handwerkern und Schiffsbauern verbundene Volksfigur ist. Im Laufe der Arbeit sah Brecht den Galilei immer kritischer. Die Szenenentwürfe, in denen er Galilei als einen Menschen darstellen wollte, der mitten unter dem einfachen Volke arbeitete und um dessen Interessen kämpfte, blieben unausgeführt. Schon begonnene Szenen dieser Art, wie die Szene im Arsenal von Venedig, wurden nicht in die erste Fassung aufgenommen. Auch die schon ausgearbeiteten Teile, in denen Galileis radikale Einstellung, sein Haß gegen die herrschende Klasse zum Ausdruck kamen, wurden teilweise zurückgenommen. Dabei verschwanden aber diese positiven Seiten nicht völlig aus dem Galilei-Bild, in der ersten Fassung sind sie noch vorhanden, jedoch nicht so offensichtlich, so eindeutig; andere Eigenschaften drängten sie zeitweilig in den Hintergrund. Das Motiv des Verrats an der Wissenschaft, das Brecht schon in der ersten Fassung aufnahm, ließ eine szenische Darstellung von Galileis Haltung im Sinne der ersten Entwürfe nicht mehr zu.
Der Galilei der ersten Version ist sehr kompliziert und wi-

derspruchsvoll. Der Schatten des Verrats liegt über vielen seiner positiven Eigenschaften, aber trotzdem ist er noch der illegale Kämpfer, der seine Gesundheit aufbraucht und nach seinem Widerruf gegen die Unterdrückung weiterarbeitet. Im gewissen Sinne ist das auch noch die dominierende Seite. Es sind hier eben zwei Seiten in einer Figur sehr dissonant nebeneinandergesetzt. [...]
Der Verrat ist zu wenig schon von Anfang an in der Gestalt motiviert. Der Grund dafür ist, daß Brecht die ursprüngliche Galilei-Fabel im Sinne der Volkslegende konzipierte. Die Absicht, einen listigen, weisen Galilei zu gestalten, der hinter dem Rücken der Inquisition weiterarbeitet, um damit ein Abbild des illegalen antifaschistischen Kampfes gegen die Hitlerdiktatur in dieser historischen Gestalt zu geben, erwies sich im Laufe der weiteren Arbeit aber immer mehr als undurchführbar. Die Handlung Galileis in diese Parallele gesetzt, auch wenn sie vom Blickpunkt der Volkslegende aus gestaltet worden wäre, hätte einen politisch falschen Akzent bekommen. Galileis Verhalten vor dem Inquisitionsgericht wie auch sein legendäres ›Eppur si muove‹ waren durch keine noch so geschickte Handlungsführung als Beispiel für den antifaschistischen Kampf handhabbar zu machen. Auch die von Dimitroff auf dem VII. Weltkongreß empfohlene Taktik des Trojanischen Pferdes war eine andere Verhaltensweise als die von Galilei in seiner Zeit praktizierte.
Brecht merkte auch sehr bald, daß seine aktuelle Absicht in dem historischen Stoff nicht aufging, und ließ sie immer mehr zurücktreten. Aber bis in die erste Fassung hinein blieb die illegale, konspirative Tätigkeit Galileis erhalten, obwohl Brecht von einer positiven Auslegung des Widerrufs schon abgegangen war. [...]«

Ebd. S. 253 f., 261.

Ernst Schumacher vergleicht Brechts Bearbeitung mit den historischen Quellen. Über das Ergebnis seiner Untersuchungen zur 1. Fassung schreibt er:

»Die ideelle Problemstellung des *Galilei*-Stückes entsprach nur bedingt den historischen Umständen. Zu Recht ließ Brecht seinem Galilei bewußt sein, daß eine neue Zeit angebrochen sei und daß er sie repräsentierte. Der historische Galilei gebrauchte und verteidigte die Vernunft und glaubte an ihre Stärke und Unwiderstehlichkeit wie der Galilei des Stückes, aber sein Vernunftbegriff hatte auch eine metaphysische Komponente, die in dem Stück nicht zur Geltung kommt. Brecht säkularisierte, profanierte die historische Auseinandersetzung zwischen Glauben und Wissen, in der Galilei so heftig engagiert war. Dadurch wurde die subjektive Entscheidung Galileis der individuellen Tragik beraubt. Brecht schrieb Galilei gesellschaftspolitische Einsichten und Folgerungen zu, die der historische Galilei nicht hatte und nicht haben konnte. Galilei ist in seiner Darstellung nicht nur Aufklärer, sondern sozusagen einer der Vorläufer des wissenschaftlichen Sozialismus. [...]«

Ernst Schumacher: Drama und Geschichte. Bertolt Brechts *Leben des Galilei* und andere Stücke. Berlin [DDR]: Henschelverlag, 1965. S. 64. – Mit Genehmigung von Ernst Schumacher, Schwerin.

Über die Veränderungen in der 2. Fassung heißt es:

»Zusammenfassend läßt sich sagen, daß Galilei nicht den sozialen Verrat begangen hat, wie ihn Brecht in der Neufassung seines *Galilei*-Stückes und vor allem in den Anmerkungen zu diesem Stück unterstellte. Die Nachgiebigkeit Galileis war nicht größer als die prinzipielle Hinfälligkeit des italienischen Bürgertums zu seiner Zeit. Die Abschwörung affizierte die Schwäche nicht mehr als sie aus ihr resultierte. Sie stimulierte überall die oppositionellen antifeudalen, bürgerlich-republikanischen oder bürgerlich-absolutistischen Kräfte, wo sich diese im Aufstieg befanden. Die einen wie die anderen Kräfte begriffen, warum sich Galilei beugte. Die einen wie die anderen erkannten, daß er seinen

Kampf um die Durchsetzung der wissenschaftlichen Wahrheit, wie er sie verstand, nach der Abschwörung mit einer erstaunlichen Entschlossenheit wieder aufnahm und bis zu seinem Tod fortsetzte. Es ist also nicht so, wie Brecht in *Aufbau einer Rolle* kommentierte, daß Galilei zum Schädling wurde, ›als er seine Wissenschaft in diesen Kampf führte und den Kampf dann verließ‹. Galilei zog sich aus einer hoffnungslosen Situation zurück und führte den Kampf dann weiter. [...]
Er konnte nicht die große ›Rolle der Persönlichkeit‹ in der Geschichte spielen, die ihm von Brecht zugeteilt wird, wenn er die Situation für umschlagreif erklärte. Es ist vollkommen richtig und durch die Geschichte bestätigt, daß eine große Persönlichkeit bei einer Zuspitzung des Gegensatzes gesellschaftlicher Kräfte den Zusammenstoß herbeiführen und Wesentliches zu Sieg und Niederlage einer Richtung beitragen kann. Aber sie vermag nicht Klassenkräfte zu ersetzen und Machtverhältnisse zu verändern, wenn keine auf Veränderung bedachten, zur Umwälzung entschlossenen Kräfte vorhanden sind. Das italienische Bürgertum zur Zeit Galileis war zu einer solchen Veränderung weder fähig noch entschlossen. Die Gesamtverhältnisse in Italien waren nicht durch eine revolutionäre, sondern eine reaktionäre Entwicklung bestimmt. [...]«

Ebd. S. 168.

Schon früh wurde das Stück biographisch gedeutet, Galilei in Parallele zu Brecht gesetzt. Eine von der Psychoanalyse beeinflußte Interpretation gibt Gerhard Szczesny. Sie hat vielfach zum Widerspruch provoziert und ist heute wohl nur noch von historischem Interesse, als Dokument einer dem Schriftsteller im Westen wenig günstigen Zeitstimmung nach dem Mauerbau. In einem »Was mit dem ›Verbrechen‹ Galileis wirklich gemeint sein könnte« betitelten Abschnitt führt Szczesny aus:

»Der wirkliche Verrat Galileis, sein so emphatisch verkündetes ›soziales Verbrechertum‹, bestand nicht in seinem Widerruf, sondern darin, daß er dem Widerruf zum Trotz fortfuhr, seinem wissenschaftlichen Laster zu frönen und damit der Obrigkeit, die das objektive Wohl der Menschheit im Auge hatte, den Gehorsam zu verweigern. Diese Insubordination ist es, die Brecht Galilei nicht vergeben kann. Galilei hat gegen die Autorität rebelliert, die damals die Verantwortung für die Menschheit trug, und ohne Rücksicht auf die sozialen Folgen die Grundlagen für die Herstellung der Atombombe geschaffen. Es ist der kleine Mönch, der die Meinung Brechts ausspricht, nicht der leitartikelnde Galilei der 13. Szene. Die Obrigkeit hat zu entscheiden, welche Wahrheit und wieviel davon verbreitet werden darf. Zu Lebzeiten und im Lande Galileis lag diese Entscheidung bei der Kirche, zu Lebzeiten Brechts beim ZK der KPD und SED. [...]
Galilei unterwarf sich der Gewalt, Brecht suchte freiwillig die Unterwerfung. Galilei war ein hartnäckiger Individualist, Brecht ein sozialer Musterschüler. Aber Galilei war als Empörer gegen die Obrigkeit nicht nur Gegenpol Brechts – er war als einer, der seine Kunst heimlich, wie ein Laster betrieb, auch Identifizierungsobjekt. Die immer schärfer herausgearbeitete Charakteristik Galileis als eines Fressers und Zynikers, der das Leben seiner Tochter zerstört, ist nur verständlich, wenn man sie als – unbewußt-bewußtes – Selbstporträt des Autors sieht. Brecht selbst hat sich als Genüßling und Zyniker gesehen, dessen soziales Wohlverhalten den privaten Anarchismus verbarg – ein Individuum, dem es um sein ganz persönliches Wohlbefinden ging und das die ganzen pompösen politischen und ästhetischen Ideale nur benützte, um sein privates Lebenskonzept abzusichern und durchzusetzen.«

Gerhard Szczesny: Das Leben des Galilei und der Fall Bertolt Brecht. [...] Frankfurt a. M. / Berlin: Ullstein, 1966. S. 95–97.

Mehrere Arbeiten untersuchen die Genrezugehörigkeit des Stücks, besonders sein Verhältnis zur Tragödie, zur Parabel und zum Geschichtsdrama. In einer 1939 entstandenen Notiz mit der Überschrift »›Das Leben des Galilei‹ ist keine Tragödie« bemerkt Brecht, es werde sich »für die Theater die Frage erheben, ob sie ›Das Leben des Galilei‹ als eine Tragödie oder als ein optimistisches Stück aufführen sollen« (GBA 24,237). Hans Kaufmann hält diese Alternative für falsch:

»In der vorletzten Szene stellt Andrea die besorgte Frage: ›So sind Sie nicht mehr der Meinung, daß ein neues Zeitalter angebrochen ist?‹ Galilei antwortet: ›Doch.‹ Das ist das Schlußurteil über die Gehaltstendenz des Werkes, folglich kann es nach Ansicht des Dichters keine Tragödie sein. Indem das Stück dem Lebensgang seines Helden in großen Zügen folgt und in seinem biographischen (in diesem Sinne epischen) Bau den einzelnen Phasen eine gewisse selbständige Bedeutung einräumt, tritt sein Tragödiencharakter nicht völlig deutlich hervor. Dennoch ist das Tragische im *Galilei*-Drama ohne Zweifel das dominierende Moment. Als Exponent einer großen, für den menschlichen Gesamtfortschritt wesentlichen gesellschaftlichen Bewegung scheitert Galilei – nicht ohne eigene Schuld, aber unvermeidlich – an der Übermacht des Bestehenden. Er ist darum eine tragische Gestalt. Das schließt aber nicht aus, daß das optimistische Schlußurteil zu Recht besteht: Es ist dennoch eine neue Zeit angebrochen.«

Hans Kaufmann: Bertolt Brecht. Geschichtsdrama und Parabelstück. Berlin [DDR]: Rütten & Loening, 1962. S. 190. –

Jürgen Schröder versucht, die Stellung des Stücks in der Geschichte des Geschichtsdramas zu verorten. Was *Leben des Galilei* zum Geschichtsdrama mache – und darin unterscheide es sich »vor allem« von älteren Exemplaren der Gattung –, sei nicht schon sein historischer Stoff; auch der in diesem »angelegte Wechsel von alter und neuer Zeit, Vergangenheit und Gegenwart« genüge dazu nicht:

»Zum Geschichtsdrama im neuen Sinne wird der ›Galilei‹ erst durch den schon in der Hauptfigur angelegten historischen, verfremdenden Blick seines Autors, der es vom Standpunkt der Zukunft aus betrachtet, der das vergangene Gesellschaftssystem an dem System der sozialistischen Gesellschaft kritisch mißt, der die Jetztzeit im ›Leben des Galilei‹ historisiert und seine Historie zur Jetztzeit aktualisiert. 17. und 20. Jahrhundert verfremden und historisieren sich hier wechselseitig, und erst dadurch wird der gesellschaftliche Prozeß der Geschichte sichtbar. Geschichtstreue – so groß sie im ›Galilei‹ in der ersten Fassung auch ist – heißt also keineswegs Faktentreue. [...]
Die sich verändernden Verhältnisse zwischen 1938 und 1956 mußten die verschiedenen Fassungen notwendig mitverändern. Dadurch wurde der ›Galilei‹ von einem Geschichtsdrama, das die Historie aktualisiert, mehr und mehr zu einem Geschichtsdrama, das die Jetztzeit historisiert. Die Geschehnisse aus dem 17. Jahrhundert wurden allmählich zu einem Modellfall für das prekäre Verhältnis von Wissenschaft und Gesellschaft im 20. Jahrhundert umfunktioniert – die Atombomben, der Fall Oppenheimer usw. fungieren als Gelenkstellen.«

Jürgen Schröder: Der Verrat des Intellektuellen. Brechts *Leben des Galilei.* In: J. S.: Geschichtsdramen. Die »deutsche Misere« – von Goethes *Götz* bis Heiner Müllers *Germania*? Eine Vorlesung. Tübingen: Stauffenburg Verlag, 1994. S. 257–280; hier: S. 271. – Mit Genehmigung von Jürgen Schröder, Tübingen.

Klaus-Detlef Müller bemerkt, daß die Dramatik von *Leben des Galilei* im Vergleich zu anderen Stücken Brechts »befremdlich konventionell« sei. Eine Erklärung für diesen

Sachverhalt findet er in dem ambivalenten Verhältnis, das Brecht zu seiner Hauptfigur gehabt habe: Der Schriftsteller habe in Galilei »den Ahnherrn einer Denkweise [gesehen], die er bejahte, und einer Wissenschaftspraxis, die er verurteilte« (S. 244).

»Die geschichtsphilosophisch hergeleitete Formulierung der Grundsätze eines ›experimentellen Theaters‹, eines ›Theaters des wissenschaftlichen Zeitalters‹ ist der aktuelle Anlaß, weswegen Brecht sich für die Gestalt und die Leistung Galileis interessierte. Es geht ihm um die historische Begründung einer wissenschaftlichen Haltung und Sehweise, die auch im Abstand von drei Jahrhunderten noch zeitgemäß ist, weil sie sich nicht von Anfang an vollständig und richtig durchgesetzt hat. Der Zugang ist ambivalent: zustimmend in der Sache, kritisch in der Einschätzung der historischen Wirkung. Der zeitliche Abstand ist aufgehoben, sofern es darum geht, an die Leistung des Wissenschaftlers anzuknüpfen, er ist aber zugleich problematisch, weil das erst mit säkularer Verspätung geschieht. Daraus ergibt sich ein komplexes Ineinander von Nähe und Distanz. [...]
Brecht hat sich immer wieder, zuletzt im *Kleinen Organon*, auf den ›großen Galilei‹ berufen, wenn er den Verfremdungseffekt als entscheidendes Technikum des epischen Theaters beschrieben hat. Diese Zustimmung in der Sache findet ihren Niederschlag auch in der Form. Verfremdung ist in diesem Stück Teil des Lern- und Bewußtwerdungsprozesses des Protagonisten. Sie wird als seine Leistung Bestandteil der Figurenperspektive. Indem Galilei im Gang seiner Erkenntnis Einsicht in die gesellschaftlichen Zusammenhänge seiner Tätigkeit gewinnt, vermittelt er auch die Historisierung des Geschehens. Im Stück selbst – wie parallel dazu in der Theorie – ist er Ahnherr des Verfremdungseffekts, der als Prinzip seines Denkens schon in der Figur selbst aufgehoben ist. Die große Affinität des Stückeschrei-

bers zu seinem Protagonisten hat also zu Folge, daß der Zuschauer zur Identifikation eingeladen wird, weil der Erkenntnisvorgang auf diese Weise am besten zu vermitteln ist – aber genau dadurch wird das Stück im Rahmen der Brechtschen Dramaturgie so befremdlich konventionell.«

Klaus-Detlef Müller: Bertolt Brechts *Leben des Galilei.* In: Geschichte als Schauspiel. Deutsche Geschichtsdramen. Interpretationen. Hrsg. von Walter Hinck. Frankfurt a. M.: Suhrkamp, 1981. S. 240–253; hier: S. 244 f., 247. –

Die – weit verbreitete – Auffassung, daß die Dramatik des Stücks traditionell, der Gehalt aber ›modern‹ sei, wird von Gert Sautermeister umgekehrt. Der »Geist des Dramas, zumal in seiner dritten Fassung«, sei »erstaunlich traditionsbefangen, anders als seine überwiegend experimentelle Ästhetik« (S. 125).

»Die moralische Blickrichtung auf die Zivilcourage des Wissenschaftlers in der 14. Szene personalisiert das Problem. Weil Brecht die fundamentale Spaltung des modernen Wissenschaftlers in einen staatsabhängigen Berufsmenschen und einen politisch unabhängigen Citoyen übergeht, kann er ihn zu einem öffentlichen Entscheidungsträger stilisieren, dem es anheimgestellt sei, als Märtyrer-Held oder als Berufsverräter gesellschaftspolitische Weichen zu stellen. Er verzeichnet die objektive, zwiespältige Stellung des Wissenschaftlers in der modernen Gesellschaft zu einem Problem der Moral und der Berufsauffassung. Der Wissenschaftler als Held, der um einer geschichtemachenden Wahrheit willen persönlich zugrunde geht oder einen ebenso geschichtemachenden Verrat an ihr begeht: diese altmodisch-heroische Alternative werfen Brecht-Galilei auf. [...]
Brechts Schauspiel will im Medium der Historie die Gegenwart treffen. Aber zwischen den beiden Zeitebenen scheint eine unüberwindliche Inkongruenz zu bestehen. Galileis

Physik mitsamt ihren philosophischen und gesellschaftlichen Konsequenzen hatte fortschrittlichen Charakter – und die Gesellschaftsordnung seiner Zeit kam wenigstens partiell, durch das Bürgertum, in den Genuß des naturwissenschaftlich fundierten, technisch-ökonomischen Fortschritts. Die Atomphysik dagegen mit ihren militärischen Konsequenzen hat destruktiven Charakter; zu ihrer tödlichen Indienstnahme scheinen die Gesellschaftsordnungen unserer Zeit eher imstande als zu ihrer fortschrittlich-friedlichen Nutzung. Die leidenden oder bevormundeten Gesellschaftsmitglieder im Jahrhundert Galileis durften dessen neue Physik als Morgenröte einer neuen Zeit begrüßen: Die Menschheit im 20. Jahrhundert sieht mit ihr einer universalen Verdüsterung ihres Lebens- und Zukunftshorizontes entgegen.

Dieser Hiatus zwischen historischer und moderner Konstellation schränkt die zeitadäquate Aussagekraft des Schauspiels ein. Brecht wollte ihn als notwendig erscheinen lassen, indem er ihn seiner Hauptfigur anlastete: ›Hätte ich widerstanden, hätten die Naturwissenschaftler etwas wie den hippokratischen Eid der Ärzte entwickeln können, das Gelöbnis, ihr Wissen einzig zum Wohle der Menschheit anzuwenden!‹ Wir haben darauf aufmerksam gemacht, daß diese Selbstverklagung die objektive Macht des neuzeitlichen Staats und seine Wissenschaftspolitik verharmlost und statt dessen heroische Individualverantwortung und opferbereiten Vernunftglauben hochspielt. Mag auch Brechts hippokratischer Eid in den fünfziger und sechziger Jahren von zahlreichen namhaften Wissenschaftlern geschworen worden sein, die schon vor Galilei bestehende Trennung zwischen wissenschaftlich-humanistischer Ethik und staatlicher Politik ließ sich dadurch nicht aufheben. Solange die Ursachen dieser Trennung verborgen bleiben, solange die Aufspaltung des Wissenschaftlers in den staatsloyalen Dienstleister und staatskritischen Citoyen vergessen wird, solange das Kräfteverhältnis zwischen Staatsmacht

und politischer Gegenbewegung ungeklärt ist, droht die Gefahr, daß die geschichtliche Tragweite der Sozialethik von Wissenschaftlern überschätzt wird. So wünschenswert sie ist und so inspirierend sie sein kann, wer sie (wie Brecht) zur Wurzel des Weltübels oder (unter Berufung auf Brecht) zum unverzichtbaren modernen Heilkraut erklärt, vermag der angemessen aufzuklären? [...]
Die Arbeitsteiligkeit der Gesellschaft spiegelt sich nicht nur in den Wissenschaftssparten als solchen wider, sondern, gravierender noch, in den staatlich zugewiesenen bzw. aberkannten Verantwortungsbereichen für das gesellschaftliche Ganze. Das Vermächtnis Brecht-Galileis, die Fach- bzw. Naturwissenschaft müsse ›beiden Kämpfen‹ verpflichtet sein, sowohl dem Fortschritt ihrer Disziplin wie dem der Menschheit, ist daher ebenso schwungvoll wie unvermittelt. Es ist so ideal, daß es ohne mühselige Umwege nirgends real werden kann. Die moralischen Willensakte einer Avantgarde von Wissenschaftlern und anderer friedliebender Sozialethiker werden eine materielle, verändernde Macht erst im Bund mit dem nachrückenden demokratischen Souverän, dem Volk bzw. seiner bedeutendsten Teile. Schon deshalb sollte man den künstlerischen Rang des Brechtschen Stückes nicht davon abhängig machen, ob seine explizite ideologische Hinterlassenschaft, beispielsweise der hippokratische Eid von Naturwissenschaftlern, dem Tun und Treiben einiger Zeitgenossen entsprochen hat oder von ihnen beerbt wurde.«

Gert Sautermeister: Zweifelskunst, abgebrochene Dialektik, blinde Stellen: *Leben des Galilei* (3. Fassung, 1955). In: Brechts Dramen. Neue Interpretationen. Hrsg. von Walter Hinderer. Stuttgart: Reclam, 1984. S. 125–161; hier: S. 145, 149f.
(Gekürzt auch in: Interpretationen. Brechts Dramen. Hrsg. von Walter Hinderer. Stuttgart: Reclam, 1995. S. 51–92.)

Einige Arbeiten beschäftigen sich mit den Bildern, Motiven und Metaphern des Stückes. JAN KNOPF untersucht die Metaphorik des Sehens, genauer: des »Neuen Sehens«, die sich durch das Stück hindurchzieht. Er mißt ihr die Funktion eines Leitmotivs bei.

»Das Motiv des Neuen Sehens hat wissenschaftliche und ästhetische Bedeutung. Wissenschaftlich nimmt es die Thematik des alten Sichtbarkeitspostulats auf, nach dem es in der ptolemäischen Welt nichts Unsichtbares geben konnte: die Grenzen der Welt waren gesteckt, das Sichtbare war als göttliches Zeichen bestimmt, die Zuordnung der übrigen Welt zur Erde, als ihrem Mittelpunkt, legte alles, was jenseits des Sichtbaren lag, als dem Menschen grundsätzlich Entzogenes, nur Gott Gehöriges fest. Galileis naives Vertrauen auf das, was er unmittelbar mit dem Fernrohr vor Augen sah, ist der wissenschaftliche Widerspruch, in dem die historische wie die von Brecht geschaffene Figur steckt: sie will beweisen, daß alles, was die Menschen sehen, nur Augenschein ist (Drehung der Sonne, der Sterne etc. um die Erde), verlangt aber gleichzeitig, daß man seinen Augen trauen soll, wenn man durchs Fernrohr sieht. Wenn die florentiner Gelehrten nicht durchs Fernrohr sehen, so weigern sie sich lediglich, sich in diesen Widerspruch zu begeben: sie tun in ihrem Sinn recht damit. [...] *Das Neue Sehen gibt der wissenschaftlichen Wahrheit eine neue Qualität, nämlich eine geschichtliche zu sein:* wenn es Unsichtbares gibt, das sichtbar zu machen ist und zugleich das, was sichtbar ist oder sichtbar gemacht worden ist, sich als bloßer Augenschein erweist oder erweisen kann, dann gibt es keine Gewißheit mehr dafür, daß das Neue Sehen zugleich das (immer) richtige Sehen ist. Auch dieses Sehen kann sich wiederum als Augenschein erweisen: die Erkenntnis ist zum Prozeß geworden, es gibt nur noch historische Wahrheiten.
Dem wissenschaftlichen Neuen Sehen geht das ästhetische Neue Sehen parallel: *dem glotzenden Zuschauer der aristo-*

telischen Guckkastenbühne wird das Neue Sehen reflektierend gelehrt: die wissenschaftlichen Experimente werden als Bühnenexperimente vorgeführt, die Möglichkeiten der Personen zu agieren, werden aufgewiesen, nicht von vornherein bestimmt und in Notwendigkeit festgelegt: Galilei hat die Möglichkeit zu widerrufen, er ist frei, seinen Spielraum zu nutzen, seine Rolle ist nicht vom Welttheater bestimmt, er könnte nach sich selber sehen: die Figuren der alten Schauspielmetapher werden aus ihren Rollen befreit wie die Figuren des Schachspiels, das Galilei mit neuen Zügen spielt; und zugleich werden den alten Gewalten die Masken abgerissen (Karneval!), die ihre wirklichen Züge, ihre wirklichen Interessen verdecken: der Zuschauer wird, indem Brecht ihn aktiviert und an der Fröhlichkeit des Entdeckens teilhaben läßt, in die Rolle der Schüler Galileis gedrängt, die neu sehen lernen: die Wissenschaft ist in Kunst umgesetzt, ihre Erkenntnis ist ästhetisch realisiert.
Umgekehrt bestimmt dieses Verfahren die Schönheit zugleich als eine Kategorie der (historischen) Erkenntnis und Erkenntnisfähigkeit des Menschen. Dafür steht schließlich die Horaz-Episode mit dem Priap-Gott [...]. Der *Galilei* hat Wissenschaft und Kunst zu einer Einheit verbunden.«

Jan Knopf: Brecht-Handbuch. Theater. Eine Ästhetik der Widersprüche. Stuttgart: Metzler, 1980. S. 176. –

Die intertextuellen Bezüge zwischen dem Stück und der Bibel untersucht HERBERT KNUST. Galilei, so lautet seine These, sei als »weltlicher Messias der Vernunft gegen ein Gottesbild des Aberglaubens und der Machtpolitik konzipiert«, die »Bezüge zur Schöpfungs- und Erlösungsgeschichte« verdeutlichten »seine potentiell gottähnliche Rolle für die Menschheit«, und »als ›gelobtes Land‹« sei »*das neue Zeitalter*, der Sozialismus, anzusehen [...] – zu gewinnen durch die Verbreitung eines Evangeliums des Wissens« (S. 208).

»Im *Leben des Galilei* hat Brecht ausführlicher als in irgend einem anderen Stück, einschließlich seines Erstlings *Die Bibel*, die Heilige Schrift thematisiert – das brachte schon der historische Stoff mit sich. Gleichzeitig aber ist die Biographie des berühmten Wissenschaftlers, samt ihres parabolischen Modellcharakters für das Verhalten moderner Atomphysiker, ein Gegenentwurf zum ganzen Evangelium, zum Leben Jesu, zur Heilsbotschaft Gottes. Eine solche These dürfte aus zwei Gründen nicht überraschen: zum einen setzte sich Brecht wiederholt mit dem Gottesbegriff und der Funktion von Gottesbildern auseinander und empörte sich schon 1920, in Bezug auf die kopernikanische Wende, über die historische Haltung der Kirche, daß man zur Entdeckung der *Heilspunkte* keine *Wissenschaften* brauche; zum anderen steht seine Vorliebe für provozierende Parallelszenen zum Evangelium in einer literarischen Tradition, die – wie Albrecht Schöne in seinem grundlegenden Werk *Säkularisation als sprachbildende Kraft* ausführt – bereits im 17. Jahrhundert begann und die seit Ende des 19. Jahrhunderts florierte und im 20. geradezu modisch wurde. [...]
Wenn die Vision eines sozialistischen Zeitalters auf wissenschaftlicher Basis – und in diesem Sinne ist *Leben des Galilei* oft genug als zukunftsoffene marxistische Parabel gedeutet worden – zugleich eine säkulare Korrektur am Evangelium sein will, so ist sie doch auch an das Hoffnungspathos der Präfiguration gebunden, speist sich aus der Humanität des kritisierten, doch unvergeßlichen Modells, und das Nicht-Sondern des Gegenentwurfs enthält ein Ja-Aber, und der Gegenentwurf selber, durch Analogie, bleibt korrekturbedürftig. [...]«

Herbert Knust: Brechts Galileo-Evangelium. In: Euphorion 79 (1985) H. 2. S. 207–225; hier: S. 211, 224 f. –

Horst Turk beschäftigt sich mit dem »Aspekt einer immanenten mimischen Dialektik«, den die Forschung zum *Galilei* zugunsten der »epischen Distanzierung« und das heiße, der »Dialektik des Aufzeigens«, bisher weitgehend vernachlässigt habe (S. 52, Anm. 22). Brechts Theater sei sowohl »im Text wie in der Regie als gestisches Theater zu bestimmen« (S. 38).

»Ob ein dramatischer Text gestisch ist oder nicht, läßt sich zunächst an den Regiebemerkungen ablesen. Textteile wie ›*Zu einer Erklärung ausholend* [...] *schweigt* [...] *Er macht dem Sekretär ein Zeichen* [...] *Zum Sekretär* [...] *Er grüßt wieder einen Gast im Ballsaal* [...] *zornig* [...] *Er klopft ihm, schallend lachend, auf die Schulter. Dann sieht er ihn scharf an und sagt nicht unfreundlich* [...] *den anderen Arm Galileis fassend* [...] *Sie nehmen Galilei in die Mitte und führen ihn in den Ballsaal*‹ skizzieren ein Szenarium, das keineswegs durch den freien Konfliktaustrag im Wort bestimmt ist. Vielmehr spielen situative Faktoren und verbal nicht artikulierte Machtverhältnisse eine Rolle, deren Unbeeinflußbarkeit auch inhaltlich vorgestellt wird. [...]
Entscheidungen fallen wortlos oder hinter der Szene. Sie finden ihren Ausdruck in einer Geste: so etwa wenn Bellarmin und Barberini Galilei ›*in die Mitte*‹ nehmen, Lodovico das Gepäck wieder aufladen läßt oder der Herzog das Buch nicht entgegennimmt. Dies besagt jedoch nicht, daß die Entscheidungen an sich oder für die Person unaussprechlich wären, sondern es besagt nur, daß sie nach einer wechselseitig bestätigten Konvention der Macht in der widerruflichen Unwiderruflichkeit einer Situation gehalten werden. Das In-die-Mitte-Nehmen ist noch nicht die Verhaftung, deutet sie aber bereits an, so wie das Wiedereinladen des Gepäcks nicht schon der Aufbruch ist, sondern erst dessen Androhung und die Verweigerung der Gabe nicht die Auslieferung an die Inquisition ist, sie aber bedeutet. Entscheidungen dieser Art unterliegen der nachträglichen Rechtferti-

gung, gerade weil sie nur bedingt gelten und keineswegs freiwillig sind.« [...]

Horst Turk: Das gestische Theater B. Brechts. In: Études Germaniques 44 (1989) H. 1. S. 38–53; hier: S. 42 f. –

VII. Literaturhinweise

Kurztitel

Gebler I	Karl von Gebler: Galileo Galilei und Die Römische Curie. Nach den authentischen Quellen. Bd. 1. Stuttgart: Cotta, 1876.
Olschki	Leonardo Olschki: Geschichte der neusprachlichen wissenschaftlichen Literatur. Bd. 3: Galilei und seine Zeit. Halle (Saale) 1927.
Schumacher	Ernst Schumacher: Drama und Geschichte. Bertolt Brechts *Leben des Galilei* und andere Stücke. Berlin [DDR] 1965.
Wohlwill	Emil Wohlwill: Galilei und sein Kampf für die copernicanische Lehre. Bd. 1. Hamburg/Leipzig 1909. Bd. 2. Leipzig 1926.

1. Bertolt Brecht

a) Ausgaben

Galileo Galilei. Leben des Galilei. Schauspiel. Berlin-Zehlendorf-West: Suhrkamp, [1948]. [Hektographiert.]

Galileo. Übers. von Charles Laughton. [Bühnenmanuskript.] Basel: Reiss, [1948]. [Hektographiert.]

Galileo. Übers. von Charles Laughton. In: From the Modern Repertoire. Hrsg. von Eric Bentley. Bd. 2. Denver (Col.): University of Denver Press, 1952. S. 425–476. [Enthält die amerikanische Fassung einer 14. Szene (»Grenzstadt«).]

Leben des Galilei. In: Versuche. H. 14 (Versuche 19). Red.: Elisabeth Hauptmann. Berlin: Suhrkamp / Berlin [DDR]: Aufbau-Verlag, 1955. S. 5–102/7–102.

Leben des Galilei. Berlin [DDR]: Henschelverlag, 1956.

Leben des Galilei. Schauspiel. In: Stücke. Bd. 8: Stücke aus dem Exil. Bd. 3. Berlin / Frankfurt a. M.: Suhrkamp / Berlin [DDR]: Aufbau-Verlag, 1957. (Stücke in 12 Bänden. Red.: Elisabeth Hauptmann.) S. 5–195 / S. 5–189.

Leben des Galilei. Schauspiel. Frankfurt a. M.: Suhrkamp, 1963. (edition suhrkamp. 1.) [Ab 1965 mit veränderter Seitenzählung.]

Leben des Galilei. Schauspiel. In: Gesammelte Werke. Bd. 3: Stücke 3. Frankfurt a. M.: Suhrkamp, 1967. (Gesammelte Werke in 20 Bänden. Hrsg. vom Suhrkamp Verlag in Zsarb. mit Elisabeth Hauptmann. werkausgabe edition suhrkamp.) S. 1229–1345.

Leben des Galilei. Schauspiel. Bühnenfassung des Berliner Ensembles. Red. von Joachim Tenschert. Berlin [DDR]: Henschelverlag, 1970.

Galileo Galilei. Eine Aufführung des Berliner Ensembles. Mitschnitte der Aufführung 1979 im Berliner Ensemble. 3 LP. Berlin [DDR]: Litera / VEB Deutsche Schallplatte, 1979.

Leben des Galilei (1938/39). Galileo (English Adaptation 1947). Leben des Galilei (1955/56). In: Stücke. Bd. 5. Bearb. von Bärbel Schrader und Günther Klotz. Berlin [DDR] / Weimar: Aufbau-Verlag, Frankfurt a. M.: Suhrkamp, 1988. (Werke. Große kommentierte Berliner und Frankfurter Ausgabe. Hrsg. von Werner Hecht, Jan Knopf, Werner Mittenzwei, Klaus-Detlef Müller [in 30 Bänden und einem Registerband]. Bd. 5). S. 7–289 (Kommentar: S. 331–429). [Zit. als: GBA.]

Leben des Galilei. Text und Kommentar. Ein lebenslanger Kampf. Leben und Werk von Bertolt Brecht. Autor des Features: Walter Hueber. München: Der Hör-Verlag, 1997. [2 Tonkassetten; enthält u. a. Mitschnitte von Brechts Proben mit dem Berliner Ensemble sowie Auszüge aus der 3. Fassung.]

Leben des Galilei. Schauspiel. Mit einem Kommentar von Dieter Wöhrle. Frankfurt a. M.: Suhrkamp, 1998 (Suhrkamp BasisBibliothek. 1.)

Leben des Galilei. Drei Fassungen, Modelle, Anmerkungen. Frankfurt a. M.: Suhrkamp, 1998. (Spectaculum 65. Sonderband zum 100. Geburtstag von Bertolt Brecht.)

Leben des Galilei. CD-ROM. Originaltext, Interpretation, Biographie, Materialien. München: Terzio Verlag, 1998.

b) Bibliographien und Forschungsberichte

Berg, Günter / Jeske, Wolfgang: Bertolt Brecht. Stuttgart/Weimar 1998. (Sammlung Metzler. 310.)

Bertolt-Brecht-Archiv. Bestandsverzeichnis des literarischen Nachlasses. Bearb. von Herta Ramthun. Bd. 1–4. Berlin [DDR] / Weimar 1969–73. [Zit. als: BBA.]

Bohnert, Christiane: Auswahlbibliographie zu Bertolt Brecht und

seinem dramatischen Werk. In: Walter Hinderer (Hrsg.): Brechts Dramen. Neue Interpretationen. Stuttgart 1984. S. 405–445.
Führer, Ulrike / Vogt, Jochen: Bibliographie zu Bertolt Brecht. Unter Mitarb. von Heike Schupetta. In: Kritisches Lexikon zur deutschsprachigen Gegenwartsliteratur (47. Nachlfg. 1994.)
Schöttker, Detlev: Kommentierte Auswahlbibliographie zu Brecht. In: Der Deutschunterricht 46 (1994) H. 6. S. 81–86.
Seidel, Gerhard: Bibliographie Bertolt Brecht. Unter Mitarb. von Gisela Kuntze. Titelverzeichnis. Bd. 1. Deutschsprachige Veröffentlichungen aus den Jahren 1913–1972. Werke von Brecht. Sammlungen, Dramatik. Berlin [DDR] / Weimar 1975.

c) Zur Biographie

Bentley, Eric: Erinnerungen an Brecht. Deutsch von Petra Schreyer. Berlin 1995. (Zuerst: New York 1985.)
Bunge, Hans (Hrsg.): Brechts Lai-tu. Erinnerungen und Notate von Ruth Berlau. Darmstadt/Neuwied 1985.
– (Hrsg.) »Fragen Sie mehr über Brecht«. Hanns Eisler im Gespräch. Nachw. von Stephan Hermlin. München 1970.
Fuegi, John: Brecht & Co. Biographie. Autorisierte erweiterte und berichtigte deutsche Fassung von Sebastian Wohlfeil. Hamburg 1997.
Hecht, Werner (Hrsg.): Bertolt Brecht. Sein Leben in Bildern und Texten. Frankfurt a. M. 1988. (Zuerst: Ebd. 1978.)
– Brecht Chronik 1898–1956. Frankfurt a. M. 1997.
– (Hrsg.): Brecht im Gespräch. Diskussionen, Dialoge, Interviews. Frankfurt a. M. 1975.
Mayer, Hans: Erinnerung an Bertolt Brecht. Frankfurt a. M. 1996.
Mittenzwei, Werner: Das Leben des Bertolt Brecht oder Umgang mit den Welträtseln. 2 Bde. Berlin 1997. (Zuerst: Berlin [DDR] / Weimar 1986.)
Steffin, Margarete: Briefe an berühmte Männer. Walter Benjamin, Bertolt Brecht, Arnold Zweig. Hrsg., mit einem Vorw. und mit Anm. vers. von Stefan Hauck. Hamburg 1999.
Sternberg, Fritz: Der Dichter und die Ratio. Erinnerungen an Bertolt Brecht. Göttingen 1963.
Völker, Klaus: Bertolt Brecht. Eine Biographie. München, Wien 1976.
Witt, Hubert (Hrsg.): Erinnerungen an Brecht. Leipzig 1964.

d) Materialien

Brecht, Bertolt: Aufbau einer Rolle. Laughtons Galilei. Hrsg. von der Deutschen Akademie der Künste. Berlin [DDR] 1956. (Ruth Berlau, Modellbücher des Berliner Ensemble. 2.)

Eisler, Hanns: Aufbau einer Rolle. Buschs Galilei. Hrsg. von der Deutschen Akademie der Künste. Berlin [DDR] 1958.

Hecht, Werner (Hrsg.): Brechts *Leben des Galilei*. Frankfurt a. M. 1981. [Verzeichnet die Inszenierungen von *Leben des Galilei* von 1943 bis 1981 (S. 227–238).]

– (Hrsg.): Materialien zu Brechts *Leben des Galilei*. Frankfurt a. M. 1963. [Verzeichnet die Inszenierungen von *Leben des Galilei* von 1943 bis 1963 (S. 180–183) und Rezensionen zu deutschsprachigen Aufführungen von 1955 bis 1963 (S. 184–206).]

Schänzlin, Gertrud (Hrsg.): Materialien. Bertolt Brecht, *Das Leben des Galilei*. Stuttgart/Düsseldorf/Leipzig 1999.

Wizisla, Erdmut (Hrsg.): »... und mein Werk ist der Abgesang des Jahrtausends«. 22 Versuche, eine Arbeit zu beschreiben. Ausstellung in der Akademie der Künste, Berlin 25. Januar bis 29. März 1998. Berlin 1998.

e) Untersuchungen; Zeugnisse zur Theater- und Rezeptionsgeschichte

Approches de *La vie de Galilée* de Bertolt Brecht. Création au Théâtre national de Marseille le 19 janvier 1982. Marseille 1982.

Bentley, Eric: *Galileo*. In: E. B.: The Brecht Commentaries 1943–1986. 2., veränd. Aufl. New York 1987. ([1]1981.) S. 183–214.

Berckman, Edward M.: Brecht's *Galileo* and the Openness of History. In: Modernist Studies. Literatur and Culture 1920–1940 1 (1974) H. 2. S. 41–50.

Bertolt Brecht et le Berliner Ensemble à Paris. Photographien von Roger Pic, Texte von Chantal Meyer-Plantureux und Benno Besson. Paris 1995. [Zu *Leben des Galilei*: S. 105–127.]

Best, Otto F.: Bertolt Brecht: Weisheit und Überleben. Frankfurt a. M. 1982. [Zu *Leben des Galilei*: S. 147–153.]

Beyersdorf, Peter / Thunich, Martin: Bertolt Brecht: *Leben des Galilei*. Interpretationen und unterrichtspraktische Vorschläge. 5., durchges. und erw. Auflage. Hollfeld (Ofr.) 1992. ([1]1977.) (Analysen und Reflexionen. 26.)

Borchardt, Frank K.: Marx, Engels and Brecht's *Galileo*. In: Brecht heute 2 (1972) S. 149–163.

Brecht 80. Brecht in Afrika, Asien und Lateinamerika. Dokumentation. Red.: Elifius Paffrath. Berlin [DDR] 1980. [Theatrographie: S. 261–285.]

Brecht auf deutschen Bühnen. Bertolt Brechts dramatisches Werk auf dem Theater in der Bundesrepublik Deutschland. Brecht-Aufführungen in Frankfurt a. M. – Brecht-Aufführungen im ›Theater am Schiffbauerdamm‹, Berlin. – Brecht-Ausgaben und Brecht-Studien. Bad Godesberg 1968.

Brecht auf der Probe. Zum Achtzigsten Geburtstag von Bertolt Brecht 10. Februar 1978. Berlin [DDR] 1977.

Brinkmann, Karl: Erläuterungen zu Bertolt Brechts *Leben des Galilei*. Hollfeld (Ofr.) [o. J.]. (Königs Erläuterungen zu den Klassikern. 293.)

Buck, Theo: Dialektisches Drama, dialektisches Theater. Anmerkungen zu Brechts *Leben des Galilei*. In: Études Germaniques 33 (1978) H. 4. S. 414–427. (Wiederabgedr. in: Theo Buck [Hrsg.]: Zu Bertolt Brecht. S. 127–139.)

– (Hrsg.): Zu Bertolt Brecht. Parabel und episches Theater. Stuttgart ²1983 (¹1979.)

Charbon, Rémy: Die Naturwissenschaften im modernen deutschen Drama. Zürich/München 1974. [Zu *Leben des Galilei*: S. 85–163, 239–252, 259–268.]

Chartier, Pierre: Un héros de notre temps: Le *Galilée* de Brecht. In: Les Temps Modernes 45 (1990) H. 527. S. 159–169.

Chmelka, Fritz: Der ›Fall Galilei‹ historisch gesehen und im Spiegel heutiger Darstellung als Roman und als Schauspiel. In: Wissenschaft und Weltbild 22 (1969) H. 1. S. 46–59.

Dautel, Klaus: Bertolt Brecht, *Leben des Galilei*. Unterrichtsvorschläge und Materialien. Rot a. d. Rot 1998.

Deghaye, Pierre: Galilée marxiste et le mysticisme astral. Essai sur la *Vie de Galilée* de Bertolt Brecht. Paris 1977.

Delille, Maria Manuela Gouveia (Hrsg.): Do Pobre B. B. em Portugal. A Recepção dos *Mutter Courage und ihre Kinder* e *Leben des Galilei*. Coimbra 1998. [Zu *Leben des Galilei*: S. 107–199, 255–291, 307–315.]

Dieckmann, Friedrich: *Galilei*-Komplikationen. In: Weimarer Beiträge 34 (1988) H. 2. S. 213–229.

– Wissenschaft und Politik. Zu Brechts *Galilei*. In: F. D.: Streifzüge,

Aufsätze und Kritiken. Berlin [DDR] / Weimar 1977. S. 126–132, 353 f.
Dort, Bernard: Lecture de *Galilée*. Étude comparée de trois états d'un texte dramatique de Bertolt Brecht. In: Les voies de la création théâtrale. Hrsg. von Denis Bablet und Jean Jacquot. Bd. 3. Paris 1972. S. 109–255.
Elliott, Jim / Little, Bruce / Poore, Carol: Naturwissenschaftlerdramen und Kalter Krieg. Aus dem Amerik. von Jürgen Pelzer. In: Geschichte im Gegenwartsdrama. Hrsg. von Reinhold Grimm und Jost Hermand. Stuttgart/Berlin/Köln/Mainz 1976. S. 54–65.
Engberg, Harald: Brecht auf Fünen. Exil in Dänemark 1933–1939. Aus dem Dän. von Heinz Kulas. Wuppertal 1974. (Zuerst: Odense 1966.) [Zu *Leben des Galilei*: S. 208–222.]
Engel, Erich: Schriften. Über Theater und Film. Zsstell. und Red.: Thea Lenk. Berlin [DDR] 1971.
Erck, Alfred: Über die Beziehungen zwischen Naturwissenschaft, Moral und Kunst. Vergleichende Untersuchungen zu Berthold Brechts *Leben des Galilei*. 3 Tle. Diss. Leipzig 1966.
Eversberg, Gerd: Erläuterungen zu Bertolt Brecht: *Leben des Galilei*. 7., überarb. Aufl. Hollfeld (Ofr.) 1998. ([1]1984.) (Königs Erläuterungen und Materialien. 293.)
Fehn, Ann Clark: Vision and Blindness in Brecht's *Leben des Galilei*. In: The Germanic Review 53 (1978) H. 1. S. 27–34.
Fischer, Gudrun [u. a.]: Brechts *Leben des Galilei*. Versuche zur Behandlung in Klasse 12. In: Deutschunterricht 13 (1960) H. 3. S. 149–158.
Fuegi, John: The Essential Brecht. Los Angeles 1972. [Zu *Galileo*: S. 161–179.]
Funke, Christoph: Zum Theater Brechts. Kritiken, Berichte, Beschreibungen aus drei Jahrzehnten. Berlin [DDR] 1990.
Galilei ist eine Tragödie. Galilei-Diskussion – Brecht-Tage 1994. Jürgen Manthey, B. K. Tragelehn und Friedrich Dieckmann diskutieren mit dem Publikum Bertolt Brechts *Leben des Galilei*, moderiert von Frank-M. Raddatz. In: Zwischen den Zeiten. Zwischen den Welten. Ein Almanach 1995. Literaturforum im Brecht-Haus, unter der Red. von Sigmar Gerund hrsg. von Ewa Boura und Inge Gellert. Berlin 1995. S. 167–194.
Galileo Galilei. Gestaltung einer Figur auf der Bühne und in der bildenden Kunst. Wolfgang Heinz, Fritz Cremer. Eine Doku-

mentation von Regine Herrmann. Berlin [DDR] 1974. [Enthält u. a. die Spielfassung des Berliner Ensembles von 1971.]

Galileo Galilei von Bertolt Brecht. Eine Dokumentation der Aufführung des Berliner Ensembles 1978. Hrsg. vom Brecht-Zentrum der DDR. Redaktion: Gert Hof. Dokumentation: Gisela Pucher. Berlin [DDR] 1982.

Geißler, Rolf: *Leben des Galilei.* In: Zur Interpretation des modernen Dramas. Brecht, Dürrenmatt, Frisch. Hrsg. von Rolf Geißler. Unter Mitarb. von Therese Poser und Wilhelm Ziskoven. Frankfurt a. M. / Berlin / München 71972. (11960.) S. 49–66.

Gil, Maria de Fátima: Galileo im Zweiten Weltkrieg: Bertolt Brecht und Barrie Stavis. In: Runa 25 (1996) S. 247–256.

Grimm, Reinhold (Hrsg.): Episches Theater. Köln/Berlin 1966.

– Die Luthersprache im Munde Brechts. (Ein essayistischer Vortrag.) In: Deutsche Sprache 14 (1986) S. 235–242.

Grimm, Roderich: Verfremdung in Bertolt Brechts *Leben des Galilei.* Frankfurt a. M. / Bern / New York 1987.

Groseclose, John Sidney: Scene Twelve of Bertolt Brecht's *Galilei*: A Structural Study. In: Monatshefte 62 (1970) H. 4. S. 367–382.

Hafen, Hans: Bertolt Brecht *Leben des Galilei.* In: Der Deutschunterricht 13 (1961) H. 4. S. 71–92.

Hahnengress, Karl-Heinz: Lektürehilfen Bert Brecht, *Leben des Galilei.* Stuttgart/Düsseldorf/Leipzig 121999. (11988.)

Hallet, Wolfgang: Bertolt Brecht, *Leben des Galilei.* Interpretation. München 1991. (Oldenbourg Interpretationen. 51.)

– Der kleine Mönch und der große Galilei. Einfühlung und Verfremdung in Brechts *Leben des Galilei* und im Literaturunterricht. In: Diskussion Deutsch 25 (1994) H. 139, Oktober 1994. S. 305–312.

Hecht, Werner (Hrsg.): Alles was Brecht ist ... Fakten – Kommentare – Meinungen – Bilder. Frankfurt a. M. 1997. [Zu *Leben des Galilei*: S. 85–91. – Radiographie: S. 255–266; Videographie: S. 267–305.]

– (Hrsg.): Nochmals *Leben des Galilei.* In: Deutschunterricht 13 (1960) H. 5. S. 296–299.

– Sieben Studien über Brecht. Frankfurt a. M. 1972. [Zu *Leben des Galilei*: S. 203–212.]

Heeg, Günther: Zombie *Galilei.* Für ein Theater der Schatten. In: G. H.: Klopfzeichen aus dem Mausoleum. Brechtschulung am Berliner Ensemble. Hrsg. von Stefan Schnabel. Berlin 2000. S. 143–172.

Heinz, Wolfgang: Meine Arbeit an Brechts *Galileo Galilei.* In: W. H.: Die Kunst der Menschendarstellung. Beiträge zur Einheit von Kunst und Politik auf dem Theater (1960–1979). Berlin [DDR] 1979. S. 74–85.

Heukenkamp, Rudolf: Dichter im Dienste der Nuklearrüstung? Literarische Beiträge zum Atomdiskurs der DDR zwischen 1945 und 1957. Mit einem Blick auf Brechts *Leben des Galilei.* In: Militärische und zivile Mentalität. Ein literaturkritischer Report. Hrsg. von Ursula Heukenkamp. Berlin 1991. S. 282–302.

Hiley, Jim: Theatre at Work. The Story of the National Theatre's Production of Brecht's *Galileo.* London/Boston/Henley 1981.

Hinderer, Walter (Hrsg.): Brechts Dramen. Neue Interpretationen. Stuttgart 1984.

Holmes, Terry: The Suppressed Science of Society in *Leben des Galilei.* In: Bertolt Brecht. Centenary Essays. Hrsg. von Steve Giles und Rodney Livingstone. Atlanta (Ga.) 1998. S. 148–162.

Hoy, Hans: Szenenübersicht zu Brechts *Leben des Galilei.* In: Deutschunterricht 26 (1973) H. 2. S. 79–86.

Hüfner, Agnes: Brecht in Frankreich. 1930–1963. Verbreitung, Aufnahme, Wirkung. Stuttgart 1968.

Hultberg, Helge: Die ästhetischen Anschauungen Bertolt Brechts. Deutsche Übers. von Hans Martin Junghans. Kopenhagen 1962.

Irrlitz, Gerd: Philosophiegeschichtliche Quellen Brechts. In: Brecht 83. Brecht und der Marxismus. Dokumentationen. Hrsg. vom Brecht-Zentrum der DDR. Redaktion: Inge Jahn-Gellert. Berlin [DDR] 1983. S. 148–167.

Ismayr, Wolfgang: Das politische Theater in Westdeutschland. Meisenheim am Glan 1977. [Zu *Leben des Galilei*: S. 106–110.]

Jahn, Michael: Von der Vernunft in den Kämpfen der Zeit. Zu den Fassungen von Bertolt Brechts *Leben des Galilei.* In: Deutschunterricht 42 (1989) H. 9. S. 429–433.

Jendreiek, Helmut: Bertolt Brecht. Drama der Veränderung. Düsseldorf 1969. [Zu *Leben des Galilei*: S. 248–294.]

Kästner, Helga: Brechts *Leben des Galilei.* Zur Charakterdarstellung im epischen Theater. Diss. München 1966. (Dissertationsdruck München, 1968.)

Karnick, Manfred: Brecht und Calderón. Bemerkungen zum *Leben des Galilei* und zum *Guten Menschen von Sezuan.* In: Mittelalter-Rezeption. Gesammelte Vorträge des Salzburger Symposions ›Die Rezeption mittelalterlicher Dichter und ihrer Werke in Literatur, Bildender Kunst und Musik des 19. und 20. Jahrhunderts‹. Hrsg. von Jürgen Kühnel, Hans-Dieter Mück, Ulrich Müller. Göppingen 1979. S. 365–379.

Kaufmann, Hans: Bertolt Brecht. Geschichtsdrama und Parabelstück. Berlin [DDR] 1962. [Zu *Leben des Galilei*: S. 170–192.]

Keller, Otto: Die verfremdete Moritat. Zu Bertolt Brechts ›Fastnachtsszene‹ in *Leben des Galilei* (1955/56). In: Semiotik und Didaktik. Festschrift für Otto Keller zu seinem 65. Geburtstag. Hrsg. von Heinz Hafner und Alexander Schwarz. Bern [u. a.] 1991. S. 17–38.

Klein, Johannes: Ein Thema – zwei Variationen. Galilei bei Bertolt Brecht und Gertrud von le Fort. In: Welt und Wort 12 (1957) H. 8. S. 231–234.

Knopf, Jan: Bertolt Brecht. Stuttgart 2000. [Zu *Leben des Galilei*: S. 149–155.]

– Bertolt Brecht: *Leben des Galilei*. Sichtbarmachung des Unsichtbaren. In: Interpretationen. Dramen des 20. Jahrhunderts. Bd. 2. Stuttgart 1996. S. 7–26.

– Brecht-Handbuch Theater. Eine Ästhetik der Widersprüche. Stuttgart 1980. [Zu *Leben des Galilei*: S. 157–179.]

– Brecht und die Naturwissenschaften. Reflexionen über den Zusammenhang von Natur- und Geisteswissenschaften. In: Brecht-Jahrbuch 1978. S. 13–38. (Wiederabgedr. in: Werner Hecht [Hrsg.]: Brechts *Leben des Galilei*. S. 163–188.)

Knust, Herbert: Aufstieg und Fall der Wisssenschaftsapostel. Zur Literarisierung der *Physiker*. In: Sprache im technischen Zeitalter 98 (1986) S. 120–134.

– Bertolt Brecht: *Leben des Galilei*. Frankfurt a. M. ^{7}1997. (^{1}1982.) (Grundlagen und Gedanken zum Verständnis des Dramas.)

– Brechts Galileo-Evangelium. In: Euphorion 79 (1985) H. 2. S. 207–225.

– Kontexte: Beobachtungen zu Brechts *Galileo*. In: Grenzerfahrung – Grenzüberschreitung. Studien zu den Literaturen Skandinaviens und Deutschlands. Festschrift für P. M. Mitchell. Hrsg. von Leonie Marx und Herbert Knust. Heidelberg 1989. S. 215–227.

Kraemer, Hans-Alfred: Brechts *Leben des Galilei*. Versuch einer Interpretation für die Schule. In: Deutschunterricht 12 (1959) H. 5. S. 262–293.

Kruger, Loren: Theater Translation as Reception. The Example of

Brecht's *Galileo*. In: Communications from the International Brecht Society 14 (1985) H. 2. S. 34–47.

Långbacka, Ralf: Von Galy Gay zu Galilei. Aus dem Schwed. von Anne Storm. In: Jahrbuch für finnisch-deutsche Literaturbeziehungen 25 (1993) S. 63–72.

Larson, David Ward: The Galileo Plays of Bertolt Brecht and Barrie Stavis. Diss. Ill., Urbana-Champaign 1989.

Ley, Ralph J.: Francis Bacon, *Galileo*, and the Brechtian Theater. In: Essays on Brecht. Theater and Politics. Hrsg. von Siegfried Mews und Herbert Knust. Chapel Hill 1974. S. 174–189.

Livingstone, Rodney: Is Galilei a Tui? In: Antipodische Aufklärungen. Festschrift für Leslie Bodi. Hrsg. von Walter Veit. Frankfurt a. M. / Bern / New York 1987. S. 241–258.

Lorey, Christoph: Glaube und Zweifel, Lüge und Wahrheit, Genialität und Einfalt. Georg Büchners *Dantons Tod* und Bertolt Brechts *Leben des Galilei*. In: Deutsche Vierteljahrsschrift für Literaturwissenschaft und Geistesgeschichte 68 (1994) H. 2. S. 251–277.

Lucke, Hans: Schulpraktischer Kommentar zu Brechts *Leben des Galilei*. In: Der Deutschunterricht 20 (1968) H. 3. S. 67–84.

Lyon, James K.: Bertolt Brecht in Amerika. Frankfurt a. M. 1984. (Zuerst: Princeton, N. J. 1980.)

– (Hrsg.): Brecht in den USA. Frankfurt a. M. 1994.

Lyons, Charles R.: *The Life of Galilei*: The Focus of Ambiguity in the Villain Hero. In: The Germanic Review 41 (1966) H. 1. S. 57–71.

Massberg, Uwe: Der gespaltene Mensch. Vergleichende Interpretation der Physiker-Dramen von Brecht, Dürrenmatt, Zuckmayer und Kipphardt auf der Oberstufe. In: Der Deutschunterricht 17 (1965) H. 6. S. 56–74.

Mayer, Hans: Brecht. Frankfurt a. M. 1996. [Zu *Leben des Galilei*: S. 378–419.]

Miklitsch, Robert: Performing Difference: Brecht, Galileo, and the Regime of Quotations. In: Journal of Dramatic Theory and Criticism 6 (1991) S. 15–28.

Mittenzwei, Werner: Bertolt Brecht. Von der *Maßnahme* zu *Leben des Galilei*. Berlin [DDR] / Weimar [4]1977. ([1]1962.)

– Brecht und die Naturwissenschaften. In: Brecht 73. Brecht-Woche der DDR, 9.–15. Februar 1973. Dokumentation. Hrsg. von Werner Hecht. Berlin [DDR] 1973. S. 153–167. [Diskussion: S. 167–196.]

Mittenzwei, Werner: Das Zürcher Schauspielhaus 1933–1945 oder Die letzte Chance. Berlin [DDR] 1979.
Morley, Michael: Dürrenmatt's Dialogue with Brecht: A Thematic Analysis of *Die Physiker.* In: Modern Drama 14 (1971/72) H. 2. S. 232–242.
Moss, Anne: Limits of Reason: An Exploration of Brecht's Concept of ›Vernunft‹ and the Discourse of Science in *Leben des Galilei.* In: Bertolt Brecht. Centenary Essays. Hrsg. von Steve Giles und Rodney Livingstone. Atlanta (Ga.) 1998. S. 133–147.
Müller, Klaus-Detlef (Hrsg.): Bertolt Brecht. Epoche – Werk – Wirkung. Von Jörg-Wilhelm Joost, Klaus-Detlef Müller und Michael Voges. München 1985. [Zu *Leben des Galilei*: S. 273–279.]
– Bertolt Brechts *Leben des Galilei.* In: Geschichte als Schauspiel. Deutsche Geschichtsdramen. Interpretationen. Hrsg. von Walter Hinck. Frankfurt a. M. 1981. S. 240–253.
– Die Funktion der Geschichte im Werk Bertolt Brechts. Studien zum Verhältnis von Marxismus und Ästhetik. 2., erw. Aufl. Tübingen 1972. ([1]1967.)
Nägele, Rainer: Zur Struktur von Brechts *Leben des Galilei.* In: Der Deutschunterricht 23 (1971) H. 1. S. 86–99.
Niessen, Carl: Brecht auf der Bühne. Köln 1959.
Nørregaard, Hans Christian: Bertolt Brecht und Dänemark. In: Exil in Dänemark. Deutschsprachige Wissenschaftler, Künstler und Schriftsteller im dänischen Exil. Hrsg. von Willy Dähnhardt und Birgit S. Nielsen. Heide 1993. S. 405–462.
– Zur Entstehung von Brechts *Leben des Galilei.* In: Bertolt Brecht – die Widersprüche sind die Hoffnungen. Vorträge des Internationalen Symposiums zum dreißigsten Todesjahr Bertolt Brechts in Roskilde 1986. Hrsg. von Wolf Wucherpfenning und Klaus Schulte. Kopenhagen/München 1988. (Text und Kontext. Sonderreihe. 26.) S. 65–86.
Ogan, Bernd: Alle Fragen weiterhin offen. Bertolt Brecht: *Leben des Galilei.* In: Tribüne 17 (1978) S. 154–158.
Palm, Kurt: Vom Boykott zur Anerkennung. Brecht und Österreich. Mit einem Vorwort von Werner Mittenzwei. Berlin [DDR] 1984. (Zuerst: Wien/München 1983.)
Paulsell, Patricia R.: Brecht's Treatment of the Scientific Method in his *Leben des Galilei.* In: German Studies Review 11 (1988) H. 2. S. 267–284.
Payrhuber, Franz-Josef: Bertolt Brecht. Stuttgart 1995. [Zu *Leben des Galilei*: S. 75–83.]

Plachta, Bodo: Der ›Stückschreiber‹ als Regisseur. Editorische Konsequenzen aus Brechts Regiearbeit am *Galilei*. In: Textkonstitution bei mündlicher und bei schriftlicher Überlieferung. Basler Editoren-Kolloquium 19.–22. März 1990. Autor- und werkbezogene Referate. Hrsg. von Martin Stern. Tübingen 1991. S. 197–208.

Regisseure der DDR inszenieren Brecht. Materialien und Fotos zu zwölf Aufführungen. Zum 80. Geburtstag von Bertolt Brecht. Hrsg. vom Verband der Theaterschaffenden der DDR. Berlin [DDR] 1978. [Zu *Leben des Galilei*: H. 6: Gert Jurgons, Bühnen der Stadt Magdeburg 1977; H. 8: Joachim Tenschert, Städtische Theater Leipzig 1976.]

Ries, Wolfgang: Schemel oder Priap, Schemel oder Tisch. Produktive Horaz-Lektüre in Brechts *Galilei*. In: Gymnasium 83 (1976) S. 415–422.

Roberts, David: Brecht and the Idea of a Scientific Theatre. In: The Brecht Yearbook 13 (1984) S. 41–60.

Rohrmoser, Günter: Brecht, *Das Leben des Galilei*. In: Das deutsche Drama. Vom Barock bis zur Gegenwart. Interpretationen. Hrsg. von Benno von Wiese. Bd. 2. Düsseldorf 1964. S. 405–419. (Zuerst: 1958.)

Rülicke, Käthe: Bemerkungen zur Schlußszene. In: Werner Hecht (Hrsg.): Materialien zu Brechts *Leben des Galilei*. S. 91–152. – Vollständig unter dem Titel: *Leben des Galilei*. Bemerkungen zur Schlußszene. In: Sinn und Form 9 (1957) H. 1–3. S. 269–321.

Sautermeister, Gert: Zweifelskunst, abgebrochene Dialektik, blinde Stellen: *Leben des Galilei* (3. Fassung, 1955). In: Walter Hinderer (Hrsg.): Brechts Dramen. S. 125–161. – Gekürzt in: Interpretationen. Brechts Dramen. Hrsg. von Walter Hinderer. Stuttgart 1995. S. 51–92.

Schlenker, Wolfram: Brecht hinter der Großen Mauer. Zu seiner Rezeption in der Volksrepublik China. In: Brecht-Jahrbuch 1980. S. 43–137. [Zu *Leben des Galilei*: S. 86–126.]

Schoeps, Karl-H.: Bertolt Brecht. New York 1977. [Zu *Galileo*: S. 224–250.]

Schöttker, Detlev: Bertolt Brechts Ästhetik des Naiven. Stuttgart 1989.

Schrader, Bärbel: Brechts *Leben des Galilei* – Entstehung und Wandlung eines Werkes für das Theater der Zeit. In: Weimarer Beiträge 34 (1988) H. 2. S. 199–212.

Schröder, Jürgen: Der Verrat des Intellektuellen. Brechts *Leben des Galilei*. In: J. S.: Geschichtsdramen. Die ›deutsche Misere‹ – von Goethes *Götz* bis Heiner Müllers *Germania*? Eine Vorlesung. Tübingen 1994. S. 257–280, 371–374.

Schumacher, Ernst: Drama und Geschichte. Bertolt Brechts *Leben des Galilei* und andere Stücke. Berlin [DDR] 1965.

Seiffert, Lothar: Brechts *Leben des Galilei* in den Physikunterricht! In: Mathematik, Physik, Astronomie in der Schule 5 (1958) S. 289–294.

Sepp, Angelika: Bertolt Brecht, *Leben des Galilei*. Kommentare, Diskussionsaspekte und Anregungen für produktionsorientiertes Lesen. Hollfeld (Ofr.) 1998. (Blickpunkt – Text im Unterricht. 515.)

Servin, Micheline: Antoine Vitez, *La vie de Galilée*. In: Les Temps modernes 45 (1990) H. 527. S. 170–191.

Simpson, Patricia Anne: Revolutionary Reading: The Circulation of Truth in Brecht's *Leben des Galilei*. In: The Brecht Yearbook 15 (1990) S. 165–184.

Sorensen, Otto M.: Brecht's *Galileo*: Its Development from Ideational into Ideological Theater. In: Modern Drama 11 (1968/69) H. 4. S. 410–422.

Steenblock, Volker: Bertolt Brecht, *Leben des Galilei*. Inhalt, Hintergrund, Interpretation. München [2]1996. ([1]1995.) (Mentor-Lektüre-Durchblick. 303.)

Stern, Guy: Not und Elend des Exilanten. Ein verborgenenes Thema in Brechts *Leben des Galilei*. In: G. S.: Literatur im Exil. Gesammelte Aufsätze 1959–1989. Ismaning 1989. S. 311–318.

Storch, Wolfgang (Hrsg., in Zsarb. mit Josef Mackert und Olivier Ortolani): Brecht après la chute. Confessions, mémoires, analyses. Paris 1993.

Suvin, Darko: Brechts *Life of Galileo*: Scientistic Extrapolation or Analogy of the Knower? In: Forum Modernes Theater 5 (1990) H. 2. 119–138.

– Brecht's Parable of Heavenly Food: *Life of Galilei*. In: The Brecht Yearbook 15 (1990) S. 187–214.

Szczesny, Gerhard: Das Leben des Galilei und der Fall Bertolt Brecht. Mit dem Text der 8. (9.), 9. (10.) und 13. (14.) Szene des *Leben des Galilei* von Bertolt Brecht (Erste und dritte Fassung), dem 4. Akt des *Galilei* von László Németh, u. a. Frankfurt a. M. / Berlin 1966.

Tabbert-Jones, Gudrun: Brecht's Female Characters in *The Life of Galileo*. In: Brecht Unbound. Presented at the International Bertolt Brecht Symposium Held at the University of Delaware, February 1992. Hrsg. von James K. Lyon und Hans-Peter Breuer. Newark, London 1995. S. 252–267.

Trevico, Rosa Giannetta: *Galileo* il cielo negato. Contributo sociologico all'analisi della *Vita di Galileo* di Bertolt Brecht. Mailand 1980.

Turk, Horst: Das gestische Theater B. Brechts. In: Études Germaniques 44 (1989) H. 1. S. 38–53. [Zu *Leben des Galilei.*]

Völker, Klaus: Brecht-Kommentar zum dramatischen Werk. Mitarb. Hans-Jürgen Pullem. München 1983. [Zu *Leben des Galilei*: S. 184–194.]

Weber, Betty Nance: *The Life of Galileo* and the Theory of Revolution in Permanence. In: Bertolt Brecht: Political Theory and Literary Practice. Hrsg. von Betty Nance Weber und Hubert Heinen. Athens (Ga.) 1980. S. 60–78.

Weimar, Karl S.: The Scientist and Society. A Study of Three Modern Plays. In: Modern Language Quarterly 27 (1966) H. 4. S. 431–448.

Weiss, Norbert: Bauformen in Bertolt Brechts Schauspiel *Leben des Galilei*. Analysen, Interpretationen und Unterrichtsentwürfe. Nordenham/Duisburg 1992.

Wekwerth, Manfred: Schriften. Arbeit mit Brecht. Berlin [DDR] 1973.

– Theater in Diskussion. Notate, Gespräche, Polemiken. Berlin [DDR] 1982.

White, Alfred D.: Brecht's *Leben des Galilei*. Armchair Theatre? In: German Life and Letters. N. S. 27 (1973/74) S. 124–132.

White, John J.: Brecht. *Leben des Galilei*. London 1996.

– Brecht's *Leben des Galilei*: The ›Physikerdrama‹ as ›Modell‹. In: Modern Languages 65 (1984) S. 45–52.

Wikander, Matthew H.: The Play of Truth and State. Historical Drama from Shakespeare to Brecht. Baltimore (Md.) / London 1986. [Zu *Leben des Galilei*: S. 223–236.]

Woesler, Winfried: Dürrenmatt und Brecht. Schreiben im Schatten eines anderen. In: Produktion und Kontext. Beiträge zur Internationalen Fachtagung der Arbeitsgemeinschaft für germanistische Edition im Constantijn Huygens Instituut, Den Haag, 4.–7. März 1998. Hrsg. von H. T. M. van Vliet. Tübingen 1999. S. 316–327.

Wood, Frank: Gertrud von Le Fort and Bertolt Brecht: Counter Reformation and Atomic Bomb. In: Studies in German Literature. Hrsg. von Carl Hammer, Jr. Baton Rouge 1963. S. 136–147, 164.

Wyss, Monika: Brecht in der Kritik. Rezensionen aller Brecht-Uraufführungen sowie ausgewählter deutsch- und fremdsprachiger Premieren. Eine Dokumentation, mit einführenden und verbindenden Texten von Helmut Kindler. München 1977.

Zimmermann, Werner: Bertolt Brecht, *Leben des Galilei*. Dramatik der Widersprüche. Paderborn [u. a.] 1985. (Modellanalysen: Literatur. 15.)

2. Galileo Galilei

a) Ausgaben

Dialog über die beiden hauptsächlichsten Weltsysteme, das ptolemäische und das kopernikanische. Aus dem Ital. übers. und erl. von Emil Strauss. Leipzig 1891.

Le Opere. Edizione nazionale. Hrsg. von Antonio Favaro. 20 Bde. Florenz 1890–1909.

Schriften, Briefe, Dokumente. Hrsg. von Anna Mudry. 2 Bde. Berlin [DDR] 1987.

Sidereus Nuncius. Nachricht von neuen Sternen. Hrsg. und eingel. von Hans Blumenberg. Frankfurt a. M. 1965.

Unterredungen und mathematische Demonstrationen über zwei neue Wissenszweige, die Mechanik und die Fallgesetze betreffend. 1.–6. Tag. Aus dem Ital. und Lat. übers. und hrsg. von A. von Oettingen. Frankfurt a. M. [4]1995. (Reprogr. Nachdr. der Ausg. Leipzig 1890–1904.)

b) Zur Biographie; Materialien; Untersuchungen

Blackwell, Richard J.: Galileo, Bellarmine, and the Bible. Notre Dame (Ind.) / London 1991. [Enthält zahlreiche Dokumente zur Vorgeschichte des Dekrets von 1616.]

Blumenberg, Hans: Die kopernikanische Wende. Frankfurt a. M. 1965.

– Die Genesis der kopernikanischen Welt. Frankfurt a. M. 1975.

Dijksterhuis, E. J.: Die Mechanisierung des Weltbildes. Ins Dt. übertr. von Helga Habicht. Berlin/Göttingen/Heidelberg 1956. (Zuerst: Amsterdam 1950.)

Drake, Stillman: Galileo at Work. His Scientific Biography. Chicago/London 1978.

Finocchiaro, Maurice A. (Hrsg.): The Galileo Affaire. A Documentary History. Berkeley [u. a.] 1989.

Fischer, Klaus: Galileo Galilei. München 1983.

Gebler, Karl von: Galileo Galilei und Die Römische Curie. Nach den authentischen Quellen. 2 Bde. Stuttgart 1876–77. [Zit. als: Gebler.]

Hemleben, Johannes: Galileo Galilei, mit Selbstzeugnissen und Bilddokumenten dargestellt. Reinbek bei Hamburg [16]1999. ([1]1969.)

Koestler, Arthur: Die Nachtwandler. Das Bild des Universums im Wandel der Zeit. Einzig berechtige Übersetzung aus dem Englischen von Wilhelm Michael Treichlinger. Bern/Stuttgart/Wien 1959. (Zuerst: London / New York 1959.)

Koyré, Alexandre: Von der geschlossenen Welt zum unendlichen Universum. Übers. von Rolf Dornbacher. Frankfurt a. M. 1969. (Zuerst: Baltimore [u. a.] 1957.)

Kuhn, Thomas S.: Die kopernikanische Revolution. Übers.: Helmut Kühnelt. Braunschweig/Wiesbaden 1981. (Zuerst: Cambridge, Mass. 1957.)

Olschki, Leonardo: Geschichte der neusprachlichen wissenschaftlichen Literatur. Bd. 3: Galilei und seine Zeit. Halle (Saale) 1927.

Santillana, Giorgio de: The Crime of Galileo. Chicago/London 1955.

Schumacher, Ernst: Der Fall Galilei. Das Drama der Wissenschaft. Berlin [DDR] 1964.

Wohlwill, Emil: Galilei und sein Kampf für die copernicanische Lehre. Bd. 1. Hamburg/Leipzig 1909. Bd. 2. Leipzig 1926. [Zit. als: Wohlwill I bzw. II.]

3. Hilfsmittel

Die Bibel oder die ganze Heilige Schrift des Alten und des Neuen Testaments. Nach der deutschen Übersetzung Martin Luthers. Stuttgart 1967.

Duden. Zitate und Aussprüche. Bearb. von Werner Scholze-Stubenrecht. Unter Mitarb. von Maria Dose [u. a.] Mannheim [u. a.] 1993. (Der Duden in zwölf Bänden. Bd. 12.)

Grimm, Jacob und Wilhelm: Deutsches Wörterbuch. Bd. 1–16. Leipzig 1854–1971.

Klein, Johannes: Reclams Zitaten-Lexikon. Durchges. und erw. Ausgabe. Stuttgart 1993.

Pastor, Ludwig von: Geschichte der Päpste im Zeitalter der katholischen Restauration und des Dreißigjährigen Krieges: Leo XI. und Paul V. (1605–1621). Freiburg i. Br. 1927. (Geschichte der Päpste seit dem Ausgang des Mittelalters. Bd. 12.)

– Geschichte der Päpste im Zeitalter der katholischen Restauration und des Dreißigjährigen Krieges: Gregor XV. und Urban VIII. (1621–1644). 2 Bde. Freiburg i. Br. 1928/29. (Geschichte der Päpste seit dem Ausgang des Mittelalters. Bd. 13.)

Röhrich, Lutz: Das große Lexikon der sprichwörtlichen Redensarten. Bd. 1–3. Freiburg i. Br. / Basel / Wien 1991–92.

Zürcher Bibel-Konkordanz. Vollständiges Wort-, Namen- und Zahlen-Verzeichnis zur Zürcher Bibelübersetzung, mit Einschluß der Apokryphen. Bearb. von Karl Huber und Hans Heinrich Schmid. Hrsg. vom Kirchenrat des Kantons Zürich. Bd. 1–3. Zürich 1969–73.

VIII. Abbildungsnachweis

7 Hans Tombrock: Zu Brechts Galilei (I und II) (178 x 113 mm). Aus: Bilder und Graphiken zu Werken von Bertolt Brecht. Hrsg. von Richard Hiepe. München: Neue Münchner Galerie, 1964. S. 82. – Die Original-Radierungen befinden sich im Ruth-Berlau-Archiv, Berlin (N 281 und N 282).

19 Josef Bierbichler als Galilei in der Aufführung durch das Berliner Ensemble 1997, 3. Szene. Foto: Marcus Lieberenz. – © Marcus Lieberenz, Berlin.

22 ›The Figure of the World‹. Diese Abbildung, eine vereinfachte Darstellung des ptolemäischen Systems, hat Brecht in das Manuskript der ersten Niederschrift seines Stücks *Die Erde bewegt sich* (Ende der 1. Szene) eingeklebt (BBA 143/17). – Mit Genehmigung der Stiftung Archiv der Akademie der Künste, Berlin, Bertolt-Brecht-Archiv.

27 Hans Tombrock: Zu Brechts Galilei. Entdeckung des Mondes als Planet (I). Original-Radierung (92 x 134 mm). – Aufbewahrt im Ruth-Berlau-Archiv, Berlin (N 277).

29 Galileis Handzeichnungen des Mondes (1609). Aus: Sonne steh still. 400 Jahre Galileo Galilei. Hrsg. von Ernst Brüche. Mosbach: Physik Verlag, 1964. S. 19.

32 Ernst Busch als Galilei in der Aufführung durch das Berliner Ensemble 1957, 3. Szene. Foto: Gerda Goedhart. Aus: Hanns Eisler: Aufbau einer Rolle. Buschs Galilei. Berlin [DDR]: Henschelverlag, 1958. S. 16.

39 Aus Galileis Handschrift zum *Sidereus Nuncius*. Aus: Galileo Galilei: Schriften, Briefe, Dokumente. Hrsg. von Anna Mudry. Berlin [DDR]: Rütten & Loening, 1987. Bd. 1. S. 131.

46 Sphärenbild. Holzschnitt. Aus: Konrad von Megenberg: Buch der Natur. Augsburg 1482.

60/61 Charles Laughton als Galilei in der Aufführung am Maxine Elliott's Theatre, New York, 7. Szene (2. Fassung). Foto: Ruth Berlau. Aus: Bertolt Brecht: Aufbau einer Rolle. Laughtons Galilei. Berlin [DDR]: Henschelverlag, 1956. S. 31–33. – © Johannes Hoffmann, Berlin.

71 Hans Tombrock: Zu Brechts Galilei. Die große Moritat. Radierung (115 x 177 mm). Eingeheftet in das Manuskript *Die Erde bewegt sich*, zwischen der 8. Szene (»Haus des Galilei«) und der 9. Szene (»Gasse einer Stadt«; BBA 143/92).

107 Titelblatt der lateinischen Ausgabe des *Dialogo* (Leiden 1635). Dargestellt werden Aristoteles, Ptolemäus und Kopernikus (von links). Eine Reproduktion dieses Titels hat Brecht am Ende der 13. Szene (»Landhaus«) in das Manuskript *Die Erde bewegt sich* eingeklebt (BBA 143/130).

156 Dramatische Kurve zu *Leben des Galilei* (BBA 2213/58). – Mit Genehmigung der Stiftung Archiv der Akademie der Künste, Berlin, Bertolt-Brecht-Archiv.

Für vielseitige Unterstützung danke ich der Stadtbibliothek Tromsø, der Fakultätsbibliothek der Hochschule Østfold (Halden) und dem Berliner Ensemble (Theater am Schiffbauerdamm), außerdem dem Bertolt-Brecht-Archiv, dem Ruth-Berlau-Archiv und dem Elisabeth-Hauptmann-Archiv (alle Stiftung Archiv der Akademie der Künste, Archivabteilung Literatur, Berlin) sowie dem Deutschen Akademischen Austauschdienst, Bonn.

Die Arbeit am vorliegenden Band wurde durch ein Stipendium von Det faglitterære fond (Oslo) gefördert. Auch dafür möchte ich mich herzlich bedanken.

P. L.

Der Verlag Philipp Reclam jun. dankt für die Nachdruck- und Reproduktionsgenehmigung den Rechteinhabern, die durch den Quellennachweis und einen folgenden Genehmigungs- oder Copyrightvermerk bezeichnet sind. In einigen Fällen waren die Inhaber der Rechte nicht festzustellen; hier ist der Verlag bereit, nach Anforderung rechtmäßige Ansprüche abzugelten.